Unterrichtsideen Religion NEU

7./8. Schuljahr
2. Halbband

Arbeitshilfen für den Religionsunterricht
in Hauptschule, Realschule und Gymnasium

Herausgegeben im Auftrag der Religionspädagogischen
Projektentwicklung in Baden und Württemberg (RPE)
von Stefan Hermann und Hartmut Rupp

Redaktionskreis: Michael Beisel, Stefan Hermann,
Rainer Kalter, Heinz-Günther Kübler, Herbert Kumpf,
Hartmut Rupp, Christoph Th. Scheilke, Detlev Schneider
und Gerhard Ziener

Calwer Verlag Stuttgart

Die Unterichtsideen dieses Halbbands wurden erarbeitet von:
Michael Beisel, Rainer Kalter, Heinz-Günther Kübler, Herbert Kumpf,
Hartmut Rupp, Christoph Th. Scheilke, Detlev Schneider und Gerhard Ziener

Bibliografische Information der Deutschen Bibliothek
Die Deutsche Bibliothek verzeichnet diese Publikation in der Deutschen Nationalbibliografie; Detaillierte Daten sind im Internet über *http://dnb.ddb.de* abrufbar.

ISBN 978-3-7668-4168-1
© 2012 Calwer Verlag Stuttgart
alle Rechte vorbehalten.
Umschlaggestaltung und Layout: Rainer E. Rühl, Alsheim
Herstellung: Karin Klopfer, Calwer Verlag
Druck und Verarbeitung: AZ Druck und Datentechnik GmbH, Kempten

E-Mail: info@calwer.com
Internet: www.calwer.com

Inhalt

Hören – Reden – Handeln: Prophetie / Amos

Bildungsstandards für Hauptschule, Realschule und Gymnasium

	Schwerpunktkompetenz und weitere Kompetenzen

Die Schülerinnen und Schüler
- **können Auskunft geben, wie Christen von Gottes Wirken in dieser Welt reden, und entdecken an Menschen der Bibel, wie diese durch ihren Glauben gestärkt und ermutigt werden (HS 9.4.1)**
- kennen Weisungen der jüdisch-christlichen Tradition für das Handeln der Menschen (die Goldene Regel, Zehn Gebote, das Doppelgebot der Liebe) und können sie auf aktuelle Problemfelder beziehen (HS 9.2.2)
- können eigene Gedanken zu biblischen Aussagen äußern und durch vielfältige kreative Auseinandersetzung die Bedeutung für sich klären (HS 9.3.2)

Bezüge zum Themenfeld (Hauptschule) »Gegenwart sehen, Verantwortung leben«
- Amos: Ein biblischer Prophet weist auf Gott hin

Die Schülerinnen und Schüler
- **können über einen biblischen Propheten Auskunft geben (RS 8.4.1)**
- kennen die Geschichte eines Menschen, der sein Leben im Vertrauen auf Gott gestaltet hat (RS 8.4.2)
- kennen (christliche) Normen für das Handeln der Menschen (zum Beispiel Doppelgebot der Liebe, die Zehn Gebote) und können sie auf Alltagssituationen beziehen (RS 8.2.1)

Bezüge zum Themenfeld (Realschule) »Prophetie«:
- Orientierung an Gottes Weisungen (z.B. 2. Mose 20, 2–17, 2. Mose 21–23, Mi 6,8; Mt 5, 43–48)
- Merkmale sowie soziale und politische Situation eines biblischen Propheten als Sprachrohr Gottes

Die Schülerinnen und Schüler
- **können am Beispiel des Amos verdeutlichen, wie der Gott der Gerechtigkeit gegen soziale Ungerechtigkeit zur Geltung gebracht wird (GY 8.4.3)**
- können Beispiele von Ungerechtigkeit beschreiben und nach deren Ursachen und Folgen fragen (GY 8.2.1)
- kennen die biblische Weisung, für Gerechtigkeit einzutreten, und können ihr eigenes Gerechtigkeitsempfinden dazu in Beziehung setzen (GY 8.2.2)
- können Botenspruch und Visionsbericht als charakteristische Form prophetischer Rede beschreiben (GY 8.3.5)

Bezüge zum Themenfeld (Gymnasium) »Amos«:
- Amos in der Situation seiner Zeit
- Merkmale und Selbstverständnis eines Propheten
- Visionen
- Sozial- und Rechtskritik damals und heute
- Kultkritik

Zur Lebensbedeutsamkeit

Prophetinnen und Propheten können als fremd anmutende und verschroben wirkende Menschen der Bibel begegnen. Hierfür gilt es das Interesse Jugendlicher zu wecken. Diese stehen vor der Herausforderung, Autonomie zu entwickeln in der Abgrenzung sowohl gegen Autoritätspersonen als auch gegenüber Peer-Groups. Der Mut von Prophetinnen und Propheten, sich gegen Mehrheiten zu stellen, kann Jugendliche in ihrem Weg bestärken.

Nicht wenige Jugendliche sind betroffen und empört, wenn ihnen unverantwortliches Handeln (Krieg, Umweltzerstörung, Todesstrafe ...) und Ungerechtigkeiten im Hinblick auf eigene Bildungs- und Zukunftschancen bewusst werden. In dieser Betroffenheit fühlen sie sich häufig nicht ernst genommen. Durch die Beschäftigung mit Prophetengestalten kann deutlich werden, dass die Jugendlichen mit ihren Erfahrungen, Fragen und Problemen nicht alleine stehen und nicht »verrückt« sind. Die Bilder des Schreckens und der Hoffnung, mit denen Jugendliche sich selbst beschäftigen, haben durchaus Ähnlichkeiten mit den Visionen und Auditionen der Prophetinnen und Propheten.

Jede Gesellschaft braucht Menschen mit »Distanz zum Normalbetrieb«, die nicht nur einer Verweigerungshaltung entspringt. Profilierte Positionen, Visionen und Entwürfe, die begründet und durchgehalten werden, sind eine wichtige Voraussetzung dafür, dass Alternativen für die Zukunft im privaten wie im öffentlichen Bereich in Handeln umgesetzt werden.

In der christlichen Tradition wird die prophetische Botschaft häufig verengt und einseitig bezogen auf die Verkündigung Jesu. Das zeigt sich auch in historischen künstlerischen Darstellungen von Propheten, etwa in Kirchenräumen. Dabei besteht die Gefahr, dass die Sozialkritik der Propheten nicht weiter tradiert wird. Das ist ihrer Bedeutung nicht angemessen, denn die Propheten sind einer der drei konstitutiven Teile der hebräischen Bibel (Tora, Propheten, Schriften) und damit Grundlage der Botschaft Jesu. Dies wird z.B. daran deutlich, dass Jesus bei seiner Verklärung mit dem Repräsentanten der Tora (Mose) und dem Propheten Elia spricht.

Elementare Fragen

Wie macht sich Gott bemerkbar? / Schickt Gott heute noch Visionen, damit Menschen gegen Unrecht ihre Stimme erheben? / Was ist eigentlich gut? / Warum machen wir oft nicht das, was wir eigentlich für richtig halten? / Wie schaffe ich es, eine andere Position zu vertreten als die Mehrheit? / Wie schaffe ich es, trotz Widerstand und Misserfolg weiterzumachen? / Ist Luxus schlecht? / Kann ein Unrecht so groß sein, dass Gott dafür ein ganzes Volk oder die ganze Welt vernichten darf? / Müssen Propheten traurig und ernst sein?

Ein Blick auf katholische Bildungsstandards

Die Schülerinnen und Schüler
- können in der Auseinandersetzung mit biblischen Weisungen und christlichen Normen Regeln zur eigenen Lebensgestaltung erkennen und bewerten (HS 9.2.3)
- kennen zentrale Texte aus dem Alten und Neuen Testament (... einen Propheten ...) (HS 9.3.1)

Die Schülerinnen und Schüler
- kennen biblische Prophetinnen und Propheten und prophetische Menschen aus unserer Zeit, die mutig auf Ungerechtigkeit hinweisen und zur Umkehr auffordern (RS 8.2.3)
- kennen aus dem Alten (Ersten) Testament die Weisungen des Dekalogs, den Einsatz der Prophetinnen und Propheten gegen Ausbeutung und Ungerechtigkeit (RS 8.3.1)

- wissen, dass Gott besonders auf der Seite der Schwachen und Unterdrückten steht (RS 8.4.1)
- kennen Berufungsgeschichten, die zeigen, dass Gott den Menschen wichtige Aufgaben zutraut und zumutet (RS 8.4.2)
- wissen, dass Gott durch Menschen zu uns spricht und uns in Menschen begegnet (RS 8.4.4)

Die Schülerinnen und Schüler
- können an einem Beispiel deutlich machen, inwiefern prophetische Menschen für ein humanes und gerechtes Zusammenleben in der Gesellschaft unentbehrlich sind (GY 8.2.2)
- kennen Merkmale folgender biblischer Sprachformen: prophetische Rede [...] (GY 8.3.2)
- können erklären, inwiefern Jesus als prophetischer Mensch bezeichnet werden kann (GY 8.5.2)

- Überblicksblatt zu Amos (»Advance Organizer«, **M 14**)
- Bild einer Prophetin oder eines Propheten ergänzen (gemalt oder geschrieben) durch Beauftragungsszenen, Visionen und zentrale Worte (z.B.: E. Heckel, Mann in der Ebene / K. Ringwald, Debora → (**M 2**) / Sieger Köder »Prophet« (→ Kursbuch Religion Elementar 7/8, S. 104 / E. Schiele, Der Prophet / E. Barlach, Zorniger Prophet (→ SpurenLesen 2, Neuausgabe 2008, S. 38f.).

Leitmedien

- Welche Prophetinnen und Propheten kenne ich? Geschichten erzählen und den Prophetengestalten zuordnen.
- Namen biblischer und historischer Persönlichkeiten vorgeben, z.B.: Mose, Caesar, Jesaja, Karl der Große, Mirjam, Augustus, Amos, David, Napoleon, Jeremia, Debora …: Wen kenne ich? Wer von ihnen ist eine Prophetengestalt? Was weiß ich über Propheten? Gab es auch Prophetinnen?
- »Kritzelzeichnungen« (Karikatur) anfertigen, wie man sich eine Prophetin oder einen Propheten vorstellt.
- Was unterscheiden Prophet, Wahrsager, Zukunftsforscher und Zeichendeuter voneinander? Evtl. Tabelle anlegen. Als Material: **M 5** »Weissagung und Zeichendeutung bei den Römern und im Alten Testament«; siehe auch: Kursbuch Religion Elementar 7/8, S. 105.
- Welche Sätze passen zu einer Prophetin bzw. einem Propheten? – Zustimmende und ablehnende Punkte vergeben und begründen:
  Ein Prophet oder eine Prophetin ...
  – macht Mut, weil er oder sie eine gute Zukunft ankündigt;
  – ist eine große, schlanke Person;
  – gilt nichts im eigenen Lande;
  – macht sich oft unbeliebt;
  – ist ein/e Wahrsager/in;
  – verdient viel Geld mit Vorhersagen;
  – ist ein/e Journalist/in;
  – verzichtet auf Schönes im Leben;
  – hat sich verliebt in die Schwarzmalerei;
  – ist jemand, der seine Finger in die Wunden der Zeit legt
  (weitere längere Definitionen → SpurenLesen 2 Neuausgabe, S. 39, SpurenLesen 2 Lehrermaterialien, S. 40).

Die Schülerinnen und Schüler können zeigen, was sie schon wissen und können

- Bild eines ›Propheten‹ mit Sprechblasen und Kommentaren versehen: Was entdecke ich auf dem Bild? Welche Fragen habe ich an die Dargestellten? – Prophetenbilder (ggf. ausschneiden und auf ein großes DIN A3-Blatt kleben):
  - **M 2**: Erich Heckel, Mann in der Ebene / Klaus Ringwald, Debora
  - Sieger Köder (→ Kursbuch Religion Elementar 7/8, S. 104; dort auch Arbeitsaufträge)
  - Egon Schiele, Der Prophet / Ernst Barlach, Zorniger Prophet (→ SpurenLesen 2 Neuausgabe, S. 38f).

Die Schülerinnen und Schüler wissen, welche Kompetenzen es zu erwerben gilt, und können ihren Lernweg mitgestalten	<ul><li>Die Lehrperson informiert anhand der Übersicht »Kompetenzen für die Hand von Schülerinnen und Schülern« (**M 1**).</li><li>Alternative Lernwege (bzw. Inhalte) werden vorgestellt. Gemeinsame Entscheidungen werden getroffen: Was müssen alle wissen und können? Was müssen wir gemeinsam tun? Was kann arbeitsteilig erarbeitet werden? Welche (kreativen) Produkte sollen entstehen (z.B. Comic, Leporello, Theaterstück, Wandbild, Internetseite …)?</li><li>Mit Hilfe elementarer Fragen (s.o.) ein Lernplakat erstellen: Elementare Fragen werden auf Karten geschrieben und im Kreis an der Tafel angeordnet. Impulse zum Analysieren der elementaren Fragen: Welches ist die schwierigste Frage? Welche Frage berührt mich am meisten? Welche Frage ärgert mich? Wie hängen die Fragen zusammen? Welche Frage fehlt? Anschließend kann in die Mitte ein Propheten/innen-Bild gehängt werden (z.B. **M 2**): Wie würde der Prophet/die Prophetin auf diese Fragen antworten? Dieses Tafelbild begleitet die gesamte UE. Am Ende überlegen: Haben sich die Fragen und Antworten verändert?</li></ul>
Die Schülerinnen und Schüler werden sich ihres eigenen Gerechtigkeitsempfindens bewusst, können es darstellen und erläutern (GY 8.2.2)	<ul><li>»Lob der Gerechtigkeit I« – Beispiele sammeln, bei denen jemand gerecht war, was man ihm hoch anrechnet; nach Gemeinsamkeiten der unterschiedlichen Beispiele suchen; formulieren: »Gerecht ist für mich besonders, wenn …«. Überlegen: Wird eher ein Zustand beschrieben oder eine Verbesserung auf mehr Gerechtigkeit hin?</li><li>»Lob der Gerechtigkeit II« – Ein Gerechtigkeitsbild malen, abstrakt oder figürlich; vergleichen mit Justitia mit Waage und Schwert (z.B. Internetrecherche). Wofür braucht Justitia Waage und Schwert? Warum sind bei einigen Darstellungen die Augen verbunden, bei anderen nicht? Vergleichen mit der (evtl. auch gemalten) Leitvorstellung der Gerechtigkeit von Amos: »Es ströme das Recht wie Wasser und die Gerechtigkeit wie ein nie versiegender Bach« (5,24).</li><li>»Was ich mal ungerecht fand!« – Erlebnisse erinnern, sich darüber austauschen: Wie kam ich dazu, so etwas ungerecht zu finden? Was habe ich damals getan?</li><li>Ein Unrecht formulieren: »Bekanntmachung einer Ungerechtigkeit« (**M 11**). Alternativ: Flugblatt oder Plakat, das eine Ungerechtigkeit anklagt; Einstellen der Ungerechtigkeiten auf eine Homepage (rechtliche Fragen abklären!)</li><li>Vortragen einer selbst formulierten Ungerechtigkeit – vor der Klasse: den sprachlichen Ausdruck bewusst gestalten, z.B. von leise zu laut, von langsam zu schnell → Lernkarte 12: »Lesen wie ein Schauspieler«. 1. Ergänzungsvariante: Ohne dass die anklagende Person etwas weiß, verständigt sich die Klasse darauf, ablehnend zu reagieren. 2. Ergänzungsvariante: Jeweils ein Zwischenruf, etwa: »Warum wagst du, so etwas zu sagen!?!« Die Vortragenden müssen darauf reagieren. – nach jeder Ungerechtigkeit etwas singen oder sprechen, z.B. einen bekräftigenden Ausruf, ein Protestlied …</li></ul>

- in Partnergruppen: im Rollenspiel dem vorgestellten Adressaten eine Anklage vortragen; die Adressaten sind uneinsichtig und widersprechen, so dass die Anklagenden gut begründen müssen; Rollentausch.
- nach dem Prinzip »Hyde Park – Speaker's Corner«: die Hälfte der Schüler/innen tragen eindrücklich das von ihnen kritisierte Unrecht vor und stehen dabei auf Tischen; die anderen gehen umher, hören den Redner/innen zu, stellen Rückfragen und vertreten Gegenpositionen; Rollentausch.

- ■ Auswertung zum Vertreten einer Ungerechtigkeit:
  - Wie bin ich auf die Ungerechtigkeit gekommen, die ich bekannt gemacht habe? Warum beschäftigt sie mich?
  - Wie ging es mir beim Versuch, andere von meiner Meinung zu überzeugen?
  - Was hat mich als Zuhörer/in überzeugt?
  - Was habe ich bei dieser Übung über mich gelernt? Was habe ich bei dieser Übung über das Unrecht gelernt?
  - Nachdenken über eigene Erlebnisse: Wann habe ich mich für ungerecht Behandelte eingesetzt und den Mund aufgemacht? Wie ging es mir dabei?
  - Zu welchen Themen gehören die vorgetragenen Ungerechtigkeiten? Fehlen wichtige Themen?
  - Überlegen und aufschreiben: »In diesen Bereichen setze ich mich besonders für Gerechtigkeit ein ...«

- ■ Fragebogen: »Was ich gerecht und ungerecht finde« (**M 12**) ausfüllen. Weitere Beispiele suchen; in Kleingruppen sich über die Ergebnisse austauschen und die eigene Meinung begründen. Für die einzelnen Beispiele jeweils eine übergeordnete Themenbegrifflichkeit finden: Wichtigkeit der Themen bewerten, Auswertung an der Tafel oder durch Schüler/innen mit einer Excel-Tabelle (in Grafik umsetzen, → ITG [Informationstechnische Grundbildung]). Für die wichtigsten Themen positiv formulieren, was einem dabei wichtig ist, z.B:. »Beim Fußball muss es einfach gerecht zugehen, sonst ist es demütigend und demotivierend!« – Ergänzung: Fragebogen auch von Erwachsenen ausfüllen lassen und mit den Ergebnissen der Schüler/innen vergleichen. Später vergleichen mit den Themen, die Amos anspricht.

- ■ Phantasiereise: »Das Buch der Gerechtigkeit« (**M 13**).

Mögliche Schritte für das Weiterarbeiten:
- ■ Gesprächsmöglichkeit für gemachte Erfahrungen, gerade auch für solche, die sich von der angebotenen Phantasiereise unterscheiden.
- ■ Aufschreiben der Ungerechtigkeit, die der Zwerg in der Phantasiereise mitgeteilt hat; Austausch in Partnerarbeit; evtl. Vortragen der Texte vor der Klasse und/oder Ausstellung der Nachrichten.
- ■ Philosophieren/Theologisieren:
  Zuerst Fragen von Schüler/innen entwickeln lassen. Mögliche weitere Fragen:
  - Gibt es jemanden, der die Idee der Gerechtigkeit am Leben erhält? Wer könnte das sein?
  - Werden auf der Welt Ungerechtigkeiten registriert?
  - Gibt es ein »zentrales Gedächtnis« für alle (Un-)Taten der Menschen?
  - Registriert Gott gerechtes und ungerechtes Verhalten und reagiert er darauf?
  - Reagiert die Menschheit auf Warnungen (vgl. Lk 16,27–31)?
  - Warum haben manche Menschen das Gefühl, auf Ungerechtigkeit in der Welt hinweisen zu müssen, und viele andere nicht?
- ■ Im weiteren Unterrichtsverlauf: Vergleichen der aufgeschriebenen Ungerechtigkeiten mit Anklagen eines Propheten.
- ■ Falls »Lob der Gerechtigkeit« und Ungerechtigkeitserfahrungen bearbeitet wurden, diese miteinander vergleichen: Beziehen sich beide auf die gleichen Themen?

→ Im Folgenden werden alternative Bausteine zur Auswahl bzw. Kombination zu verschiedenen biblischen Prophetengestalten angeboten. Der Schwerpunkt liegt angesichts der Bildungspläne und der Notwendigkeit, den Umfang des Beitrags zu begrenzen, auf dem Propheten Amos.

Die Schülerinnen und Schüler können die Sozial- und Kultkritik des Amos auf dem Hintergrund der sozialen Verhältnisse seiner Zeit darstellen und zu ihrem eigenen Gerechtigkeitsempfinden in Beziehung setzen (HS: Themenfeld: »Amos: Ein biblischer Prophet weist auf Gott hin«; RS 8.4.1; GY 8.2.2, GY 8.4.3)

Amos – »Es ströme das Recht wie Wasser und die Gerechtigkeit wie ein nie versiegender Bach!«

- Überblicksblatt zu Amos als »Advance Organizer« (**M 14**) nutzen, damit man sich vorab die Zusammenhänge des zu Erarbeitenden verdeutlichen kann. Eventuell einzelne Aspekte zunächst weglassen und später schrittweise einführen. Auch zur Ergebnissicherung nutzen.
- Skizze für eine rezitative Inszenierung von Amos-Worten (**M 23**), gedacht für das Klassenzimmer und die Klasse selbst. (Eine Aufführung vor anderen wäre ein weiterer Schritt.) Eine solche Inszenierung kann eingesetzt werden zu Beginn einer Amoseinheit oder am Ende zur Bündelung und Vertiefung. Nach den einzelnen Szenen Austausch über die Gefühle in den einzelnen Rollen, Einsichten notieren und offene Fragen klären. Es kann auch nur der II. (»SAMARIA«) oder III. Teil (»BETHEL«) inszeniert werden.

Mögliche (Klärungs-)Fragen
Nach »I. INTRO«:
– Vergleiche: Welche Verbrechen werden den Nachbarvölkern vorgeworfen und welche Israel? (Die Nachbarvölker werden wegen Kriegsverbrechen angeklagt, Israel wegen Verbrechen in Friedenszeiten.)
– »Um drei, ja um vier Frevel willen ...« – Was ist wohl das Besondere dieses sogenannten »gestaffelten Zahlenspruchs«? Vgl. Spr 30,18.29–31 (Höhepunkt am Ende, beim vierten Punkt. Israel hat mehr Verbrechen begangen als die Nachbarvölker.)
Nach »II. SAMARIA«:
– Warum benutzt Amos eine »Todesanzeige«, um seine Botschaft »rüberzubringen«?
– Welche Vorstellungen vom »Tag des Herrn« werden deutlich?
– Warum bleibt Amos standhaft gegenüber den Israeliten?
Nach »III. BETHEL«:
– Welcher Zusammenhang besteht zwischen der 4. und 5. Vision und dem Zyklus der Worte gegen die Völker im »Intro«? (unumstößlicher Unheilsbeschluss, Erdbeben)

- Spiel, das die ungerechte Landverteilung und deren Konsequenzen verdeutlicht, in: Das Kursbuch Religion 2, Lehrermaterialien M 35.
- L-Erzählung, z.B. nach Laubi (**M 16a–d**); M 16a kann wegfallen, wenn das Spiel zur ungerechten Landverteilung eingesetzt wurde (s.o.).
- »Amos im Dilemma«: L-Erzählung nach Laubi **M 16a** (oder Landverteilungsspiel) und **M 16b**. Amos überlegt: Was soll ich machen? Je nach Klassensituation weniger oder mehr Dilemmaüberlegungen in der Erzählung nennen. Mögliche weitere Argumente suchen lassen, inneren Monolog aufschreiben; Pro- und Contra-Diskussion in Zweiergruppen oder Dilemmadiskussion in der ganzen Klasse (siehe »Vorschlag für das Arbeiten mit Dilemmata«, **M 10**). Vergleichen mit der Entscheidung des Amos. Falls entschieden wurde, Amos soll nicht nach Samaria gehen und dort das Unrecht anprangern: Warum hat sich Amos anders entschieden? Falls man – wie bei den klassischen didaktischen

Dilemmata üblich – eine Entscheidung vorgibt, dann vorgeben, dass Amos sich dem Auftrag Gottes entzieht.

Die Lehrkraft kann durch geeignetes Nachfragen »Geburtshelfer« für weitere Argumente sein. Anachronistisch werden hier auch das Gebot der Feindesliebe, die Goldene Regel und das Doppelgebot der Liebe als Argumente vorgeschlagen, um diese Gebote zu problematisieren und in der Diskussion zu klären. Es ist darauf hinzuweisen, dass es ähnliche Gebote auch im AT gibt, um eine vereinfachende Typisierung zu vermeiden nach dem Motto: »Im AT zeigt sich Gott hart und strafend, im NT als der Liebende.«

Argumente dafür, Gottes Anklage und Strafe anzukündigen:
– Ich kann nicht anders.
– Ich würde mich selbst verraten, wenn ich es nicht tun würde.
– Ich kann nicht mehr ruhig schlafen, wenn ich es nicht tue.
– Ich muss die Leute warnen, vielleicht ändert Gott seinen Beschluss.
– Ich muss wegen der Unterdrückten den Mund aufmachen.
– »Der Löwe brüllt, wer sollte sich nicht fürchten? Gott, der HERR redet, wer sollte nicht Prophet werden?« (Amos 3,8) → SpurenLesen 7/8, 1998, S. 75.

Argumente dagegen, Gottes Anklage und Strafe anzukündigen:
– Das ist mir zu aufregend, ich bin zu bequem.
– Ich würde meinen Beruf und meine Pflichten vernachlässigen und mich und unsere Familie gefährden. Nach dem Doppelgebot der Liebe (Vergleich: Botschaft der Propheten – »Doppelgebot der Liebe« – »Goldene Regel« – Gebot der Feindesliebe, **M 9**) soll ich auch an mich denken.
– Ich werde nicht mehr ruhig schlafen können.
– Ich soll doch auch meine Feinde lieben. Das kann ich bei diesem Auftrag aber nicht.
– Ich beachte die Goldene Regel (Mt 7,12). Ich wollte nicht so angeklagt werden. Deswegen mache ich es nicht.
– Die Leute glauben sowieso nicht mehr richtig an Gott, deswegen wird es nichts nützen.
– Die Leute werden sich nicht ändern.
– Das Unheil, das ich ankündigen soll, kommt sowieso.
– Ich soll nur Unheil ankündigen. Dieser Job ist mir zu negativ.
– Die Leute sind selbst Schuld, dass es so schlimm kommen wird.
– Die Armen sind meist selbst daran Schuld, dass es ihnen schlecht geht!
– Soll ich mich wegen der Schuld anderer Leute in Schwierigkeiten bringen?
– Vielleicht kommt am Ende gar nicht die Katastrophe, von der Gott spricht. Dann würden mich alle auslachen.
– Das mit meinen Visionen ist sowieso Quatsch. Ich habe nur schlecht geträumt!

■ Erstbegegnung mit Amos über einen Botenspruch aus dem Amosbuch: Arbeitsblatt zum Botenspruch Amos 2,6–16 (**M 17**). Der Botenspruch kann auch folgendermaßen erarbeitet werden: Zuerst die vier Strafbegründungen nacheinander auf Textkarten hinlegen oder anpinnen (z.B. Stuhlkreis, Tageslichtprojektor). Jeweils bedenken: Was ist gemeint? Wie kann man sich das vorstellen? Wie kann es zu solchen Ungerechtigkeiten kommen?
Einleitung zum »gestaffelten Zahlenspruch« dazulegen (»wegen drei, ja wegen vier Verbrechen ...«; vgl. z.B. Sprüche 30,18f der Höhepunkt eines solchen Spruchs ist beim letzten – hier dem vierten – Teil).
– Welche Strafbegründung ist Amos wohl besonders wichtig?
– Wie hängen die einzelnen Anklagen zusammen?
– In welche Reihenfolge würdet ihr die Anklagen bringen?

– Erörtert, ob Amos etwas gegen den Tempelkult hatte?

– Überlegen: Wer spricht hier? (Beachte: »meinen heiligen Namen entheiligen«)

– Botenformel voransetzen. Informationen dazu: Die Botenspruchformel (**M 6**).

– Überlegen: Welche Strafe ist bei dieser Strafbegründung angemessen?

– Strafankündigung auflegen, vergleichen mit den eigenen Vorstellungen.

– Abschlussformel (»Spruch JHWHs«) dazulegen. Überlegen: Was für ein Mensch könnte das sein, der diesen Spruch Gottes ausrichtet?

– Die Struktur einer prophetischen Botenrede und deren Inhalte in einen noch zu ergänzenden Advance Organizer eintragen bzw. feststellen, wo dies im »fertigen« Advance Organizer steht. Vgl. auch das Info-Blatt: »Die prophetische Botenrede« (**M 7**).

■ Worte der Sozial- und Kultkritik des Amos zueinander in Beziehung setzen (nachdem die Schülerinnen und Schüler sich bereits auf irgendeine Weise mit Amos auseinandergesetzt haben). Siehe hierzu: Die Sozial- und Kultkritik des Amos (**M 18**; Textkarten mit Kurzerklärungen – die Nummerierung entspricht der im Advance Organizer), Karten auf ein DIN A3-Blatt aufkleben und ein Begriffsnetz bilden; vergleichen mit Advance Organizer. Falls das eigene Gerechtigkeitsempfinden erarbeitet wurde (siehe Baustein oben): Welche Themenbereiche sind für mich wichtig, welche für Amos? Meine Leitvorstellung der Gerechtigkeit und die des Amos? Untersuchen, wie die einzelnen Missstände einander bedingen.

– Welche Missstände führen zu anderen Missständen?

– Mit welchem Missstand hat es möglicherweise angefangen?

– Mit der Behebung welches Missstandes könnte man am meisten zum Positiven hin verändern?

– Warum kritisiert Amos den Kult?

■ Anspiel zu Amos in drei Szenen (in: PRO. Informationen der Evangelischen Kinder- und Jugendarbeit in Baden: www.ejuba.org → Downloads → PRO-Heft → 1/2009, S. 16–18).

■ Arbeitsteilig Interviews und Reportagen erstellen und aufnehmen zu unterschiedlichen Personen(-konstellationen) in der Amosgeschichte: → Interview und Reportage (siehe Lernkarten 9 und 10).

1. Wer ist dieser Amos? Was wissen und denken Freunde und Wegbegleiter über ihn? (**M 16a**).

2. Priester Amazja aus Bethel: seine heiligen Pflichten und unliebsame Querulanten (**M 16d**).

3. Reportage über die Lebensleistungen des Bauern Michael (Großbauer in Israel) – mit einem Life-Interview zum Auftreten und zu den Vorwürfen des Amos (besonders **M 16b–M16d**). Abschließende eigene Stellungnahme: Was ist gerecht?

4. Reportage über die soziale Frage in Israel: Wer sind die neuen Armen? Säufer und Faulenzer oder Opfer gesellschaftlicher Fehlentwicklungen? Abschließende eigene Stellungnahme: Was ist gerecht?

5. Amos – kannst du es nicht lassen? Musst du dauernd und überall und an allem herummäkeln, vor allen Dingen am heiligen Tempelkult? – Reportage über und Interview mit dem berühmten Hirten und Maulbeerfeigenzüchter (u.a. Bezug auf seine Visionen und Amos 3,3–8, **M 16b–M 16d**).
Die selbst produzierten Interviews und Reportagen können als Podcasts ins Netz gestellt werden.

■ Arbeitsteilig *Hörspiele* zu einzelnen Szenen im Leben des Amos erstellen, z.B. mit Hilfe von **M 16a–M 16d**. In der An- und Abmoderation der Hörspielszenen können wichtige Einsichten und Fragen formuliert werden, auch die Frage, ob Amos nicht übertriebene Gerechtigkeitsvorstellungen hat → **Lernkarte**: Erstellen eines Hörspiels; Beispiele für biblische Hörspiele zu anderen Themen → www.radiotyrus.de

- Szenen zum Wirken des Amos gestalten (Malen, Comics, Fotografieren und Standbilder → **Lernkarte**: »Standbild«; Präsentation z.B. in einem Leporello, auf Folien oder in einer PowerPoint-Präsentation (Standbilder dafür fotografieren). Eigene Stellungnahmen: Finde ich das Gleiche ungerecht, was Amos im Namen Gottes kritisiert?
- »Bildzeitungseite« erstellen mit unterschiedlichen Meldungen zu Amos. Dazu einen Kommentar schreiben: Hat es Amos mit seinem Gerechtigkeitswahn übertrieben?
- Psalmen aus unterschiedlichen Perspektiven schreiben, z.B. aus der Perspektive von:
  a) Amos
  b) Leuten, die Amos zustimmen
  c) Leuten, die Amos ablehnen und die Gottesdienste, wie sie im Nordreich gefeiert werden, gut finden.
  Zu a) und b): Phasen eines Klagepsalms → Unterrichtsideen Religion NEU 5/6, S. 43 oder in Anlehnung an einen Klagepsalm (Ps 22), Feindpsalm (Ps 59 → Unterrichtsideen Religion NEU 5/6, S. 46), Vertrauenspsalm (Ps 23) formulieren oder »Wut-Psalmworte« verwenden → Unterrichtsideen Religion NEU 5/6, S. 44.
  Zu c): In Anlehnung an einen Lob- und Vertrauenspsalm formulieren, evtl. auch mit Wut-Psalmworten gegen Amos und seine Anhänger.
  Die unterschiedlichen Gruppen tragen laut ihre Psalmen in verschiedenen Ecken des Klassenzimmers oder in gemischten Kleingruppen (Leute, die Amos ablehnen, evtl. mehrfach besetzen) vor. Gemeinsames Bedenken, der sich dabei ergebenden Fragen, z.B.:
  – Können Gebete und Psalmen als Waffen gegen andere missbraucht werden?
  – Woran kann man erkennen, dass ein Gebet ehrlich und im Sinne Gottes ist?
  – Wie konnte Amos mit den Anfeindungen gegen ihn fertig werden?
- Falls aus dem vorherigen Baustein (»Die Schülerinnen und Schüler werden sich ihres eigenen Gerechtigkeitsempfindens bewusst«, siehe S. 8–10) etwas bearbeitet wurde: Vergleichen des eigenen Gerechtigkeitsempfindens mit dem des Amos.

- Karikatur »Abbiegender Pfeil« von Walter Hanel (**M 3**) Gespräch / Schreibgespräch / Figuren mit Denkblasen versehen. Mögliche Fragen: Wie kommt der eine dazu, alleine einen eigenen Pfeil zu malen? – Was denken die vielen? – Wie geht es dem einen? – Was kann er erreichen?
- Bildbetrachtung: Thomas Zacharias, »Amos« (**M 15**), auch im »Advance Organizer« (**M 14**) – zunächst die Hand im Mund abdecken, so dass der Finger auch wie eine Zunge aussieht. Wie verändert sich der Holzschnitt, wenn man die Hand erkennt? – Den Holzschnitt genau beschreiben: Gestaltung der Mundpartie, dünne Stelle am Arm, heller – dunkler. Wo hat Zacharias deutlich und wo weniger deutlich gezeichnet? – Wie geht es Amos mit der Hand in seinem Mund? – Was tut Gott? Was tut Amos?
- Herausfinden, auf welche Weisungen der Tora sich Amos bezieht: Arbeitsblatt (**M 22**). Hinweis: Zu 2. Mose 22,20 findet sich keine passende Amosstelle. Es soll deutlich werden, dass die Tora die Fremden mit konkreten Geboten schützt, dass aber in der Verkündigung des Amos die Feindesliebe nicht zentral ist.
- Zur ersten Vision des Amos im Interent recherchieren: Welche Folgen hat ein Heuschreckeneinfall für Bauern? Kurzpräsentation erstellen.

Die Schülerinnen und Schüler können erläutern, warum Amos im Namen Gottes spricht und welche Rolle dabei seine Visionen spielen. (HS: Themenfeld: »Amos: Ein biblischer Prophet weist auf Gott hin«; RS 8.4.1; GY 8.2.2)

- Die Visionen in eine Erzählung einbetten. Vgl. **M 16b** (1. und 2. Vision); **M 16c** (3. Vision); **M 16d** (4. und 5. Vision).
- Die Visionen analysieren und deren typische Struktur erarbeiten: Die fünf Visionen des Amos (**M 19**). Hinweis zum ersten Arbeitsauftrag: Die Bitte um Verzeihung wird nur in der ersten Vision geäußert. Gott verzeiht nicht, sondern setzt lediglich nach der ersten und zweiten Vision die Strafe aus. In der dritten und vierten Vision steht für Gott fest, dass er Unheil über Israel kommen lassen wird. Dies wird in der fünften Vision schonungslos entfaltet. Die ersten beiden und die dritte und vierte Vision bilden jeweils ein Paar mit vielen Ähnlichkeiten. Vgl. auch: Entwicklung und Zuspitzung in den fünf Visionen des Amos (**M 20**).
- Die Visionen mit einer Technik malen, die andeutet, dass es sich um eine andere Form von Wirklichkeit handelt (Zusammenarbeit mit Bildener Kunst), evtl. auch auf die freien Flächen des Arbeitsblatts: Entwicklung und Zuspitzung in den fünf Visionen des Amos (**M 20**).
- Alltagserfahrungen suchen, die durchsichtig werden können für eine »zweite, tiefere Ebene«, auf eine andere Art der Wirklichkeit, möglicherweise auch auf Gott. Diese Erfahrungen evtl. auch malen. Z.B. ein Bild in der Zeitung, über das man nachdenkt (Menschen im Glück, Menschen im Leid, etwas, das die drohende Klimakatastrophe verdeutlicht). Lichterfahrungen (sich öffnender Himmel) beim Tod eines geliebten Menschen. Symbole, die einem wichtig sind: Turnschuhe, Brot ... Vgl. auch die Misereor-Hungertücher (z.B. das Misereor-Hungertuch 2009 »Gottes Schöpfung bewahren – damit alle leben können«, bei denen Alltags- und Bedrohungserfahrugen transparent werden für die Zuwendung Gottes, aber auch die Erfahrung seiner Abwesenheit (im Internet leicht zu finden).
- Erörtern: Hätte Amos ohne Visionen das Unrecht im Nordreich wahrgenommen? Benötigt ein/e Prophet/in Visionen oder Auditionen, um Unrecht im Namen Gottes zu kritisieren? Warum sind die ersten vier Visionen um die Ausweisung des Amos aus dem Nordreich (7,10–17) herum gruppiert? (Die Berichte über die Visionen könnten niedergeschrieben worden sein, um sich bei Kritik und Verfolgung zu rechtfertigen.)
- Amos kehrt zurück zu seiner Familie nach Tekoa. Was erzählt er?

| **Die Schülerinnen und Schüler können Botenspruch und Visionsbericht als charakteristische Form prophetischer Rede beschreiben (GY 8.3.5)** | ■ Arbeitsteilige Partnerarbeit
– Besonderheiten der Botenspruchformel und Struktur der Botenrede erarbeiten und dem Partner erläutern (**M 6**: Die Botenspruchformel; **M 7**: Die prophetische Botenrede).
– Besonderheiten und Struktur der Visionsberichte erarbeiten und dem Partner erläutern (**M 19**: Die fünf Visionen des Amos; **M 20**: Entwicklung und Zuspitzung in den fünf Visionen des Amos (Erläuterungen siehe vorhergehender Baustein).
■ Struktur der Botenrede vergleichen mit der »Bekanntmachung einer Ungerechtigkeit« (**M 11**). |
| **Die Schülerinnen und Schüler können ein Wort des Amos auf eine heutige Situation anwenden (HS 9.2.2, HS 9.3.2, HS 9.4.1; RS 8.2.1; GY 8.2.1)** | ■ (Internet-)Recherche durchführen über Kinder, die bei uns von Hartz IV leben, und die Ergebnisse dokumentieren. Kinderarbeit, Kindersoldaten, Kinderprostitution, Straßenkinder oder kirchliche Hilfsorganisationen und deren Hilfsprojekte. Die Lehrkraft stellt geeignete Internetadressen oder Material zur Verfügung.
■ Ein Wort des Amos auf eine Notlage anwenden, zu der recherchiert wurde, z.B. Amos 5,7.10–15 entsprechend umschreiben und veröffentlichen. |

- Erörtern: Wäre es genauso eindrücklich, wenn man statt eines Amoswortes das Doppelgebot der Liebe oder die Goldene Regel auf die ausgewählte Notlage anwendet? → Vergleich: Botschaft der Propheten – »Doppelgebot der Liebe« – »Goldene Regel« – Gebot der Feindesliebe (**M 9**).
  - Eine Pro- und Contra-Diskussion zu ethischen Fragestellungen führen und auswerten. Zur Vorbereitung siehe: »Vorschlag für das Arbeiten mit Dilemmata« (**M 10**).
    - z.B. zwischen Vertretern, die einen Missstand zu verantworten haben und Kritikern (denkbar z.B. bei Kinderarbeit) oder
    - zwischen Vertretern, die angesichts eines Notstandes unterschiedliche Verhaltensweisen empfehlen (denkbar z.B. bei armen Kindern bei uns, Straßenkindern, Kindersoldaten und Kinderprostitution).

Frauenpower: Jaël und die Prophetinnen Mirjam und Debora

Wo findet sich in der Bibel das Wort »Prophetin«? Konkordanz, auch unter: http://www.bibel-online.net/. Die Zahl der Nennungen von »Prophetin« und »Prophet« vergleichen. Mögliche Gründe überlegen.

Zu Mirjam (bietet sich besonders an, falls früher eine Mose- / Exodus-Einheit gemacht wurde):
- (Mit einem Rap) die Auszugsgeschichte erzählen, dabei diejenigen Geschichten berücksichtigen, in denen Frauen eine wichtige Rolle spielen (Hebammen, Mutter des Mose, »Schwester des Mose«, die bei dessen Auffindung dabei ist ...)
- »Mirjam-Lied« singen: »Im Lande der Knechtschaft, da lebten sie lang ...« (**M 24a**); evtl. mit Tanzschritten. Eine Aufnahme des Liedes ist zu finden auf der CD »Und Mirjam schlug die Pauke«. Erhältlich unter: www.mitscha.at.
- So sieht Miriam für mich aus: eigenes Bild malen oder Collage kleben.
- Bildbeschreibung: Wer war Mirjam: Cheerleaderin oder Prophetin – schon ein Streit in der Bibel? (**M 25**).
- Marc Chagall: Mirjam. Welche Ausstrahlung hat Mirjam in Chagalls Bild? Welche Hinweise auf Gott lassen sich finden? (Tanz als Gebet, Regenbogen, Hand Gottes, Engel?) eventuell Männer dazumalen: In Blasen schreiben, was sie über Mirjam und den von ihr angeführten Tanz denken.
- Klaus Ringwald: Exodus (**M 26**, linkes Bild). Welche Aufgaben nehmen Mirjam und Mose wahr?
- Arbeitsteilig:
  - Anklagen aus der Perspektive der Mirjam gegen Mose schreiben (4. Mose 12,1–2 und weitere mögliche Punkte zusammenstellen. (Mose bestimmt immer allein, immer nur ein Mann, es wird zu wenig getanzt ...)
  - Verteidigungsreden des Mose entwerfen nach 4. Mose 12,6–8.
- Im Plenum oder in Zweiergruppen miteinander streiten. Anders als in der Bibel eine gemeinsame Lösung suchen und sie nicht nur durch Gott festlegen lassen.
- Bedenken: Kann oder darf eine Person alleine bestimmen, was in einer Gemeinde gemacht wird und richtig ist? Darf sie es, wenn sie Prophet/in ist oder auf andere Weise von Gott beauftragt wurde?

Zu Debora (und Jaël):
- Text in Auswahl lesen, Richterbuch Kapitel 4 ganz und Kapitel 5,1f.24–27.31
- Namen und Orte klären mit Hilfe der Karten in der Bibel und auf dem Arbeitsblatt »Gespräch zwischen Debora und Jaël« (**M 26**).
- Debora ruft Barak zum Kampf auf – Szene nachspielen (Ri 4,4–9)

Die Schülerinnen und Schüler können das Wirken einer Prophetin darstellen, deuten und bewerten (HS 9.3.2; RS 8.4.1; GY 8.2.1)

- Die verschiedenen Rollen von Debora und Barak klären anhand des Reliefs von Klaus Ringwald, siehe Arbeitsblatt »Gespräch zwischen Debora und Jaël« (**M 26**).
- Bild der Tötung Siseras anschauen. Mögliche Vorgeschichte? Vergleichen mit Richter 4. Die Vorgeschichte bis kurz vor der Tötung in geschlechtergetauschten Rollen pantomimisch spielen.
- Kriegsberichterstattung aus Sicht der Israeliten und aus Sicht derer von Jabin.
- Gespräch unter Männern: Brauchen wir Debora, um uns gegen Jabin zu wehren?
- Gespräch zwischen Debora und Jaël über ihre Taten und über die Männer (mögliche Gesichtspunkte: **M 26**).
- Theologisieren:
  - Warum wird Debora eine Prophetin genannt?
  - Ist Barak ein schwacher Mann, weil er nur zusammen mit Debora bereit ist, in den Kampf zu ziehen?
  - Hat Jaël recht gehandelt?

Die Schülerinnen und Schüler können am Beispiel von Nathan herausarbeiten, wie ein Prophet einen Mächtigen kritisieren und überzeugen kann, und darüber berichten (HS 9.3.2; RS 8.4.1; GY 8.2.1)

Nathan: »Du bist der Mann!«

- 2. Sam 11 in Abschnitten vorlesen V. 1–3, V. 4, V. 5, V. 6–13. Nach den einzelnen Abschnitten getrennt nach Jungen und Mädchen in Einzelarbeit Tagebuch schreiben:
  - Jungen: David beschreibt seine Gefühle und Gedanken über seine Liebe zu Batseba. Er kann dabei Verse aus dem Hohenlied der Liebe verwenden, z.B. 4,1–7 (empfehlenswert »Bibel in gerechter Sprache«, »Gute Nachricht«). Im weiteren Verlauf überlegt er, wie er die »Probleme« lösen kann.
  - Mädchen: Batseba notiert ihre Gedanken und Gefühle zur Beziehung mit David. Sie kann dabei Verse aus dem Hohenlied der Liebe verwenden, z.B. 5,10–17. – Eines Tages erfährt sie, dass ihr Mann von David zurückbeordert wurde. Er kommt aber nicht zu ihr. Sie ahnt, dass er in Gefahr ist. Was soll sie tun? Wieder vertraut sie alle Gedanken und Gefühle ihrem Tagebuch an, das wirklich niemand außer ihr selbst liest.
- Austausch in geschlechtsspezifischen Vierergruppen über Verhaltensmöglichkeiten in den verschiedenen Phasen.
- Fortgang der Geschichte lesen (2. Sam 11,14–27) oder L-Erzählung.
- Austausch in geschlechtsgemischten Vierergruppen: Unter welchen Voraussetzungen wäre ein besseres Ende wahrscheinlicher gewesen? Sind die Vorschläge der Jungs und der Mädchen unterschiedlich?
- Einzelarbeit: Du bist Nathan, Prophet am Königshof Davids. Überlege, welche Gebote David verletzt hat. Arbeitsblatt: Die zehn Versprechen (**M 8**). Was solltest und könntest du als Nathan tun? Vergleichen mit 2. Sam 12,1–10 (25).
- Presseberichte verfassen: Eine königstreue und eine königskritische Zeitung berichten über den Heldentod Urias und Davids Mitleid mit einer Kriegerwitwe. Die Nachricht in einem Layout gestalten lassen, das zum Charakter der jeweiligen Zeitung passt. Positive und negative Folgen für treue und kritische Journalisten diskutieren oder ansatzweise simulieren (einen kleinen Preis des königlichen Hofes für gute Berichterstattung verleihen).
- Todesanzeige für Uria gestalten lassen, die von David bzw. von Batseba aufgegeben wurde.
- Die Erzählung in einem Comic zeichnen (6–10 Bilder).

**Elia: »Wie lange hinkt ihr auf beiden Seiten?
Ist der HERR Gott, so wandelt ihm nach, ist's aber Baal,
so wandelt ihm nach.«**

Die Schülerinnen und Schüler können mindestens zwei Eliaerzählungen darstellen, deuten und bewerten (HS 9.3.2; RS 8.4.1; GY 8.2.1)

1. Könige 18: Das Gottesurteil auf dem Karmel

- → Kursbuch Religion Elementar 7/8, S. 119.
- → SpurenLesen 7/8, Stuttgart/Leipzig 1998, S. 70f, sich entscheiden für einen der drei angebotenen Schlussteile.
- V. 40 bedenken: War es richtig, dass Elia die Baalspriester tötete? Hinzugezogen werden kann V. 42. Dass Elia seinen Kopf zwischen den Knien verbirgt, kann als Ausdruck des Entsetzens, Erschreckens, auch der Buße verstanden werden.
- Zwei Erzählvorschläge in: entwurf 3/94, 22f.28f.

1. Könige 21: Nabots Weinberg

- Geschichte lesen oder erzählen bis V. 10, also einschließlich der Briefe an die »Ältesten und Oberen«, die Isebel schreibt. Wie sollen die Ältesten und Oberen von Jesreel auf die Briefe reagieren? (Dilemma-Diskussion, Spiel). Zur Vorbereitung siehe: Verlauf einer Dilemmadiskussion (**M 10**).
- Elia in diesem Kreis auftreten lassen (vorher als kritschen Propheten einführen). An wen soll er sich wenden? Was soll er sagen?
- Verse 11–14 lesen, vergleichen mit Dilemma-Diskussion oder Spiel oben.
- Verse 15–25 lesen, vergleichen mit den Ideen der Klasse, was Elia sagen sollte. Warum klagt Elia nicht die Ältesten und Oberen an?
- Text: Wie Elija (**M 27**): Welche Parallelen zur Geschichte von Nabots Weinberg lassen sich beschreiben? Internetrecherche: Welche Erfolge und Misserfolge hat die Landarbeiterbewegung in Brasilien zu verzeichnen? Würdest du deinem Kind den Namen eines prophetisch handelnden Menschen geben, der sein Eintreten für Gerechtigkeit mit dem Tod bezahlen musste?
- Recherchieren wie ein Detektiv → Kursbuch Religion Elementar 7/8, S. 116f.

1. Könige 19: Elia am Horeb

- Den Weg des Elia räumlich im Klassenzimmer inszenieren.
- Nachdenken über den Satz: »Es ist genug, so nimm nun, HERR, meine Seele; ich bin nicht besser als meine Väter« (1. Kön 19,4). Wieso denkt Elia so? Besteht auch ein Zusammenhang mit 1. Kön 18,40?
- → Kursbuch Religion Elementar 7/8, S. 120–123 mit zahlreichen Arbeitsaufträgen.
- Vergleichen mit einer Engelserfahrung von Marc Chagall → SpurenLesen 7/8, 1998, 72.

Zur prophetischen Botenrede bei Elia: **M 7** (und **M 6**)
Zu Elia insgesamt: vgl. entwurf 3/1994, S. 18–42.

Zu Jesaja, Jeremia und Jona werden keine eigenen Unterrichtsbausteine angeboten; siehe dazu M 7 und die ausführlichen Literaturhinweise unten

---

- **M 8**: Die zehn Versprechen (für alle, die die Zehn Gebote bereits beherrschen oder meinen, sie zu beherrschen).
- **M 22**: Auf welche Weisungen bezieht sich Amos? Hinweis für die Lehrperson: Zu 2. Mose 22,20 findet sich keine passende Amosstelle. Es soll erstens deutlich werden, dass die Tora die Fremden mit konkreten Geboten schützt. Zweitens soll klar werden, dass die Frage der Feindesliebe für Amos nicht zentral ist.

Die Schülerinnen und Schüler kennen den Dekalog auswendig und können Gebote der Tora benennen, die für die von ihnen erarbeitete Prophetengestalt von Bedeutung sind (HS 9.2.2; RS 8.2.1; GY 8.2.2)

- Überlegen: Wieso fanden Prophet/innen nur wenig Zustimmung, obwohl sie sich auf die Tora bezogen?

Die Schülerinnen und Schüler kennen das Doppelgebot der Liebe und die Goldene Regel auswendig und können auf dem Hintergrund der Erarbeitung der Botschaft mindestens eines Propheten erörtern, inwiefern sie eine ausreichende Zusammenfassung der Tora sind (HS 9.2.2; RS 8.2.1)	■ Die Botschaft der Propheten vergleichen mit dem »Doppelgebot der Liebe«, der Goldenen Regel und dem Gebot der Feindesliebe (Arbeitsaufträge auf dem Arbeitsblatt **M 9**).
Die Schülerinnen und Schüler können darstellen, was neu gelernt wurde	■ Charakteristisches der biblischen Prophetie anhand einer Zeichnung erläutern (**M 4**: Prophetie im Bild). ■ Was tun Propheten, damit Gottes Botschaft viele erreicht? ■ Vergleichen: Wie empfangen unterschiedliche Propheten die Botschaft Gottes? ■ Darlegen, ob und inwiefern sich das eigene Prophetenbild verändert hat (Bezug zum Beginn der Unterrichtseinheit). ■ Steckbrief erstellen: »Gesucht wird: Prophet!« – in arbeitsteiliger Partnerarbeit: einmal wie ein biblischer Prophet sein soll, einmal wie er nicht sein soll. ■ Theologisieren über elementare Fragen (s.o.). Haben sich die Antworten auf die elementaren Fragen geändert? Vgl. auch die Anregung zum Arbeiten mit elementaren Fragen im Baustein »Die Schülerinnen und Schüler wissen, welche Kompetenzen es zu erwerben gilt, und können ihren Lernweg mitgestalten«. ■ Untersuchen einer Bibelausgabe von Julius Schnorr von Carolsfeld: Welche Propheten werden in welchen Situationen dargestellt, welche nicht? ■ Untersuchen eines Predigtplanes (»Perikopenordnung«) für die evangelische Kirche (Pfarrer/in danach fragen). Über welche Prophetentexte soll (nicht) gepredigt werden? Sollten bestimmte Texte aufgenommen werden? → Mit der Suchfunktion feststellen, welche Texte aus dem Amosbuch im Predigtplan vorgesehen sind: http://de. Wikipedia.org/wiki/Perikopenordnung#Die_Texte_ nach_der_Perikopenordnung (15.10.11). Hinweis: Der Predigtplan umfasst sechs Jahre, danach wiederholt er sich. ■ Anhand einer Botenrede erklären können, warum die Propheten des AT nicht als Wahrsager einer fernen Zukunft missverstanden werden dürfen, sondern eine andere Absicht verfolgen. ■ Erörtern: Sind Johannes der Täufer und Jesus Propheten? – Für Muslime ist Mohammed der letzte und wichtigste Prophet. Vergleiche Mohammed mit einem Propheten oder einer Prophetin aus dem Alten Testament. ■ Beherrsche ich die zu Beginn der Unterrichtseinheit notierten Kompetenzen? → **M 1**: Kompetenzen für die Hand von Schülerinnen und Schülern. Eigeneinschätzung – sich gegenseitig in Dreiergruppen vorstellen – notieren, was jede/r Einzelne noch tun muss, damit sie oder er die Kompetenzen beherrscht.

Allgemein

Horst Klaus Berg: Altes Testament unterrichten – 29 Unterrichtsvorschläge, München/Stuttgart 1999, Propheten: S. 228–264.

Georg Gnandt: »Es ist ja zum Glück eine wahrhaft ungeheuere Reise« – eine Unterrichtssequenz zum Thema »Prophetwerden als Prozess«, in: It's my way. Lernsequenzen für den Primarbereich sowie die Sek 1 und 2, Institut für Religionspädagogik (IRP), Freiburg 2006, S. 27–32 u. dazugehörige Arbeitsblätter.

Stephan Schmidt: Mirjam befreit ihr Volk und singt ein Danklied für Gott. Freiarbeitsmaterialien für den Religionsunterricht im 5./6. Schuljahr, Stuttgart 2004.

Kurt Waidosch: Prophetische Menschen heute, in: Religion in der Sekundarstufe, hg. v. M. Jakobs u.a., Institut für Religionspädagogik (IRP), Freiburg 2006, S. 101–111.

Nathan

Elisabeth Buck: Religion in Bewegung, Sekundarstufe I, Göttingen 2005, S. 160–162.

Werner Laubi: Geschichten zur Bibel 1, Lahr/Köln, 1981, S. 91–97. (»Davids Mord«).

Werner Laubi / J. Dirnbeck: Lese- und Spielszenen zur Bibel, Düsseldorf/Lahr ²1991, S. 47–50.

Unterrichtsideen Religion 5, Stuttgart 1996, bes. S. 51.

Elia

entwurf (Zeitschrift) 3/94, S. 18–42.

Werner Laubi: Geschichten zur Bibel 2, Lahr/Köln, 1983, S. 45ff.62ff.

Amos

Rudolf Hartmann: http://www.lehrer.uni-karlsruhe.de/~za2126/amos.htm, geprüft 20.04.11.

Werner Laubi: Geschichten zur Bibel 2, Lahr/Köln 1983, S. 90–115.

Werner Laubi / J. Dirnbeck: Lese- und Spielszenen zur Bibel, Düsseldorf/Lahr ²1991; Die Obstkorbvision Amos 8,1–3, S. 55–58.

Jesaja

Erzählbuch zur Bibel, hg. von W. Neidhart u. H. Eggenberger, Lahr u.a. ³1979, S. 184–191 (Jes 5).

Jürgen Koerver: Herr Gottreich lädt zum Fest, Stuttgart 2003, S. 88–113 (Jes 1–6).

Werner Laubi: Geschichten zur Bibel 2, Lahr/Köln 1983, S. 116–141.

Werner Laubi / J. Dirnbeck: Lese- und Spielszenen zur Bibel, Düsseldorf/Lahr ²1991, S. 58–72 (Es werden mehrere Kapitel des Jesajabuches einbezogen).

Jeremia

»Höret die Stimme« – Der Prophet Jeremia, Themenfolge 118 mit Folien, Anregungen und Unterrichtsvorschlägen von H. Behnisch u.a., Gymnasialpädagogische Materialstelle der Evang.-Lutherischen Kirche in Bayern, http://www.materialstelle.de.

Jürgen Koerver: Herr Gottreich lädt zum Fest, Stuttgart 2003, S. 114–138 (Jer 1; 7; 27; 28; 36).

A. Kübler / A. Rieder: Unterrichtsbausteine zur Berufung Jeremias und ausgewählter Texte aus dem Jeremiabuch, in: notizblock 40/2006, S. 19–23.

Werner Laubi / J. Dirnbeck: Lese- und Spielszenen zur Bibel, Düsseldorf/Lahr [2]1991, S. 72–78 (Joch, Tora ins Herz schreiben).

Walter Neidhart: Erzählbuch zur Bibel 2, Düsseldorf/Lahr 1989, S. 76–112 (sieben Erzählungen zu Jeremia).

Walter Neidhart: Erzählbuch zur Bibel 3, Zürich/Lahr 1997, S. 53–95 (vier weitere Erzählungen zu Jeremia).

Religionspädagogische Hefte, Ausg. B, Jeremia und Dom Hélder Camara, hg. von der Evangelischen Kirche der Pfalz, 1/2000.

Marlies und Jörg Schilling: Die Propheten – Arbeitsblätter, Stuttgart u.a. 1996.

Marc Wischnowsky: Jeremia im Gefängnis – der leidende Prophet (Jer 15,10–18), in: Loccumer Pelikan 3/98, download: www.rpi-loccum.de, geprüft 20.04.11.

Jona

SpurenLesen 7/8, Stuttgart/Leipzig 1998, S. 60–67; dazu: SpurenLesen 7/8 Werkbuch, Stuttgart 1998, 141–164.

II. Schulbücher

Das Kursbuch Religion 2, 2005, Wirklichkeit deuten, prophetisch handeln, Hoffnung wecken: S. 74–81; dazu: Lehrermaterialien, 2007, S. 50–60.

Kursbuch Religion Elementar 7/8, Amos – für Gerechtigkeit eintreten: S. 104–113; Elia – Neue Erfahrungen mit Gott: S. 114–123; dazu: Lehrermaterialien, Stuttgart/Braunschweig 2007, Amos: S. 172–190; Elia: S. 191–210.

SpurenLesen 7/8, Stuttgart/Leipzig 1998, S. 60–79; dazu: SpurenLesen 7/8 Werkbuch, Stuttgart/Leipzig 1998, S. 141–194 (Jona, Elia, Amos).

SpurenLesen 2 (Neuausgabe), Stuttgart/Braunschweig 2008, Amos: S. 38–50; dazu: SpurenLesen 2 (Neuausgabe) Lehrermaterialien, Stuttgart/Braunschweig 2010, S. 37–57.

III. Fachliteratur zur Vertiefung

Matthias Albani / Martin Rösel: Altes Testament, Reihe Theologie Kompakt, Stuttgart 2002, S. 78–96.

Rainer Albertz: Religionsgeschichte Israels, Göttingen 1992 (schneller Zugriff über Bibel- und Sachstellenregister).

Mirjam

Linda Jarosch / Anselm Grün: Mirjam – die Prophetin, in: Dies.: Königin und wilde Frau: lebe, was du bist, Münsterschwarzach [4]2005, S. 139–147.

Heidemarie Langer u.a.: Mit Mirjam durch das Schilfmeer – Frauen bewegen die Kirche, Stuttgart [3]1985, bes. S. 52f, 75f.

Debora

Linda Jarosch / Anselm Grün: Debora – die Richterin, in: Dies.: Königin und wilde Frau: lebe, was du bist, Münsterschwarzach [4]2005, S. 13–24.

Amos

Hubertus Halbfas: Religionsunterricht in Sekundarschulen, Lehrerhandbuch 7, Düsseldorf 1994, S. 187–191.

Jeremia

Hubertus Halbfas: Religionsunterricht in Sekundarschulen, Lehrerhandbuch 7, Düsseldorf 1994, S. 192–202.

Kompetenzen für die Hand von Schülerinnen und Schülern
(die verbindlichen Themenfelder sind mit berücksichtigt)

Hauptschule	??? 😟	😐	🙂	😃
• Ich kann darstellen, was Amos in seinen Visionen gesehen und gehört hat und was die Visionen bedeuten.				
• Ich kann sagen, wie Amos durch seinen Glauben gestärkt und ermutigt wurde.				
• Ich kann eigene Gedanken zum Propheten Amos äußern.				
• Ich kann meine eigenen Gedanken und Ideen zu Amos mit mindestens drei kreativen Methoden ausdrücken.				
• Ich kann die Zehn Gebote, das Doppelgebot der Liebe und die Goldene Regel auswendig sagen und erklären, was sie bedeuten.				
• Ich kann zu den drei oben genannten Weisungen Beispiele nennen, wie sich diese in unserem Leben auswirken könnten.				

Realschule	??? 😟	😐	🙂	😃
• Zu einer biblischen Prophetengestalt kann ich erläutern:	-	-	-	-
– in was für einer Zeit sie gelebt hat (soziale Verhältnisse und politische Situation),				
– wie sie beauftragt wurde,				
– was sie gesagt hat,				
– wie sie ihre Botschaft gesagt hat,				
– welche Zeichenhandlungen sie vollzogen hat und				
– wie es ihr persönlich mit ihrem Auftrag ergangen ist.				
• Ich kenne Weisungen aus dem AT (Zehn Gebote, Gebote aus 2. Mose 21–23) und NT (Das Doppelgebot der Liebe, die Goldene Regel, das Gebot der Feindesliebe). Ich kann begründen, welche Weisungen einer Prophetengestalt möglicherweise geholfen haben, Unrecht zu erkennen.				
• Ich kann zu oben genannten Weisungen Beispiele nennen, die zeigen, wie sich diese Weisungen in unserem Leben auswirken könnten.				

Gymnasium	??? 😟	😐	🙂	😃
• Ich kann darstellen,	-	-	-	-
– welche Ungerechtigkeiten Amos kritisiert hat,				
– wie diese ungerechten Verhältnisse entstanden sind,				
– welche Folgen sie hatten,				
– was Amos in seinen Visionen gesehen und gehört hat und was die Visionen bedeuten,				
– warum Amos den Kult seiner Zeit kritisiert hat und				
– wie ein Botenspruch und ein Visionsbericht aufgebaut sind.				
• Ich kenne biblische Weisungen, für Gerechtigkeit einzutreten, z.B. die Zehn Gebote, das Doppelgebot der Liebe und die Goldene Regel.				
• Ich kann an Beispielen erläutern, was diese Weisungen meiner Meinung nach heute bedeuten.				

Klaus Ringwald – Debora,
Ausschnitt aus einer Bronzetür des Münsters in Villingen

Erich Heckel – Mann in der Ebene

Abbiegender Pfeil

Arbeitsaufträge:

1. Beschreibe die Karikatur.
2. Führt ein (Schreib-)Gespräch zu folgenden Fragen: Wie kommt der eine dazu, alleine einen eigenen Pfeil zu malen? – Was denken die vielen? – Wie geht es dem einen? – Was kann er erreichen?
3. Schreibe die Gedanken der Männer in entsprechende Denkblasen.

Prophetie im Bild

Arbeitsaufträge:

1. Beschreibe die Zeichnung.
2. Erkläre anhand der Zeichnung, was nach dem Verständnis des Alten Testaments Prophetie bedeuten kann.
3. Erläutere die Zeichnung anhand des Lebens und der Verkündigung einer Prophetin oder eines Propheten.

Weissagung und Zeichendeutung bei den Römern und im Alten Testament

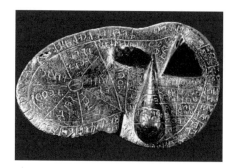

Für die Römer war es bei staatlichen und privaten Unternehmungen wichtig vorauszusagen, ob sie gelingen werden. Dafür gab es unterschiedliche Methoden.

Die meisten Zeichen wurden von einem Beamten aus der Beobachtung der Vögel genommen. Bei dieser Vogelschau (»auspicium«) wurde auf den Flug (Adler, Geier) oder das Geschrei (Rabe, Krähe, Eule) der Vögel geachtet.

Eine andere häufig angewandte Methode war die Eingeweideschau, besonders die Deutung einer Schafsleber. Das hier abgebildete Bronzemodell einer Leber von Piacenza diente zur Ausbildung der Priester. Es zeigt, dass die Oberfläche der Leber einzelnen Göttern zugeordnet ist. Aus einer Auffälligkeit, wie z.B. einer Verhärtung, wurde geschlossen, welche Gottheit besänftigt werden musste.

Beamte, die aufgrund verschiedener Zeichen den Götterwillen deuteten, wurden Auguren genannt. Sie waren keine eigentlichen Priester, d.h. sie durften keine Opfer durchführen. Auch leiteten sie nicht die Unternehmungen, über deren Ausgang sie die Götter befragten. Sie hatten nur beratende Funktion. Das Zeichen der Auguren war ein Krummstab (lituus). Mit ihm bezeichneten sie einen viereckigen Bereich in der Natur, das sogenannte Templum, innerhalb dessen sie auf die Zeichen achteten.

Römisches Steinrelief. Das geschlachtete Tier liegt auf dem Rücken, sein Kopf unten links »schaut« nach oben.

Auch im Alten Testament werden Möglichkeiten beschrieben, Gott zu befragen. Am bekanntesten sind die Losorakel (Urim und Tummim) und der Ephod. Nach 2. Mose 28,15 trug der Hohepriester das Urim und Tummim in einer Tasche auf der Brust. Näheres über das Verfahren ist unbekannt. In 1. Sam 14,39–44 wird ein Losverfahren zur Ermittlung eines Schuldigen, in diesem Fall Jonatan, beschrieben.

Das Ephod war ein kultisches Kleidungsstück, getragen auf der Brust der Priester, versehen mit zwölf Edelsteinen. Mit ihm konnte man Gott befragen. Dies tat David, wenn er vor einer wichtigen Entscheidung stand, z.B. ob er vor Saul fliehen (1. Sam 23,9–13) oder den raubenden Amalekitern nachjagen soll (1. Sam 30,7f).

Arbeitsauftrag: Vergleiche die hier beschriebenen Weissagungsmethoden mit den Prophezeiungen von Prophetinnen und Propheten des Alten Testaments.

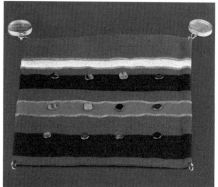

Hören – Reden – Handeln: Prophetie/Amos

Die Botenspruchformel

Die Botenspruchformel lautet: »**So spricht (Name) ...**« – In Zeiten, als es noch kein Telefon, E-Mail und SMS gab, wurden Nachrichten direkt mündlich oder schriftlich übermittelt. In allen Fällen musste von Anfang an klar sein, in wessen Auftrag man sprach oder wer etwas aufgeschrieben hatte. Mit »So spricht (Name) ...« begannen mündliche Botschaften und Briefe altorientalischer Könige und Würdenträger.
Bei den Propheten weist die Botenspruchformel diese als Sprecher Gottes aus. Und sie betont, dass das Angekündigte eintreten wird, weil Gott es gesagt hat.

Arbeitsaufträge:
1. Unterstreiche im untenstehenden Text die Botenspruchformeln und erkläre, warum sie verwendet werden.
2. Die Botenspruchformel wird oft von Propheten verwendet. Lies z.B. das 4. Kapitel des Amosbuches durch. Wie oft findest du die Botenspruchformel?

Amos wird aus Bethel ausgewiesen

¹⁰Da sandte Amazja, der Priester in Bethel, zu Jerobeam, dem König von Israel, und ließ ihm sagen: Der Amos macht einen Aufruhr gegen dich im Hause Israel; das Land kann seine Worte nicht ertragen. ¹¹Denn so spricht Amos: Jerobeam wird durchs Schwert sterben, und Israel wird aus seinem Lande gefangen weggeführt werden.

¹²Und Amazja sprach zu Amos: Du Seher, geh weg und flieh ins Land Juda und iss dort dein Brot und weissage daselbst. ¹³Aber weissage nicht mehr in Bethel; denn es ist des Königs Heiligtum und der Tempel des Königreichs.

¹⁴Amos antwortete und sprach zu Amazja: Ich bin kein Prophet noch ein Prophetenjünger, sondern ich bin ein Hirt, der Maulbeeren züchtet. ¹⁵Aber der HERR nahm mich von der Herde und sprach zu mir: Geh hin und weissage meinem Volk Israel! ¹⁶So höre nun des HERRN Wort! Du sprichst: Weissage nicht wider Israel und eifere nicht wider das Haus Isaak! ¹⁷Darum spricht der HERR: Deine Frau wird in der Stadt zur Hure werden, und deine Söhne und Töchter sollen durchs Schwert fallen, und dein Acker soll mit der Messschnur ausgeteilt werden. Du aber sollst in einem unreinen Lande sterben, und Israel soll aus seinem Lande vertrieben werden. *Amos 7,10–17*

Die prophetische Botenrede

In der Tabelle findest du Erläuterungen und Beispiele zu einem typischen Schema, das Propheten benutzten: die prophetische Botenrede. Charakteristisch ist die Zweiteilung in Anklage und Strafankündigung. Bemerkenswert sind die Inhalte der Anklage. Anders als z.B. in den griechischen Sagen wird nie kritisiert, dass JHWH nicht ausreichend verehrt wird. Die einzelnen Teile sind nicht immer leicht zu erkennen, weil das Schema der Botenrede oft variiert und erweitert wurde.

Teile einer (prophetischen) Botenrede	Elia zu Ahab (1. Kön 21,19)	Amos 2,6–8.13f in Auswahl	Amos 4,1–3	Aus der Tempelrede des Jeremia (Jeremia 7,4.9)
Aufruf zum Hören und Einschärfen: »Hört und schärft's ein ...«			Höret dies Wort,	
Botenspruchformel »So spricht JHWH«	So spricht JHWH	So spricht JHWH		
Anklage:	Du hast gemordet, dazu auch fremdes Erbe geraubt!	Um drei, ja um vier Frevel willen derer von Israel will ich sie nicht schonen, weil sie die Unschuldigen für Geld und die Armen für ein Paar Schuhe verkaufen. Sie treten den Kopf der Armen in den Staub und drängen die Elenden vom Wege. Sohn und Vater gehen zu demselben Mädchen, um meinen heiligen Namen zu entheiligen. Und bei allen Altären schlemmen sie auf den gepfändeten Kleidern und trinken Wein vom Gelde der Bestraften im Hause ihres Gottes.	Ihr fetten Kühe, die ihr auf dem Berge Samarias seid und den Geringen Gewalt antut und schindet die Armen und sprecht zu euren Herren: Bringt her, lasst uns saufen!	Verlasst euch nicht auf Lügenworte, wenn sie sagen: Hier ist des HERRN Tempel, hier ist des HERRN Tempel, hier ist des HERRN Tempel! [...] Ihr seid Diebe, Mörder, Ehebrecher und Meineidige [...] Und dann kommt ihr und tretet vor mich in diesem Hause, das nach meinem Namen genannt ist, und sprecht: »Wir sind geborgen.« [...] Haltet ihr denn dies Haus, das nach meinem Namen genannt ist, für eine Räuberhöhle?
Botenspruchformel: »So spricht JHWH« (oder Schwurformel)	(Entfällt an dieser Stelle.)	(Entfällt an dieser Stelle.)	Gott der HERR hat geschworen bei seiner Heiligkeit:	(Entfällt an dieser Stelle.)
Strafankündigung: »Darum« / »weil«.../»siehe« (auch ohne Übergang)	An der Stätte, wo Hunde das Blut Nabots geleckt haben, sollen Hunde auch dein Blut lecken.	Siehe, ich lasse den Boden unter euch schwanken und dem Starken hilft seine Kraft nicht mehr.	Siehe, es kommt die Zeit über euch, dass man euch herausziehen wird mit Angeln und, was von euch übrig bleibt, mit Fischhaken. Und ihr werdet zu den Mauerlücken hinaus müssen.	So will ich mit dem Hause, [...] ebenso tun, wie ich mit Silo getan habe, und will euch von meinem Angesicht verstoßen, wie ich verstoßen habe alle eure Brüder.
Abschluss: z.B. Ausspruch JHWHs.	Ausspruch JHWHs.	Ausspruch JHWHs.		

1. Analysiere Amos 6,1a.3–7. Welche Teile einer prophetischen Botenrede findest du? Stelle diese prophetische Botenrede mit seinen verschiedenen Teilen dar – z.B. wie oben in einer Tabelle. (Genauso kann Amos 8,4–7 und Amos 5,10f untersucht werden.)
2. Falls du eine »Bekanntmachung einer Ungerechtigkeit« verfasst hast: Vergleiche deren Aufbau mit dem einer prophetischen Botenrede.

Die Zehn Versprechen

Der Dekalog, umformuliert in Versprechen (durcheinander)	Das entsprechende Gebot mit der richtigen Nummerierung
Du wirst Zeit haben für alle, die zu dir kommen, und zu dem kommen, der Zeit für dich hat.	
Nichts und niemand wird dich versklaven.	
Hab keine Angst, wenn sie flüstern: Sie reden nur Gutes.	
Genieße die Blicke: Sie kennen den Neid nicht, und was sie dir wünschen, ist ohne Falsch.	
Mach keinen Zaun um dein Leben: Niemand will es dir nehmen!	
Verlasse dich darauf: Niemand wird dich verlassen!	
Verstecke nicht, was du hast, denn der Gast kommt zu schenken.	
Wie die Feste des Himmels wird dein Haus dich behüten, wie die Sonne am Himmel, so bleibt dir dein Dach.	
Freue dich darauf, zu den Alten zu gehören, denn die Jungen werden sagen: Haltet sie hoch, denn sie hielten uns aus.	
Was dir lieb und wert ist, wird niemand in den Schmutz ziehen, und du wirst wissen, woran du dich halten kannst.	

Siegfried Macht, Große Themen – kurze Texte. © Patmos, Düsseldorf 2002, 18. © Bayerischer Schulbuchverlag, München 2010.

Arbeitsaufträge:

1. Ordne jedem der obigen Texte eines der Zehn Gebote zu. Beachte dabei, dass zum Ersten Gebot der Satz gehört »der ich dich aus Ägyptenland, aus der Knechtschaft, geführt habe«.
2. Auf welche(s) Gebot(e) bezieht sich die Prophetengestalt, mit der ihr euch beschäftigt habt?
3. a) Sucht Beispiele: Wo wird heute gegen einzelne Gebote verstoßen?
   b) Formuliert zu einem Beispiel ein knappes, aussagestarkes Wort, das ein Prophet verkündigt haben könnte.
   c) Überlegt euch dazu eine passende Zeichenhandlung.

Botschaft der Propheten –
»Doppelgebot der Liebe« (Mk 12, 29–31) – »Goldene Regel« – Gebot der Feindesliebe

Doppelgebot der Liebe (Das höchste Gebot)

Und es trat zu ihm einer der Schriftgelehrten, der ihnen zugehört hatte, wie sie miteinander stritten. Und als er sah, dass er ihnen gut geantwortet hatte, fragte er ihn:

Welches ist das höchste Gebot von allen?

Jesus aber antwortete ihm:
Das höchste Gebot ist das:

»Höre Israel, der Herr, unser Gott, ist der Herr allein, und du sollst …

Das andere ist dies:
Du sollst **deinen Nächsten …**

… den Herrn, deinen Gott, …

… lieben von ganzem …

von ganzem Gemüt (= Nachdenken) (3)

Herzen (1)

und von allen deinen Kräften (4)

von ganzer Seele (2)

… lieben wie dich selbst.«

Im Matthäusevangelium wird am Ende dem höchsten Gebot hinzugefügt: »In diesen beiden Geboten hängt das ganze Gesetz und die Propheten« (Mt 22,40).

Die Goldene Regel (Mt 7,12)

Alles nun, was ihr wollt, dass euch die Leute tun sollen, das tut ihnen auch! Das ist das Gesetz und die Propheten.

Arbeitsaufträge:

1. Erörtere, ob es ein Vor- oder Nachteil ist, dass Propheten sich auf viele einzelne Gebote der Tora beziehen und einzelne Verfehlungen benennen und sich nicht auf kurze Zusammenfassungen beschränken, wie sie sich z.B. im Neuen Testament finden lassen.
2. Nimm Stellung: Reicht es aus, wenn Christinnen und Christen das höchste Gebot kennen? Oder sollen sie auch die Zehn Gebote, sonstige Gebote der Tora und Prophetenworte kennen?
3. Formuliere mögliche Gründe, warum Matthäus sowohl beim Doppelgebot der Liebe als auch bei der Goldenen Regel das Gesetz (= Tora) vor den Propheten nennt.

Das Gebot der Feindesliebe (Mt 5,43–48)

[43]Ihr habt gehört, dass gesagt ist: »Du sollst deinen Nächsten lieben« (3. Mose 19,18) und deinen Feind hassen. [44]Ich aber sage euch: Liebt eure Feinde und bittet für die, die euch verfolgen, [45]damit ihr Kinder seid eures Vaters im Himmel. Denn er lässt seine Sonne aufgehen über Böse und Gute und lässt regnen über Gerechte und Ungerechte. [46]Denn wenn ihr liebt, die euch lieben, was werdet ihr für Lohn haben? Tun nicht dasselbe auch die Zöllner? [47]Und wenn ihr nur zu euren Brüdern freundlich seid, was tut ihr Besonderes? Tun nicht dasselbe auch die Heiden? [48]Darum sollt ihr vollkommen sein, wie euer Vater im Himmel vollkommen ist.

Hinweis zu V. 43b: Im Alten Testament steht nirgends, dass man seinen Feind hassen soll. Eine Deutung ist, dass es einem Hassen gleichkommen kann, wenn man nicht alle Menschen gleichermaßen liebt. Allerdings ist auch diese Deutung im Bezug auf das Judentum problematisch, weil die Tora viele konkrete Gebote zum Schutz der Fremden enthält.

Arbeitsauftrag:

Erörtere, ob Prophetinnen oder Propheten zur Feindesliebe aufgefordert und diese praktiziert haben.

Vorschlag für das Arbeiten mit Dilemmata

1	**Einführung eines Dilemmas**	
1.1	Vorlesen, Filmausschnitt, Hörspiel; Schüler/innen erhalten anschließend den Text.	Klare, verständliche und eindrückliche Formulierung, die im genauen Wortlaut nachgelesen werden kann.
1.2	Sprachliche und inhaltliche Unklarheiten klären.	Fehlen Informationen, die man in der angenommenen Dilemmasituation recherchieren kann und die die Entscheidung beeinflussen könnten? – Werden diese Informationen eingeholt?
1.3	Klären der Problemstellung.	Ziel ist es, sich mit dem Dilemma auseinanderzusetzen und ihm nicht auszuweichen. Überlegungen, ob wirklich ein Dilemma vorliegt oder ob es eine Lösung »höherer Ordnung« gibt, werden gewürdigt und evtl. unter 4.3 bearbeitet.
2	**Erste Standortbestimmung**	
2.1	Festhalten des eigenen, spontanen Standpunktes.	Für sich notieren, so dass man unabhängig von der »Klassenmeinung« ist.
2.2	Überblick über die Meinung in der Klasse.	Evtl. anfangs in geheimer Abstimmung – dann mehr und mehr öffentlich, um zu lernen, zur eigenen Meinung zu stehen.
3	**Klären von Einstellungen und Argumenten in Kleingruppen**	
3.1	In Dreier-Gruppen Einstellungen und Argumente für Pro und Contra aufschreiben.	
3.2	Gemeinsam eine Rangfolge der Einstellungen und Argumente festlegen.	Falls keine Einigung möglich: Minderheitenvoten notieren.
4	**Diskussion im Plenum**	
4.1	Klasse sich aufteilen lassen in zwei gleich große Gruppen, die die Pro- und Contra-Position vertreten.	Man kann – muss aber nicht – die Position vertreten, der man nahe steht. Meistens gibt es einige, die schwankend sind. – Dieses Verfahren ermöglicht die Bildung zweier gleich starker Gruppen.
4.2	Diskussionsregeln 1) Niemanden persönlich angreifen! 2) Wer ein Argument vorgetragen hat, ruft jemanden von der Gegenseite auf, der sich gemeldet hat.	
4.3	Jeder schreibt für sich mit, falls neue Argumente genannt werden.	
5	**Abschließende Bewertung**	
5.1	In den Kleingruppen aus Schritt 3) die Wichtung der Argumente (evtl. mit den ergänzten Argumenten) überprüfen.	
5.2	Zweite Abstimmung im Plenum und Vergleich mit der ersten Abstimmung. Gründe für verändertes Abstimmungsergebnis?	
5.3	• War das Dilemma angemessen formuliert? • Gibt es dieses Dilemma »in echt«? • Was kann man dafür tun, damit sich ein solches oder ähnliches Dilemma möglichst nicht stellt? • Welche Fragen sind noch offen und müssen geklärt werden?	Fakultativ, insbesondere wenn in Schritt 1.3 dies bereits angesprochen wurde.
6	**Nachdenken: Wie haben wir gelernt?**	
	• Was hat geholfen, das Dilemma zu bearbeiten? • Was hat es schwer gemacht? • Was hätten wir gebraucht, um die Aufgabe gut bewältigen zu können?	

Nach Anregungen in: Lothar Kuld und Bruno Schmid: Lernen aus Widersprüchen. Dilemmageschichten im Religionsunterricht, Auer-Verlag, Donauwörth 2001, 150–158. Diese beziehen sich u.a. auf: Gottfried Adam: Methoden ethischer Erziehung, in: Gottfried Adam/Friedrich Schweitzer (Hg.): Ethisch erziehen in der Schule, Göttingen 1996, 113. Lutz Mauermann: Unterrichtsplanung zur Diskussion eines moralischen Dilemmas in der 8./9. Jahrgangsstufe, in: Ders./Erich Weber (Hg.): Der Erziehungsauftrag der Schule (1978), Donauwörth 1990.

Bekanntmachung einer Ungerechtigkeit

Oft merken andere gar nicht, was man selbst als ungerecht empfindet. Aber es ist doch wichtig, dass andere das wissen und darüber nachdenken und dass sie auch mithelfen, Unrecht zu ändern! Deswegen sollt ihr eine feierliche »Bekanntmachung einer Ungerechtigkeit« vorbereiten. Sucht nach einem entsprechenden Fall, der euch betroffen gemacht hat und den ihr öffentlich in der Klasse verkünden wollt. Wichtig: Niemanden dabei persönlich verletzen oder etwas behaupten, was nicht stimmt. Falls ihr nicht sicher seid, ob etwas verletzend ist und man es so sagen kann, fragt andere.

Hört und merkt's euch gut!

So spricht[1] .... zu ....

Stellt euch vor, welches Unrecht geschehen ist:

Das ist unerhört! Denn ...

Dieses Unrecht könnte zur Folge haben:

Deswegen fordere ich:

Wenn diese Forderung nicht erfüllt wird, dann ...

So spricht[1] .... zu ....

[1]Name der oder des Sprechenden. Das müsst nicht ihr sein. Ihr könnt euch auch eine Person ausdenken.

Was ich gerecht und was ich ungerecht finde

		Sehr ungerecht:»:-) Eher ungerecht::-II Eher gerecht: ☺ Sehr gerecht: ☺☺	Das Beispiel gehört zu folgendem großen Themenbereich:	Das Beispiel ist: Gar nicht wichtig (- -) Wenig wichtig (-) Eher wichtig (+) Sehr wichtig (+ +)
1	Eltern verbringen mehr Zeit mit Essen Kochen, Einkaufen und sonstigen Hausarbeiten als ihre Kinder.			
2	Ein Schiedsrichter hat ein Foul nicht sehen können und deswegen nicht gepfiffen. Das Foul war nicht entscheidend für ein Tor.			
3	Schülerinnen und Schüler müssen unterschiedlich lang lernen, um das gleiche Ergebnis in einer Mathearbeit zu erreichen.			
4	Eltern, die ihren Kindern Mathe erklären könnten, machen es nicht. Denn sonst hätten ihre Kinder Vorteile gegenüber den Kindern, deren Eltern das nicht können.			
5	Um ein Kilo Brot kaufen zu können muss ein Mensch in Kanada ca. 13 Minuten arbeiten, in Deutschland ca. 10 Minuten, in Kenia ca. eine dreiviertel Stunde.			
6	Die durchschnittliche Lebenserwartung in Deutschland beträgt 79 Jahre, in Haiti 52 Jahre.			
7	Eine Lehrkraft sagt zu manchen gar nichts, wenn sie zu spät in den Unterricht kommen, andere bekommen Ärger oder eine Strafarbeit.			
8	Jeder, der in einem Haushalt wohnt, arbeitet gleich viel, um die anfallenden Arbeiten zu erledigen (Wäsche, Essen, Sauberkeit, Garten).			
9	Manche fliegen viel mit dem Flugzeug, so dass die Umwelt stark belastet wird.			
10	Jemand fährt immer zu schnell durch die 30 km/h-Zone und gefährdet damit andere, bekommt aber nie einen Strafzettel, weil dort nie kontrolliert wird.			
11	Schüler/innen finden ein fertiges Referat im Internet, das sie ohne großes Bearbeiten und ohne Hinweis auf den Fundort abgeben, und erhalten dafür eine gute Note.			
12	Wenn jemand eine gute Rechtsschutzversicherung hat, verliert er bei einer Autofahrt mit zuviel Alkohol nicht so leicht den Führerschein.			
13	Manche Eltern zahlen für ihre Kinder im Jahr für Kleidung (mit Schuhen und allen Sportsachen) 350 €, andere 1000 €.			
14	Manche bekommen im Monat 8 €, andere bis zu 20 € Taschengeld.			
15	Ein Schiedsrichter hat ein Foul nicht sehen können und deswegen nicht gepfiffen. Der, der gefoult hat, läuft durch und schießt ein Tor.			
16	Jüngere Geschwister dürfen abends länger wegbleiben als ältere, als sie im gleichen Alter waren.			
17	Ein Fußballtrainer weist seine Mannschaft an, den Gegner hart anzugehen. »Lieber ein Foul, als eine Torchance für die anderen.« Wer bewusst fair spielt, wird von ihm weniger eingesetzt.			
18	Die Polizei beobachtet unbemerkt Leute, die aus dem Wirtshaus kommen, und spricht sie erst auf ihren Alkoholkonsum an, nachdem sie den Zündschlüssel rumgedreht und sich damit möglicherweise strafbar gemacht haben.			

Phantasiereise: »Das Buch der Gerechtigkeit«
Zwerge, die alles beobachten und in ein dickes Buch schreiben

Hinführung: Für ungestörte Umgebung sorgen; bequeme Position einnehmen; Körperentspannung, evtl. Hintergrundmusik

Während du es dir bequem machst und dich wohlig fühlst, stellst du überrascht fest, dass du deinen Geburtstag feierst. Du siehst, wer alles da ist. – Hörst, was sie reden. – Spürst, wie sich so ein Tag anfühlt und du merkst: Die Gäste haben noch etwas Besonderes für dich. Alle Geschenke sind ausgepackt. Da findest du noch einen Umschlag. »Woher kommt der denn?« Du drehst ihn um: »Von deinen Freunden!« »Von meinen Freunden!?! Wer soll denn das sein? Die haben doch schon eine Kinokarte geschenkt!« Vorsichtig machst du den Umschlag auf. Da steht mit großen Buchstaben: »EINE REISE DAHIN, WO DIE WELT AM LEBEN GEHALTEN WIRD«.

Und während du das liest, merkst du, dass die Geburtstagsfeier um dich herum unwichtiger wird. Ganz selbstverständlich kannst du zu deiner eigenen Überraschung in die Erde hineingehen – tiefer und tiefer – Schicht um Schicht –, bis du in einen großen Raum kommst, mitten im Erdinneren. Neugierig schaust du dich um: Da läuft jemand immer hin und her, und da noch jemand und dort auch einer – sie sehen aus wie gute Geister, manche schauen etwas streng drein. Es scheinen eine Art Zwerge zu sein. Du beobachtest, wie sie schnurstracks herbeilaufen mit Notizen in ihrer Hand, hörst ihre Schritte, gehst selbst umher und atmest die Luft des Erdinneren ein und fragst dich: »Was notieren die?« In einer langen Reihe stehen sie vor einem großen Buch. Der letzte in der Schlange sieht dich. Er kommt auf dich zu und fragt: »Bist du neu hier? Kennst du dich hier noch nicht aus?« Er erklärt: »Alles, was auf der Welt wichtig ist, wird hier aufgeschrieben. Was Menschen freut; was dafür sorgt, dass sie leben können; aber auch, wie sie sich das Leben gegenseitig schwer oder unmöglich machen.« Und er erklärt weiter: »Wir können das, was auf der Erde geschieht, kaum beeinflussen oder gar ändern. Aber wir halten die Idee der Gerechtigkeit am Leben und die ist für das Leben überhaupt ganz wichtig!«

Während du darüber nachdenkst, wie man die Idee der Gerechtigkeit am Leben erhalten kann, wunderst du dich, dass es kühl ist, obwohl du tief im Erdinnern bist. Eine Zwergin errät deine Gedanken und erklärt: »Wir müssen einen kühlen Kopf behalten, denn oft sind Recht und Unrecht ganz nah beieinander. Oft ist es schwer bis unmöglich, beides auseinander zu halten.« – Ein Zwerg mischt sich ins Gespräch ein: »Ich rege mich über das Unrecht manchmal so furchtbar auf, dass es gut ist, dass es hier nicht so heiß ist. Dann kann ich mich wieder leichter beruhigen.«

Du beobachtest weiter, wie die Zwerge eifrig herbeilaufen mit ihren kleinen Notizen und alles in das große Buch eintragen. Manchmal freuen sie sich. – Manchmal schütteln sie ihre Köpfe und sind ganz entsetzt. – Manches schreiben sie in roter Tinte in das Buch. – Bei einem Eintrag debattieren sie aufgeregt und sehr lange miteinander. Schließlich wollen sie eine Nachricht an die Menschen schicken. Aber sie können nicht selbst zu den Menschen gehen. Du siehst, wie einer wegen dieser Ungerechtigkeit einen Traum in ein Päckchen verpackt – sorgsam ausgepolstert mit Watte, damit er nicht zerbricht auf der weiten Reise zu den Menschen. Aber das scheint den Zwergen noch nicht genug zu sein.

Deswegen kommt einer auf dich zu: »Wie du vielleicht gesehen hast, haben wir eine ganz große Ungerechtigkeit aufschreiben müssen. Sie gefährdet das Leben auf der Erde. Wir möchten den Menschen eine Chance geben, daran etwas zu ändern. Aber wir können nicht direkt zu ihnen gehen und schon gar nicht mit ihnen sprechen.« Er bittet dich, das für sie zu tun und gibt dir ein Blatt. Es ist noch weiß, denn sie können nicht so schreiben, dass die Menschen es verstehen.

»Schreib es auf. Ich erzähl' dir, um was es geht.« Ihm ist es wichtig, dass du ihn genau verstehst, und er bittet dich, ihn alles zu fragen, was dir noch unklar ist. [Zeit lassen!] Und nachdem er alles erklärt hat, bittet er dich inständig, dies den Menschen mitzuteilen.

Der Zwerg verlässt dich, die Szenerie beginnt vor deinen Augen zu verschwimmen und zu verblassen. Und du kehrst aus dem Erdinnern durch alle Erdschichten hindurch zurück ins Klassenzimmer. Du sitzt auf deinem Stuhl, so wie sonst immer auch. Und denkst noch nach über das, was du auf der Reise erlebt hast. Dabei kannst du dich recken, die Augen aufmachen, gähnen, aus dem Fenster schauen und auch mal kurz aufstehen.

Anmerkung: Die Vorstellung eines Buchs, in dem alle Taten der Menschen aufgezeichnet sind, findet sich auch in Beschreibungen des Jüngsten Gerichts in Dan 7,10 und Offb 20,12. Verwandt, aber etwas anders ist die Vorstellung vom »Buch des Lebens« in 2. Mose 32,32f; Ps 69, 29; Dan 12,1; Lk 10,20; Phil 4,3 und auch in Offb 20,12.

Gott handelt durch das Sprechen eines Propheten

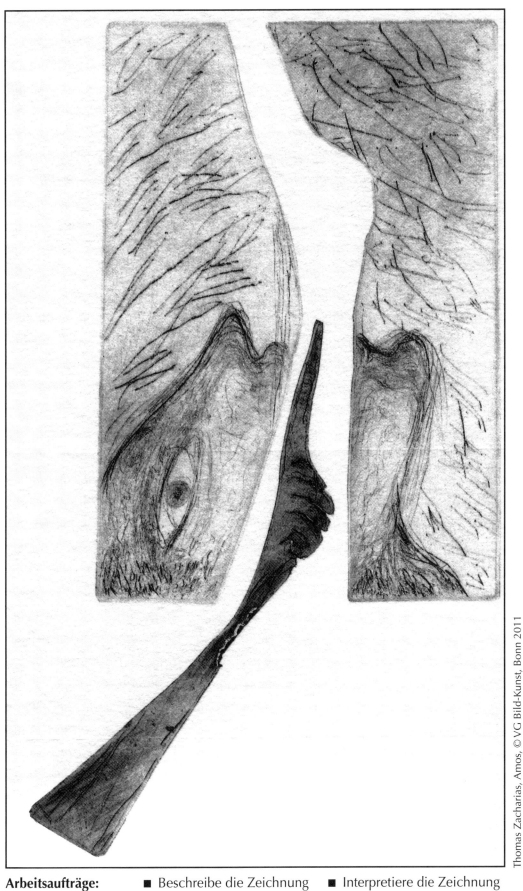

Arbeitsaufträge: ■ Beschreibe die Zeichnung   ■ Interpretiere die Zeichnung

M 14 siehe Seite 34

M 14

»Es ströme das RECHT wie Wasser und die GERECHTIGKEIT wie ein nie versiegender Bach.« (Amos 5,24)

Abraham – Sara
Isaak – Rebekka
Josef – Rahel/Lea

Ägypten
Sklaverei

Exodus

Saul
David (1000 v. Chr.)
Salomo

Nordreich (»Israel«): Elia (850 v. Chr.) – Amos (760 v. Chr.) – 722 v. Chr.: Zerstörung durch Assur

Südreich (»Juda«): 587 v. Chr. wird Jerusalem erobert von Babylon. → Exil

Visionen:
a) Geschautes
b) Gespräch: Seher – Gott
c) Entscheidung Gottes

1, Heuschrecken: 7,1–3

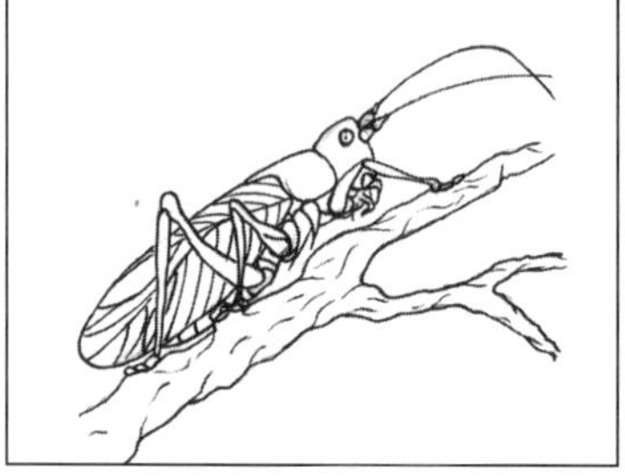

2. Feuerregen: 7,46

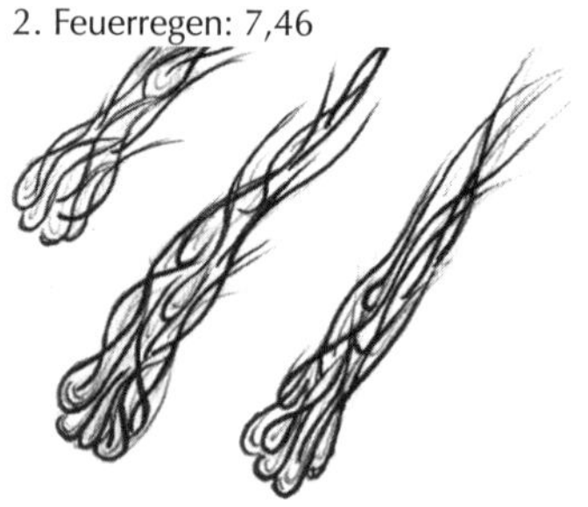

3. Zinn: 7,7–8

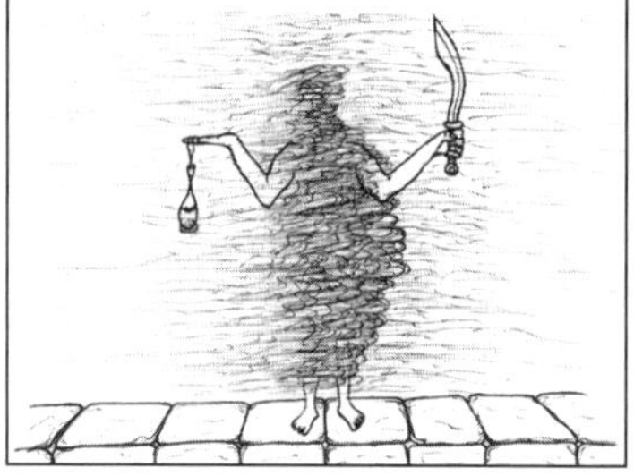

4. Erntekorb – Ende
Gericht – Gericht: 8,1–2

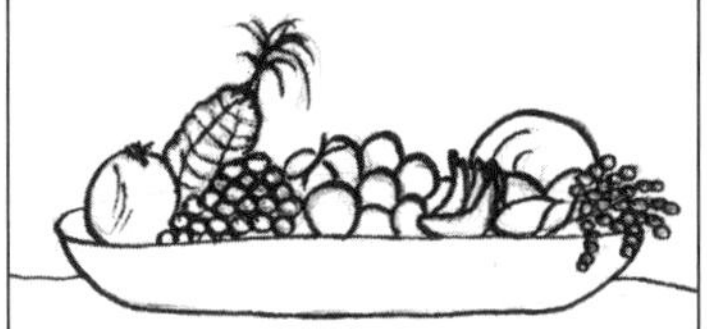

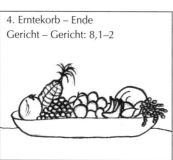

5. Amos soll das Säulenkapitell eines Tempels schlagen. Die Erde bebt. Keiner Entrinnt: 9,1–4

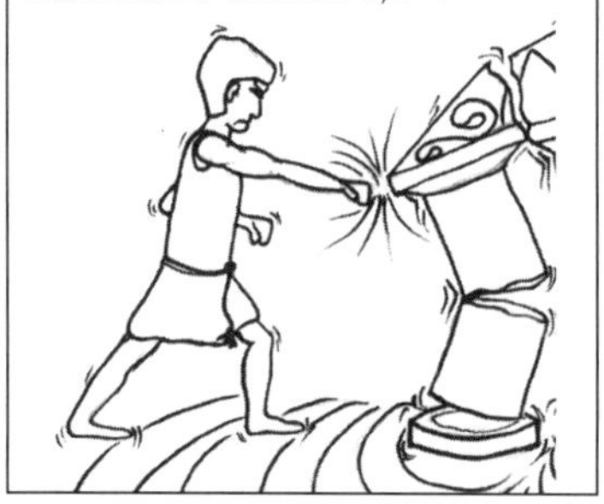

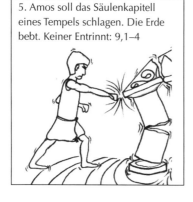

»Weh denen, die RECHT in WERMUT verkehren und die GERECHTIGKEIT zu Boden stoßen.« (Amos 5,7)

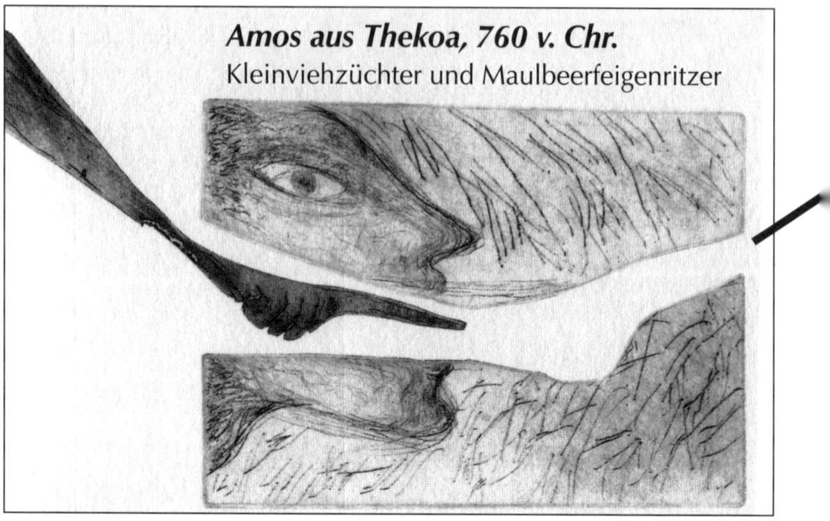

Amos aus Thekoa, 760 v. Chr.
Kleinviehzüchter und Maulbeerfeigenritzer

Thomas Zacharias, Amos

Gerufener Rufer

Amos war kein ausgebildeter, an einem Hof oder Heiligtum angestellter Amts- oder Kultprophet oder Zeichendeuter.

Gott packte ihn von seiner Herde weg, damit er im Nordreich Israel dessen Botschaft verkündet.

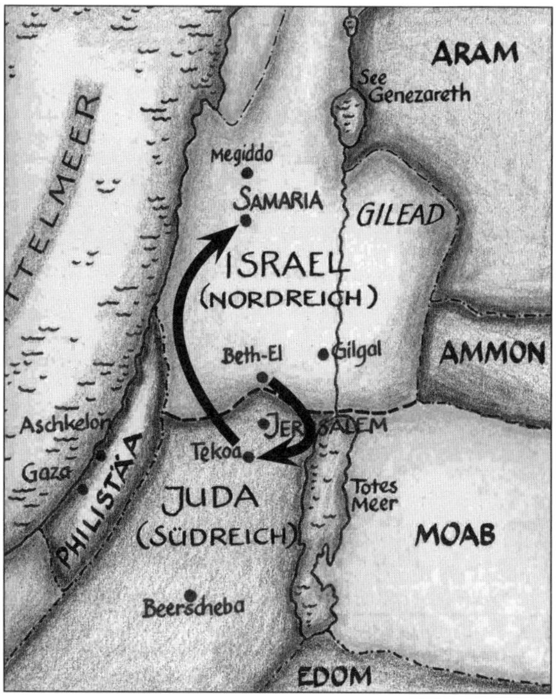

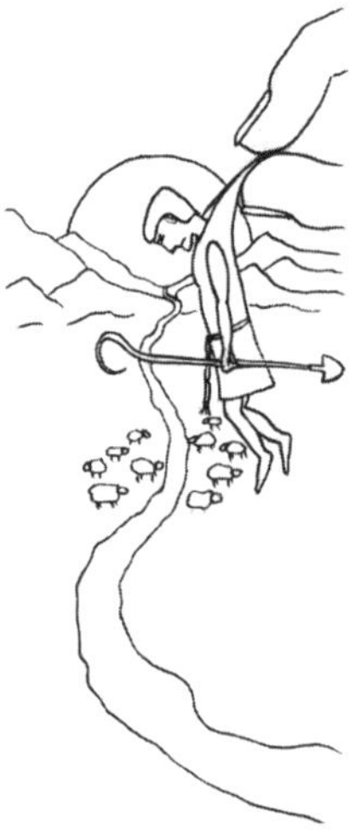

Amazja, Priester in Bethel, weist Amos aus dem Nordreich Israel aus:
»Amos, du machst einen Aufruhr gegen den König Israels; das Land kann deine Worte nicht ertragen. Geh weg und flieh ins Land Juda und iss dort dein Brot. Aber weissage nicht mehr in Bethel; denn es ist des Königs Heiligtum und der Tempel des Königreichs.« (nach 7,10–13)

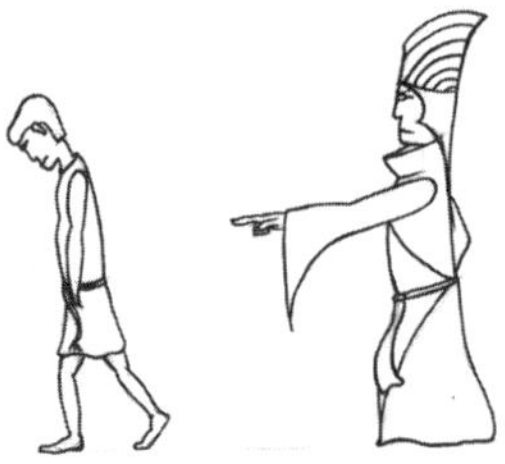

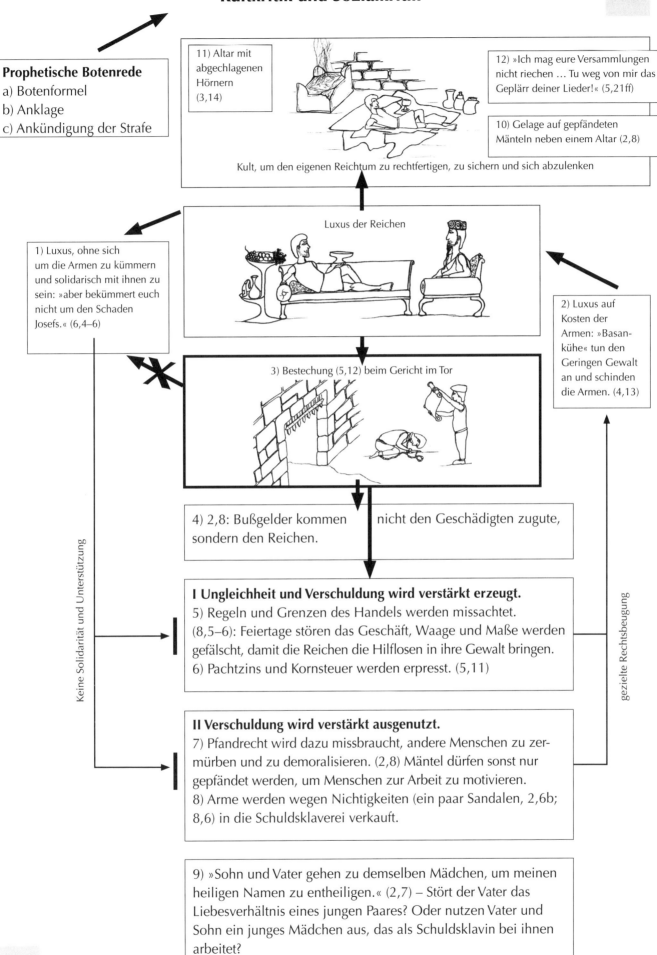

Prophetische Botenrede
a) Botenformel
b) Anklage
c) Ankündigung der Strafe

11) Altar mit abgechlagenen Hörnern (3,14)

12) »Ich mag eure Versammlungen nicht riechen … Tu weg von mir das Geplärr deiner Lieder!« (5,21ff)

10) Gelage auf gepfändeten Mänteln neben einem Altar (2,8)

Kult, um den eigenen Reichtum zu rechtfertigen, zu sichern und sich abzulenken

Luxus der Reichen

1) Luxus, ohne sich um die Armen zu kümmern und solidarisch mit ihnen zu sein: »aber bekümmert euch nicht um den Schaden Josefs.« (6,4–6)

2) Luxus auf Kosten der Armen: »Basankühe« tun den Geringen Gewalt an und schinden die Armen. (4,13)

3) Bestechung (5,12) beim Gericht im Tor

4) 2,8: Bußgelder kommen | nicht den Geschädigten zugute, sondern den Reichen.

Keine Solidarität und Unterstützung

gezielte Rechtsbeugung

I Ungleichheit und Verschuldung wird verstärkt erzeugt.
5) Regeln und Grenzen des Handels werden missachtet. (8,5–6): Feiertage stören das Geschäft, Waage und Maße werden gefälscht, damit die Reichen die Hilflosen in ihre Gewalt bringen.
6) Pachtzins und Kornsteuer werden erpresst. (5,11)

II Verschuldung wird verstärkt ausgenutzt.
7) Pfandrecht wird dazu missbraucht, andere Menschen zu zermürben und zu demoralisieren. (2,8) Mäntel dürfen sonst nur gepfändet werden, um Menschen zur Arbeit zu motivieren.
8) Arme werden wegen Nichtigkeiten (ein paar Sandalen, 2,6b; 8,6) in die Schuldsklaverei verkauft.

9) »Sohn und Vater gehen zu demselben Mädchen, um meinen heiligen Namen zu entheiligen.« (2,7) – Stört der Vater das Liebesverhältnis eines jungen Paares? Oder nutzen Vater und Sohn ein junges Mädchen aus, das als Schuldsklavin bei ihnen arbeitet?

M 15 siehe Seite 33

Zeichnungen: © Justus Braach

Die Wirtschaft »Zum Lachenden Esel« in Samaria ist nur vier Schritte breit, aber dreißig Schritte lang. Sie liegt im Hohlraum der Stadtmauer. Sie hat keine Fenster, nur eine kleine Tür. Die Wände sind rußig vom
5　Rauch der Fackeln und Öllampen. An den Holztischen sitzen Männer. Sie trinken, reden und lachen. Ein paar singen ein Lied. Sie singen nicht schön. Aber laut. Othni, der Wirt, bringt Bier in Tonbechern. Er hat ein aufgedunsenes Gesicht. Sein Bauch schwappt
10　beim Gehen auf und ab. An einem der Tische sitzen die beiden Bauern Ephraim und Michael. Ephraim schlägt mit der Faust auf den Tisch. »Ich hab es dir schon hundertmal gesagt, Michael«, ruft er. »Ich geb dir meinen Acker nicht!« »Und wenn ich dir hundert-
15　fünfzig Lot Silber für den Acker gebe?« fragt Michael. Michael trägt über seinem Kleid einen kostbaren Mantel. »Was soll ich mit hundertfünfzig Lot Silber anfangen?« fragt Ephraim und fährt sich mit der Hand durch seine schwarzen Locken. Michael lacht schal-
20　lend. »Hört mal alle her!« ruft er in die Kneipe. »Das arme Bäuerlein Ephraim fragt mich, den reichsten Bauern in Samaria, was er mit hundertfünfzig Lot Silber anfangen soll! – Kauf dir doch ein Haus! Und eine Sklavin! Eine junge, hübsche. Mit Haaren wie Pur-
25　pur, mit Lippen wie Lilien, mit Augen, so klar wie der Teich von Samaria!« »Ich brauch keine Sklavin«, sagt Ephraim. »Ich habe eine Frau und Kinder. Und ein Haus hab ich auch.«
　　»Ein Loch hast du«, sagt Michael. »Ein Loch an der
30　Ringstraße! Drei Wände an die Stadtmauer angebaut! Ein einziger Raum! Dunkel. Und feucht. Wie diese Schenke hier. Aber mit hundertfünfzig Lot Silber kannst du dir ein Haus mit einem Garten kaufen. Auf der andern Seite der Ringstraße. Dort, wo die Rei-
35　chen wohnen.«
　　»Und wovon soll ich leben, wenn ich keinen Acker mehr habe?«, fragt Ephraim.
　　»Du kannst bei mir als Taglöhner arbeiten«, sagt Michael. »Und dein ältester Sohn auch. Er ist ja bald
40　dreizehn Jahre alt und gesund und stark.« Ephraim nimmt einen Schluck aus seinem Becher. »Ich bin Bauer«, sagt er. »Ich hab den Acker von meinem Vater bekommen. Er ist nicht groß. Aber er ernährt mich und meine Familie. Nie im Leben verkauf ich ihn.«
45　»Das haben andere auch schon gesagt«, sagt Michael. »Denk nur an die, die vor der Stadt hausen. In den Zelten und Hütten. Das sind auch einmal Bauern gewesen.«
　　»Gesindel ist es«, sagt Ephraim. »Bauern, die ihr Land
50　weggeben, sind nichts wert.«
　　»Weggeben müssen!«, sagt Othni, der Wirt.
Ephraim leert seinen Becher und steht auf. »Ich verkauf dir mein Land nicht«, sagt er zu Michael. »Außerdem hast du schon mehr als genug.«
55　Ephraim geht auf die Gasse. Die Sonne ist schon untergegangen. In einem Halter neben der Wirtstür steckt eine brennende Fackel. Auf einen Stein neben der Fackel ist der Kopf eines Esels mit aufgerissenem
60　Maul gemalt.

»Ich bekomm dein Land schon noch!«, schreit Michael dem Ephraim aus der Wirtschaft nach.
　　»Du bist ein Esel«, ruft Ephraim und geht mit großen
65　Schritten durch die Ringgasse auf sein Haus zu.
Nach Neujahr hätte der Regen einsetzen sollen. Zwar jagt der Wind jeden Tag graue Wolken vom Meer her über das Land. Aber kein Tropfen Wasser fällt vom Himmel. Der Boden ist hart. Die Bauern können
70　nicht säen. Als der Frühling kommt, wachsen Gras und Frucht nur spärlich. »Es gibt ein Hungerjahr«, sagen die Bauern.
Der Sommer geht vorbei, und im Herbst kostet das Getreide dreimal soviel wie im vergangenen Jahr.
75　»Der Michael hat seine Scheunen bis unters Dach mit Korn gefüllt«, sagen die Leute. »Aber er verkauft nichts. Er wartet, bis es noch teurer wird.« Ephraim steht unter der Tür seines Hauses. Auf der Gasse spielen Kinder. Sie formen aus dem Straßenstaub Kuchen.
80　Ephraims Haus hat nur ein Zimmer. Im Zimmer ist es dunkel. In einer Ecke knabbern drei magere Ziegen an Strohhalmen. In der Mitte des Zimmers sitzt Ephraims Frau auf dem Lehmboden. Sie heißt Mirjam. Sie mahlt Gerste. Mit der rechten Hand dreht sie den
85　Holzgriff des Mühlsteins. Mit der linken streut sie Körner auf den Stein. Die Körner fallen durch das Loch in der Mitte und werden zwischen den Steinen zu Mehl zerrieben.
　　»Wieviel Gerste haben wir noch?« fragt Ephraim.
90　Mirjam deutet mit dem Kopf auf den Krug, der neben ihr steht. »Das ist noch alles«, sagt sie.
Ephraim holt einen Scheffel und einen leeren Krug. Der Scheffel ist ein Hohlmaß aus Holz. Er greift mit dem Scheffel in den vollen Krug und schüttet die
95　Gerste in den leeren Krug.
　　»Ein Scheffel«, zählt Ephraim. »Zwei Scheffel ... vier Scheffel ... sieben ... zehn ... vierzehn ...« Jetzt ist der Krug leer.
　　»Es sind fünfzehn Scheffel«, sagt Ephraim. »So viel
100　brauche ich als Saatgut für den halben Acker. Für den ganzen brauche ich dreißig Scheffel.«
　　»Bis zur nächsten Ernte brauchen wir auch Brot«, sagt Mirjam. »Wenn ich Linsen unter die Gerste mische, reichen acht Scheffel.« »Aber dann hab ich nur sie-
105　ben Scheffel Saatgut«, sagt Ephraim. »Und das ist viel zu wenig.«
　　»Michael hat noch Gerste«, sagt Mirjam.
　　»Michael ist ein Gauner!« schreit Ephraim. »Ein Halsabschneider. Ein Wucherer. Ein gemeiner Kerl.«
110　»Unser Ältester könnte bei ihm als Taglöhner arbeiten«, sagt Mirjam. »Vielleicht gibt er uns dafür ein paar Scheffel Gerste.« Ephraim geht auf die Gasse. Michaels Haus liegt im oberen Teil der Stadt. Dort, wo die Reichen wohnen. Rund um das Haus führt eine Mauer. Zwei Männer bewachen das Tor.
115　»Ich will dem Michael Getreide abkaufen«, sagt Ephraim. Einer der Wächter stößt das Tor auf. Ephraim steht in einem Hof. Rechts sind die Vorratshäuser. Michael kommt aus dem Haus.
120　»Ich brauche Saatgut«, sagt Ephraim. »Zwanzig Scheffel.« Michael reibt sich sein Doppelkinn. »Du

hast gesagt, dass ich ein Esel bin. Aber hör jetzt mal gut zu: Unser König Jerobeam II. hat im Ostjordanland Krieg geführt. Er hat viel Land erobert. Fruchtba-
125 res Land. Die Basan-Ebene! Mit fetten, saftigen Wiesen! Und erst die Kühe, die dort weiden! Die Basan-Kühe! Dick und gesund! Mit solchen Eutern! Und geregnet hat es dort! Gott sei Dank hab ich von diesem Land gekauft! Fünf große Äcker! Meine Päch-
130 ter haben mir meine Scheunen bis unters Dach mit Weizen und Gerste gefüllt.«

»Verkaufst du mir zwanzig Scheffel Gerste?« fragt Ephraim. »Wenn du mir zwanzig Lot Silber bezahlst«, sagt Michael. »Du bist ein Wucherer«, ruft Ephraim.
135 »Ich hab kein Silber. Aber mein Sohn kann bei dir als Taglöhner arbeiten.«

»Ich hab genug Taglöhner«, sagt Michael. »Jeden Morgen steht das Gesindel, das in den Zelten vor der Stadt haust, auf dem Markt und wartet auf Arbeit.
140 Und da sind Männer dabei, die schaffen doppelt so viel wie dein Sohn.«

»Aber was soll ich dir denn geben?« »Deinen Acker!« »Den bekommst du nie!« ruft Ephraim. »Dann verpfänd ihn mir!«
145 Ephraim schaut Michael misstrauisch an. »Wie geht das zu?« »Ganz einfach«, sagt Michael. »Ich geb dir jetzt zwanzig Scheffel Gerste. Und nach der Ernte gibst du mir vierzig Scheffel zurück. Die zwanzig Scheffel, die du mir mehr gibst, das ist der Zins.«
150 »Und der Acker?« fragt Ephraim.

»Der Acker ist das Pfand. Wenn du deine Schulden bezahlt hast, bleibt der Acker in deinem Besitz. Wenn nicht, dann gehört er mir.« »Ich muss das Saatgut haben«, sagt Ephraim. »Sonst verhungert meine Familie.
155 Ich verpfände dir meinen Acker.«

Michael ruft einen Diener. »Hol den Schreiber Nahum«, befiehlt er. »Und zwei Zeugen. Den Wirt Othni und irgend einen Gast vom ›Lachenden Esel‹!«
Wenig später kommen der Schreiber Nahum, der
160 Wirt Othni und der Taglöhner Arah zu Michael. Am Gurt des Schreibers hängt ein Holzkästchen. An einer Lederschnur, die er um den Hals gehängt hat, baumelt ein Siegelring.
Nahum nimmt aus dem Kästchen ein Schreibrohr. Er
165 mischt Ruß und Wasser. Aus seiner Ledertasche holt er eine gebrannte Tonscherbe. Michael diktiert: »Ich, Michael, der angesehene und hochverehrte Kaufmann in Samaria, gebe dem Bauern Ephraim von der Ringgasse in Samaria zwanzig Scheffel Gerste. Eph-
170 raim gibt mir nach der nächsten Ernte vierzig Scheffel Gerste zurück. Als Pfand überlässt mir Ephraim seinen Acker. Das verspricht Ephraim vor den Zeugen Othni und Arah.« Der Schreiber holt eine zweite Tonscherbe aus seiner Tasche. Er schreibt den Vertrag
175 noch einmal. Mit der Tinte färbt er seinen Siegelring ein und drückt ihn auf die Tonscherbe. »Die bewahr ich bei mir auf«, sagt er. »Die Abschrift bleibt beim Michael.«

»Gib dem Ephraim zwanzig Scheffel Gerste aus dem
180 Lagerhaus!« befiehlt Michael einem Diener.
Zwei Monate später setzt der Regen ein. Ephraim pflügt seinen Acker. Er sät die Gerste. »Es wird eine gute Ernte geben«, denkt er.

Aber im Frühjahr, als die Saat sprosst, verdunkelt sich der Himmel. Ganze Wolken von Wanderheuschrecken fliegen über das Land. Sie lassen sich auf den
185 Äckern nieder. Sie fressen die Halme. Sie fressen die Gräser. Nach einer Stunde ist der Boden kahl. Und als die Zeit der Ernte kommt, kann Ephraim dem Michael seine Schuld nicht bezahlen.
»Jetzt gehört dein Acker mir«, sagt Michael.
190 »Ich zahl dir die Schuld nächstes Jahr!« sagt Ephraim.
»Nächstes Jahr müsstest du mir achtzig Scheffel geben«, sagt Michael. »Und soviel wirst du nie haben.«
»Ich geh zum Richter!« ruft Ephraim.
»Geh nur, du Schuldenbauer!« lacht Michael.
195 Am Markttag sitzen zwei Richter auf den steinernen Sesseln in den Nischen beim Stadttor. Ephraim klagt den Michael bei den Richtern an. »Es gibt ein Gesetz in Israel«, sagt er. »Ein altes Gesetz. Gott hat es uns gegeben. Es heißt, das Land, das ein Mann von sei-
200 nem Vater erbt, muss in der Familie bleiben!«
»Ich hab einen Vertrag!« sagt Michael zu den Richtern. »Nahum hat ihn geschrieben. Othni und Arah sind Zeugen. Der Acker gehört mir!«
Die Richter beraten. »Der Michael hat einen Ver-
205 trag«, sagen sie. »Der Acker gehört dem Michael.«
Michael lacht. Er schüttelt den Richtern die Hände.
»Kommt nachher in den ›Lachenden Esel‹,« sagt er.
»Ich zahl eine Runde. Und für jeden von euch gibt es ein schönes Geschenk.«
210 Ephraim geht nach Hause. Er ist zornig und verbittert.
»Jetzt musst du als Taglöhner arbeiten gehen«, sagt seine Frau. Aber Ephraim will nicht als Taglöhner arbeiten. Er sitzt zu Hause und starrt in eine Ecke. Bald ist er so verschuldet, dass er sein Haus an der Ring-
215 gasse verkaufen muss. Seine Frau näht aus Ziegenfellen ein Zelt. Die Familie zieht vor die Stadtmauer. Dorthin, wo das Gesindel haust.
Ephraim arbeitet nichts. Er schickt seine Kinder betteln. Das Geld, das sie heimbringen, vertrinkt er im
220 »Lachenden Esel«. Bevor die Sonne untergeht, schwankt er zum Stadttor hinaus und singt. Zu Hause aber flucht und tobt er und verprügelt seine Frau.
»Der Ephraim ist früher ein so arbeitsamer Mann gewesen«, sagt Othni, der Wirt vom »Lachenden Esel«.
225 »Ich begreife gar nicht, dass ein Mensch sich so ändern kann.«

Die Erzählung ist mit wenigen Veränderungen entnommen aus: Werner Laubi, Geschichten zur Bibel 2. Elia, Amos, Jesaja, © Persen-Verlag, Buxtehude – AAP Lehrerfachverlag GmbH. Zum historischen Hintergrund einiger Details in der Erzählung vergleiche die »Vorbemerkungen« bei Laubi.

In einem kleinen Haus in der Stadt Thekoa wohnt der Bauer Amos. Thekoa liegt im Land Juda, dort, wo die Steinwüste anfängt und die Berge steil zum Toten Meer hinabfallen.

5 Amos ist klein von Wuchs, wie es die Bergler sind. Er hat einen wilden Bart und kräftige Muskeln an seinen haarigen Armen. Amos beobachtet alles ganz genau, was um ihn vorgeht. Er denkt darüber nach, und wenn er redet, dann sagt er gerade her-

10 aus, was er denkt.

Amos ist selten zu Hause. Meist zieht er mit seinen Schafen von Weideplatz zu Weideplatz. [...] Und zwischendurch kümmert er sich um seine Maulbeerfeigenbäume. Fünfmal im Jahr tragen sie

15 Früchte. Die Früchte sind klein und so bitter, dass Amos vor der Ernte jede Feige mit einem Messer anritzen muss, damit der bittere Saft herausfließen kann. Aber auch so schmecken die Maulbeerfeigen nicht besonders gut. Nur arme Leute kaufen

20 sie.

Immer im Frühling, wenn die Bauern und Hirten ihre Schafe geschoren haben, kommt der Kaufmann Palti von Jerusalem nach Thekoa. Palti kauft ihnen die Schafwolle ab. Auch heute schleppen sie

25 die Wolle in Bündeln auf den Markt. Der Kaufmann Palti wiegt die Wolle und gibt jedem sein Geld.

Der erste, der an die Reihe kommt, ist der Schafhirt Elieser. Elieser ist ein armer Schlucker. Er besitzt

30 keinen Acker. Aber er hat acht Kinder, und seine alten Eltern leben auch noch bei ihm zu Hause. Manchmal weiß Elieser kaum, woher er das Brot nehmen soll, um alle hungrigen Mäuler zu stopfen. Heute aber ist Elieser fröhlich.

35 »Wisst ihr«, fragt er den Amos und die andern Bauern, »wisst ihr, was ich mit dem Geld kaufe, das ich für die Wolle bekomme?« Natürlich wissen es alle schon längst, denn Elieser spricht seit Wochen von nichts anderem. Aber die Bauern wollen ihm

40 die Freude nicht verderben.

»Sag uns, was du kaufst, Elieser!«, sagt Amos.

»Also zuerst kauf ich Gerste und einen halben Scheffel Weizen. Dann kauf ich dem Amos einen Korb Maulbeerfeigen ab, und auf dem Markt hol

45 ich ein Stück himmelblaues Tuch. Und dann geh ich heim und sag zu meiner Frau: Frau, hier hast du ein Stück himmelblaues Tuch! Näh dir ein Festkleid! Und für die Kinder kannst du vom Weizenmehl und den Maulbeerfeigen einen Kuchen backen!«

50 Elieser lacht übers ganze Gesicht, als ihm der Kaufmann Palti das Geld für die Wolle in seine schwielige Hand zählt. »Wieviel hast du mir gegeben?« fragt Elieser.

»Zwanzig Silberstücke!«

55 »Aber ... das ... das ... kann doch nicht stimmen«, stammelt Elieser. »Ich hab dir doch zwei Bündel Wolle verkauft. Gleich viel wie letztes Mal. Und damals hast du mir dreißig Silberstücke gegeben!«

»Das ist vor einem Jahr gewesen«, sagt der Kauf-

60 mann. »Heute ist alles anders. Die Großhändler in Jerusalem bezahlen immer weniger für die Wolle. Glaub mir: Ich kann dir nicht mehr als zwanzig Silberstücke geben. Sonst verdiene ich nichts mehr an der Wolle.«

65 Jetzt lacht Elieser nicht mehr. Tränen stehen ihm in den Augen. »Jetzt kann ich das himmelblaue Tuch nicht kaufen«, sagt er. »Und Maulbeerfeigenkuchen gibt es auch nicht.«

Die andern Bauern fangen an zu schimpfen. Ein

70 paar fluchen. »Halsabschneider!«, rufen sie. »Blutegel! Armeleuteschinder!« Palti fuchtelt mit den Händen in der Luft herum. »Ich kann doch nichts dafür!«, ruft er. »Ich hab es euch doch schon gesagt: Die Händler in Jerusalem bezahlen immer

75 weniger. Und warum? Weil die Großbauern im Nordreich die Wolle zu Schleuderpreisen auf die Märkte bringen. Da können die Kleinbauern und die Hirten, die keine großen Herden haben, nicht mehr mithalten. Sie müssen zuerst ihre Schafe und

80 dann ihre Äcker und zuletzt noch ihre Häuser an die Großbauern verkaufen. Und wenn sie alles verkauft haben, dann treiben die Großbauern die Preise wieder in die Höhe.« »Aber das ist doch nicht recht«, sagt Elieser.

85 »Die fragen doch nicht, was recht ist«, sagt Palti und hebt ein Bündel Wolle auf die Waage. »Die wollen nur immer reicher und reicher werden. Ich könnte euch noch anderes erzählen aus Israel. Kürzlich hat einer einem Taglöhner ein Stück Leder

90 für ein Paar Sandalen verkauft. Der Taglöhner hat nicht bezahlen können. Und dann hat er für den Fetzen Leder zwölf Tage arbeiten müssen.« »Gibt es denn keine Richter in Israel?«, fragt Elieser. »Doch«, antwortet Palti. »Aber wer ihnen am meis-

95 ten Geld gibt, der bekommt Recht. Die Richter sind bestechlich.«

»Das glaub ich nicht«, sagt Amos. »So schlimm kann es in Israel nicht sein! Die haben doch den gleichen Gott und die gleichen Gesetze wie wir!«

100 »Wenn du es nicht glaubst«, sagt Palti beleidigt, »warum gehst du dann nicht selber nach Israel?« [...]
Als Amos die Wolle verkauft hat, geht er zu seinen Schafen. Die Schafe grasen am Rand der Wüste.
105 Zwei Hirten hüten sie. Die Hirten helfen Amos bei der Arbeit. Amos freut sich, dass die kalte Regenzeit vorbei ist. Warm scheint die Sonne. Aus dem Boden sprießt Gras.
Es ist Mittag. Amos nimmt aus seinem Beutel Brot,
110 Oliven und getrocknete Maulbeerfeigen. Die Hirten schöpfen aus dem Brunnen Wasser. Sie essen und trinken. Nach dem Essen legt sich Amos in den Schatten eines Olivenbaums und schläft ein.
Auf einmal fährt er hoch. Irgend etwas hat ihn ge-
115 weckt. Ihm ist so, als sei es dunkel geworden. »Hab ich so lange geschlafen?«, denkt Amos. »Ist es schon Abend? Oder verdecken Wolken die Sonne?« Amos reibt sich die Augen aus.
Da sieht er jemanden, der Heuschrecken macht –
120 zur Zeit, als gerade die zweite Aussaat zu wachsen begann. Von ihr lebte das einfache Volk, die erste gehörte dem König. Und als diese Heuschrecken sich gerade daran machen wollen, alles abzufressen, alles Grüne im Land, Getreide, Gras, Bäume
125 und Weinstöcke, schreit Amos auf: »Mein Gott Gott, verzeih doch! Wie kann Jakob bestehen, es ist doch so klein!« Da hört Amos eine Stimme. »Ich tu es nicht!«, sagt sie.
Amos wirft sich ins Gras. Sein Mund ist trocken.
130 Seine Hand zittert, als er nach dem Wasserschlauch greift. Hastig trinkt er. Als er aufschaut, sieht er, dass es später Nachmittag ist. Die Schatten sind lang. Friedlich weiden die Schafe. Die Hirten sitzen auf dem Brunnenrand und reden miteinander.
135 Ein paar Heuschrecken hüpfen durchs Gras. »Habt ihr den Heuschreckenschwarm nicht gesehen?«, fragt Amos die Hirten. Die Hirten schütteln ihre Köpfe. »Und dass sie alles kahl fressen wollten?«, stammelt Amos.
140 »Alles kahlfressen? Du hast geträumt, Amos«, sagt einer der Hirten. »Einen bösen Traum hast du gehabt.«
Aber Amos weiß, dass er nicht geträumt hat. Er hatte etwas gesehen, was nicht draußen in der Natur
145 passiert ist: Ein drohendes Unheil. Und doch – wie hatte die Stimme gesagt? »Ich tu es nicht!«, hatte sie gesagt.

Zeit vergeht. Es ist Sommer. Amos und die Hirten
150 ziehen mit den Schafen von Weideplatz zu Weideplatz. Am Abend tränken sie die Schafe. Die Hirten schöpfen das Wasser mit einem Ledersack aus dem Brunnen. Sie schütten das Wasser in hölzerne Tränkrinnen. Amos sitzt auf dem Brunnenrand.
155 Nahe beim Brunnen liegt ein Acker. Ein Bauer hat Gerste gepflanzt. Die Halme sind schon hoch. Bald ist Erntezeit.
Amos schaut über das Feld hinweg auf die Hügel am Horizont. Über den Hügeln steht der glutrote
160 Ball der untergehenden Sonne. Und mit einem Mal kommt es Amos so vor, also ob ER (Gott) einen gigantischen Feuerregen ruft. Direkt durch alle Brunnen, Flüsse, Seen und Meere hindurch dringt der Feuerregen vor zu den Wassern der Tiefe und
165 frisst alle Grundwasser auf. Und als der Feuerregen schließlich begann, alles Ackerland zu verschlingen, auch das Gerstenfeld vor Amos, schreit Amos auf: »Gott, hör doch auf! Wie kann Jakob bestehen, es ist doch so klein!«
170 Da hört Amos eine Stimme. »Ich tu es nicht!«, sagt die Stimme. Amos fährt sich mit der Hand über die Augen. Sein Herz schlägt wild. Er zittert am ganzen Körper. Aber als er aufschaut, trinken die Schafe noch immer. Rot versinkt die Sonne hinter den
175 Bergen, und die Gerstenhalme bewegen sich im Abendwind.

In dieser Nacht kann Amos nicht schlafen. »Gott hat mir zwei Zeichen gegeben«, denkt er. »Aber
180 was soll ich denn machen? Soll ich nach Samaria gehen und selbst schauen, ob das stimmt, was Palti erzählt hat? Und was mach' ich, wenn ich feststelle, dass Palti recht hat. Geht mich das überhaupt etwas an? Ich gehöre zu Juda und nicht zum
185 Nordreich Israel!« Und weiter überlegt er: »Könnte ich so lange meine Hirten mit den Schafen alleine lassen? Schaffen die es alleine, die vielen Maulbeerfeigen anzuritzen, damit der bittere Saft ausläuft und man sie verkaufen kann?« Amos wälz-
190 te sich schlaflos hin und her und war völlig ratlos.

Der Erzählung liegt die entsprechende Ausarbeitung von Werner Laubi zugrunde aus seinem Buch: Geschichten zur Bibel 2. Elia, Amos, Jesaja, © Persen-Verlag, Buxtehude – AAP Lehrerfachverlage GmbH. Vorgenommene Veränderungen betreffen insbesondere die zugrunde liegende Bibelübersetzung (Luther statt Duhm) und die Schilderung der Visionen (näher am Bibeltext).

Amos ist auf dem Weg nach Samaria. Er kommt durch Bethlehem, wo vor bald 250 Jahren der König David als Bub die Schafe gehütet hat. Eine Stunde später geht er durch das Stadttor von Jerusalem. Auf dem
5 Berg Zion sieht er den Palast des Königs und daneben den Tempel, den Salomo gebaut hatte.

Ein paar Stunden später erreicht er Gibea. Von weitem schon sieht er die Burg, wo vor langer Zeit König Saul gewohnt hat. Gibea gehört zum Nordreich Isra-
10 el. Am Stadttor sitzt ein Soldat. »Wer bist du?«, fragt der Soldat. »Amos aus Thekoa im Staat Juda.« »Wohin gehst du?« »Nach Samaria.«

»Wenn du dich ruhig verhältst«, sagt der Soldat, »und keine Schmähreden gegen den König Jerobeam
15 führst, kannst du nach Samaria gehen.«

Amos wandert weiter. Er kommt vorbei an Rama, wo einst der Prophet Samuel gewohnt hatte. Er kommt vorbei an Bethel, wo Jakob im Traum die Himmelsleiter gesehen hatte, und wo jetzt Pilger in Scharen zum
20 Tempel hinaufströmen.

Endlich, am Morgen des dritten Tages, sieht Amos in der Ferne die Hauptstadt des Reiches Israel. Die Straße führt zum Stadttor hinauf.

An der Stadtmauer sind Bauarbeiter mit Ausbesse-
25 rungsarbeiten beschäftigt. Auf dem Platz hinter dem Tor ist Markt. Auf Tüchern haben Bauern am Boden Bohnen, Zwiebeln, Knoblauch, Kümmel und Dill aufgeschichtet. Eine alte Bäuerin sitzt hinter einem Honigtopf. Ein Vogelfänger verkauft Wachteln. Eine
30 fette Magd zerrt ein Mastkalb an einem Strick hinter sich her. Das Kalb brüllt. Die Magd lacht. »Du brüllst nicht mehr lang«, sagt sie zum Kalb. »Heute Abend kochst du im Kessel!« Die Magd wendet sich an die Bäuerin hinter dem Honigtopf. »Meine Herrschaften
35 feiern nämlich ein Fest«, sagt sie. »Es gibt Lammpasteten, Fische aus dem See Genezareth, Eierkuchen, und der Wein fließt in Strömen!«

Die Magd geht in eine schmale Gasse hinein und steigt sie hinauf. Amos folgt ihr. Längs der Gasse ste-
40 hen stattliche Häuser in schmucken Gärten.

Da hört Amos hinter sich Stimmen: »Platz da! Auf die Seite!« Vier Männer keuchen die Gasse herauf. Sie tragen ein Bett auf den Schultern. Es ist ein großes Bett; fast so breit wie die Gasse. Die Träger stellen das
45 Bett neben Amos ab und ruhen sich aus. Der Schweiß läuft ihnen über die nackten Oberkörper.

Amos schaut sich das Bett an. Es ist aus poliertem Zedernholz gemacht. Die Bettpfosten sind mit Schnitzereien aus Elfenbein verziert: Löwen, Elefanten, Pal-
50 men und Blumen.

Amos schüttelt den Kopf. Er schläft nie in einem Bett, sondern immer in seinen Mantel eingewickelt auf dem Boden.

»Da staunst du, Bauer«, sagt einer der Träger. »So et-
55 was sieht man nicht alle Tage!« »Wem gehört es?« fragt Amos.

»Dem Michael«, sagt der Träger. »Der ist einmal ein Bauer gewesen wie du. Dann ist er immer reicher geworden. Immer mehr Land hat er bekommen. Jetzt
60 wohnt er in dem Haus dort droben. Das Bett kommt

von Tyrus. Zweihundert Lot Silber hat es gekostet. Davon könnten wir vier und unsere Familien zwei Jahre lang leben.«

Die Träger heben das Bett hoch und gehen weiter.
65 Amos hört leise Harfentöne. Er geht dem Klang nach und schlüpft durch ein halboffenes Tor. Auf einmal steht er in einem großen Garten mit Palmen. In einem Weiher schwimmen Fische. Zwischen den Stauden sieht Amos das Haus. Ein Zimmer ist gegen den Gar-
70 ten hin offen. Das Zimmer ist mit geschnitztem Holz getäfelt. An der Decke hängt ein Käfig. Im Käfig hüpft ein Vogel mit bunten Federn von einer Stange auf die andere. Am Boden des Zimmers liegen rote Polster. Auf einem der Polster sitzt eine dicke Frau. Sie hat
75 lange Augenwimpern, und auf ihr schwarzes Haar hat sie Goldstaub gestreut. Mit ihren rotgefärbten Fingernägeln fischt sie gesalzene Pistaziennüsse aus einer silbernen Schale. Sie schiebt die Nüsse in den Mund und schleckt an den Fingerspitzen. Neben der
80 Frau kniet eine Sklavin und poliert ihr die Zehennägel. In der Ecke des Zimmers sitzt ein Knabe und spielt auf einer Harfe. Parfümduft weht vom Zimmer in den Garten hinaus.

Wieder schüttelt Amos den Kopf und geht weiter. Im
85 Hof des Nachbarhauses sitzen drei Männer um ein Brett und würfeln. Sie tragen Festkleider. Neben jedem Mann liegt ein kleiner Haufen Goldstücke. »Dreimal die Sechs!«, ruft einer und schlägt sich auf den Schenkel. »Ich hab gewonnen! Jeder muss mir
90 zehn Goldstücke geben.« »Ich setz vier Goldstücke auf den nächsten Wurf!« sagt der andere. »Ich hab genug Geld. Es sind wieder zwei Bauern verlumpt. Ich habe ihre Äcker und Häuser bekommen. Und gerade vorher haben sie mir mein Elfenbeinbett ge-
95 bracht!«

Der dritte Mann klatscht in die Hände. An seinen Fingern funkeln goldene Ringe mit Edelsteinen. »Deborah!«, ruft er. »Bring uns Wein!«

Aus dem Haus kommt eine Magd mit drei Bechern
100 Wein. Die Männer schütten den Wein hinunter. »Bring mehr Wein, Deborah!«, gröhlt der Mann. »Heute wollen wir uns wieder einmal so richtig vollsaufen!« Amos geht weiter. Er kommt am Palast des Königs Jerobeam vorbei. Auf dem Platz vor dem Pa-
105 last ist immer noch der Teich, den vor vielen Jahren König Omri hatte bauen lassen. Von hier führt eine schmale Gasse zum hinteren Stadttor. Das Tor ist klein. Amos geht zur Stadt hinaus. Da rümpft er die Nase. Ein fürchterlicher Gestank schlägt ihm entge-
110 gen. Das kleine Tor ist das Misttor. Vor dem Misttor liegt der Abfallhaufen der Stadt. Aller Unrat von Samaria, alles was stinkt, sammelt sich hier.

Amos hört Stimmen. Auf dem Abfallhaufen stehen zwei Frauen. Sie sind barfuß. Mit ihren Händen wüh-
115 len sie im Dreck.

»Ich hab etwas!«, kreischt eine der Frauen. Sie zerrt den blutigen Kopf einer geschlachteten Kuh aus dem Unrat. »Das gibt eine Suppe!«, schreit sie. »Eine Fleischsuppe für meine Kinder!«

120 Da stürzt sich die andere Frau auf sie. Sie reißt ihr den Kuhkopf aus den Händen. »Ich hab den Kopf zuerst gesehen!«, ruft sie. »Er gehört mir! Meine Kinder haben auch Hunger!«
Die beiden Frauen wälzen sich im Dreck. Sie reißen
125 sich an ihren klebrigen, strähnigen Haaren. Sie schlagen mit den Fäusten aufeinander ein. Das Volk läuft zusammen. »Hau ihr eine auf den Hintern!«, ruft ein Mann. Alle lachen.
Erschrocken geht Amos davon. Er kommt an den ver-
130 wahrlosten Zelten und den elenden, aus Ästen geflochtenen Hütten vorbei. Die Trampelwege zwischen den Hütten sind glitschig und voller Kot. Schmutzige Kinder spielen vor den Zelten. Sie strecken Amos ihre mageren Arme entgegen. »Brot!«,
135 betteln sie. »Brot!«
Amos eilt durch das Misttor in die Stadt zurück. Er geht durch die Ringgasse. Aus der Schenke »Zum Lachenden Esel« hört er gröhlende Stimmen. Ein paar Betrunkene sitzen um einen Tisch. Ein Weinkrug geht
140 von Hand zu Hand, von Mund zu Mund. Ein paar singen: »Lasset uns essen und trinken, denn morgen sind wir tot!«
Einer steht auf. Schwankend geht er auf Amos, der unter der Tür steht, zu. »Ich heiße Ephraim«, lallt er.
145 »Früher war ich der Bauer Ephraim gewesen. Dann hat mir der Michael den Acker weggenommen. Jetzt bin ich der Säufer Ephraim.«
Alle lachen. »Komm zu uns, Fremder!«, ruft einer. »Und spendier uns eine Runde!« Aber Amos eilt
150 schon weiter.
Auf dem Platz beim Stadttor laden die Bauern ihre leeren Körbe auf die Maulesel. Kinder springen umher. Frauen mit Krügen auf dem Kopf holen am Brunnen Wasser. An der Stadtmauer sind immer noch vier
155 Arbeiter mit Ausbesserungsarbeiten beschäftigt. Einer von ihnen steht gerade ganz oben auf der Mauer. Amos schaut zu ihm hoch, er kann ihn kaum erkennen, weil ihn die Sonne blendet. Irgendetwas hält der Arbeiter in seiner Hand. Da ist es Amos, als ob diese
160 Gestalt riesengroß sei, die auf der Mauer steht. Die Mauer ist jetzt silbrig und in ein blendend helles, gleißendes Licht getaucht. Nicht wie eine Wache, eher wie ein feindlicher Kriegsgott steht die Gestalt auf einer Mauer aus Zinn. Und Gott fragt Amos: »Was
165 siehst du, Amos?« Amos stammelt: »Zinn«. Da spricht Gott: »Siehe, ich bin dabei Zinn mitten hinein in mein Volk Israel zu bringen. Nicht noch einmal gehe ich schonend an ihm vorüber.« – Und gleich danach ist die Gestalt verschwunden. Der Arbeiter klettert die
170 Stadtmauer herunter. Die Kinder spielen noch immer auf dem Marktplatz. Bauern treiben ihre Esel zum Tor hinaus.

Aber Amos lässt das Zinn und alles, was er in und vor
175 der Stadt Samaria gesehen hat, keine Ruhe mehr. Er weiß: Zinn mischt man dem Kupfer bei, um Bronze herzustellen. Je mehr Zinn man nimmt, desto härter wird die Bronze. Die besten Waffen werden aus einer harten Bronze gemacht. Erst hatte Amos gedacht,
180 Gott verteidigt sein Volk und vor allen Dingen seine Hauptstadt Samaria, weil er auf einer uneinnehmbaren Stadtmauer steht, die so glatt ist, dass kein Feind an ihr hochklettern kann. Aber was hatte Gott gesagt? »Siehe, ich bin dabei Zinn mitten hinein in mein Volk
185 Israel zu bringen. Nicht noch einmal gehe ich schonend an ihm vorüber.« Sollte Gott sein eigenes Volk angreifen?
Amos fühlt einen Zwang, den Menschen in Israel das Gericht Gottes mitteilen zu müssen. Wie ein Bote des
190 Königs Botschaften in die Städte und Dörfer bringen muss, so kann er nicht anders als als Gottesbote den Menschen das zu sagen, was er gesehen und gehört hat.
»Ich hab eine Botschaft für euch!«, ruft Amos. Män-
195 ner, Frauen und Kinder kommen zu ihm.
»So spricht Gott«, ruft Amos.
»Weh den Sorglosen und Stolzen in Samaria!
Weh den Vornehmen in Israel!
Die ihr liegt auf Elfenbeinbetten
200 und lümmelt euch auf eurem Sofa!
Die ihr fresst fette Lämmer
und das Fleisch von Mastkälbern!
Die ihr klimpert auf der Harfe
und erfindet Gesangsinstrumente wie David.
205 Die ihr trinkt vom feinsten Wein
und versalbt die feinsten Öle,
aber euch nicht kümmert um das Elend der Armen!
Darum spricht Gott, der Herr:
Fort mit euch, in die Verbannung mit euch,
210 verbannt an der Spitze der Verbannten.
Da verlernen das Lärmen die Lümmel,
spricht der Gott der Heerscharen!«
»Er ist verrückt!«, rufen die Leute. »Er spinnt! Wir sollen in die Verbannung gehen? Wir, die wir alle Feinde
215 besiegt haben? Und warum? Was haben wir gemacht?«
»Hört dies«, ruft Amos, »ihr Zertreter der Armen!
Die ihr die Niedern im Lande bedrückt!
Die ihr sagt: Hoffentlich ist der Feiertag bald zu En-
220 de, damit wir nach dem Gottesdienst Kornabfall verkaufen und das Maß klein und den Preis groß machen können!
Damit wir die Waage fälschen und den Armen
zum Sklaven machen, wenn er uns ein Paar Schuhe
225 schuldet.
So spricht Gott, der Herr:
Nie vergess ich ihre Taten!
Ich verwandle eure Feste in Trauer,
in Grabgesang eure Lieder.
230 Trauerkleider sollt ihr tragen
und eure Haare abschneiden!«
Amos bahnt sich einen Weg durch die Menge und geht zum Stadttor hinaus. Die Leute lachen. »Der ist total verrückt«, sagen sie. Aber ein paar sagen: »Er hat
235 im Namen Gottes geredet. Vielleicht ist er ein Prophet, wie Elia einer gewesen ist.«

Der Erzählung liegt die entsprechende Ausarbeitung von Werner Laubi zugrunde aus seinem Buch: Geschichten zur Bibel 2. Elia, Amos, Jesaja, © Persen-Verlag, Buxtehude – AAP Lehrerfachverlage GmbH. Vorgenommene Veränderungen betreffen insbesondere die Schilderung der dritten Vision (»Zinn« statt Bleilot).

Amos kommt nach Bethel. Es ist die Zeit des Herbstfestes. In der Stadt wimmelt es von Menschen. Die Herbergen sind überfüllt. Viele Pilger müssen in Zelten schlafen. Aber Amos braucht keine Herberge und kein Zelt. Er legt sich

5 unter einen Olivenbaum und wickelt sich in seinen Mantel. Am Morgen wäscht er sich am Brunnen. Dann betet er:
»Vom Aufgang der Sonne
bis zu ihrem Niedergang
sei gelobet der Name des Herrn!« (Psalm 113,33)

10 Nach dem Gebet isst er Brot und trinkt Wasser. Dann geht er in die Stadt. Auf dem Marktplatz verkaufen Händler Andenken. Auf fast allen Andenken ist der Tempel von Bethel abgebildet. Er ist auf bunte Tücher gemalt, in silbrige Armspangen eingeritzt und in Schmuckkästchen aus Oliven-

15 holz eingebrannt. Am Ende des Platzes verkaufen Händler Opfertiere: Tauben und Schafe für die ärmeren, Stiere für die reichen Pilger.
»Ich kauf dir den schönsten Stier ab, den du hast!«, ruft ein Mann. Er ruft es so laut, dass es alle hören können. Er trägt

20 ein prunkvolles Festkleid und an seinen Fingern funkeln kostbare Ringe. »Für Gott ist mir kein Opfer zu teuer!«
»Den habe ich doch schon einmal gesehen«, denkt Amos. Da fällt es ihm ein. »Das ist doch der Reiche von Samaria! Der mit dem Elfenbeinbett! Der Michael!«

25 Michael kauft ein Tier und führt es an einem Strick zu seinen Verwandten und Bekannten. Alle loben ihn. »Ein prächtiges Tier hast du da gekauft!«, sagen sie.
Michael lacht. »Ich hab den Preis erst noch um zwei Goldstücke heruntergehandelt«, sagt er. Jetzt bilden sie einen

30 Zug. Michael geht mit dem Tier voraus. Hinter ihm gehen seine Söhne und seine Frau. Dann kommen alle anderen Verwandten und Bekannten. Michaels Frau ist dick und schwerfällig. Mühsam schleppt sie sich vorwärts. Sie schnappt nach Luft. »Nicht einmal eine Sänfte gibt es, um

35 sich zum Heiligtum tragen zu lassen!«, schimpft sie.
Jetzt kommen die Pilger zu einer niedrigen Mauer. Am Durchgang steht ein Priester. Er begrüßt die Pilger. Innerhalb der Mauer ist der heilige Bezirk. Die Pilger stimmen ein Lied an. Sie singen:

40 »Ich hebe meine Augen auf zu den Bergen:
Woher kommt mir Hilfe?
Meine Hilfe kommt von dem Herrn,
der Himmel und Erde gemacht hat.
Er wird deinen Fuß nicht gleiten lassen,

45 und der dich behütet, schläft nicht.
Der Hüter Israels schläft und schlummert nicht.
Der Herr behütet deinen Ausgang und Eingang von nun an bis in Ewigkeit.« (Psalm 121)
Michaels Frau kann nicht mitsingen. Noch immer ist sie au-

50 ßer Atem. Aber ihre Augen leuchten. »Wie schön!«, sagt sie. Jetzt kommen die Pilger zum Heiligen Stein. Tempeldiener in weißen Mänteln bewachen ihn.
»Auf diesem Stein hat der Erzvater Jakob geschlafen, als er zu seinem Onkel Laban geflohen ist«, sagt Michael. »In der

55 Nacht hat er im Traum die Himmelsleiter gesehen. Engel sind auf- und niedergestiegen, und Gott hat zum Jakob gesagt: Das Land, auf dem du schläfst, will ich dir und deinen Nachkommen geben! Da ist Jakob erwacht und hat gesagt: Hier ist nichts anderes als Gottes Haus, hier ist die Pforte

60 des Himmels. Dann hat er den Stein da aufgerichtet, hat Öl darüber gegossen und Gott versprochen, hier einen Tempel zu bauen.«
Die Pilger leeren ihre Ölkrüglein, die sie gekauft haben, an den Stein. Dann gehen sie zum Tempel. Der Tempel ist aus

65 Stein gebaut. Vorne hat er Säulen. Das Tor aus Holz steht weit offen. Hinten im Tempel steht ein aus Holz geschnitzter Stier, der mit Goldblech überzogen ist. Die Pilger wissen, dass auf dem Stier der unsichtbare Gott Israels thront. Vor dem Tempel steht ein aus vielen aufeinander geschich-

70 teten Steinen gebauter Altar. Der Altar ist fast zweimal so groß wie ein Mann. Eine steinerne Treppe führt zum Altar hinauf. Unten an der Treppe stehen zwei Tempeldiener mit Seilen. Um den Altar herum ist die Erde rot. Jetzt kommt aus dem Tempel ein Mann. Er hat einen schwarzen Bart.

75 Auf dem Kopf trägt er einen Turban. Ein langer blauer Rock bedeckt seinen Körper. Der Mann ist barfuß. Er heißt Amazja und ist der höchste Priester von Bethel. Ehrfürchtig verneigen sich Michael und seine Familie vor ihm. Amazja schaut den Stier genau an. »Das ist ein sehr schönes Tier«,

80 sagt er zu Michael. »Das kannst du opfern.«
Michael legt seine Hand auf den Kopf des Tieres. »Ich schenke den Stier Gott.« Jetzt geht alles ganz schnell. Die Männer mit den Seilen fesseln die Beine des Stieres. In Michaels Hand blitzt ein Messer auf. Aus dem Hals des Tieres

85 schießt ein Blutstrom. Priester fangen das Blut in goldenen Schalen auf. Sie gehen mit den Schalen um den Altar herum und gießen das Blut über die Steine. Das Blut rinnt über die Steine und versickert im Boden. Dann nehmen die Priester das Tier aus. Sie legen das Fett und die Eingeweide

90 in Schalen. Amazja steigt mit den Schalen auf den Altar und wirft das Opfer ins Feuer. Dann singt er ein Lied. Der Rauch steigt vom Altar gen Himmel.
»Wie schön!«, sagt Michaels Frau. »Der liebe Gott nimmt unser Opfer an.«

95 Jetzt ist die Opferfeier zu Ende. Nicht weit weg vom Altar stehen Tische, Bänke und große Kochtöpfe. Ein Teil des Opferfleisches bekommt der Priester. Der Rest wird in den Töpfen gekocht. Wein wird herbeigeschafft. Alle setzen sich und essen und trinken. Und je länger sie essen und

100 trinken, desto lauter reden sie. Michael steht auf.
»Ich will ein paar Worte an euch, meine lieben Söhne und Schwiegersöhne und an alle meine Verwandten und Bekannten richten«, sagt er. »Gott hat uns und unser Land gesegnet. Er hat uns Äcker gegeben. Er hat uns Brot gegeben.

105 Er hat uns Wein gegeben. Er hat uns Siege gegeben. Aber bald wird ein noch viel schönerer Tag kommen: der Tag des Herrn. Da wird Gott vor uns her in den Krieg ziehen, und alle unsere Feinde werden besiegt. Und dann regieren wir über alle Völker der Erde. Und es wird ein Tag des Lichtes

110 und ein Tag der Freude und ein Tag des Jubels sein.« Da hört man vom Altar her ein zorniges Lachen. Ein Mann steht dort. Der Mann ist Amos.
»Ha!«, ruft Amos. »Ihr, die ihr euch nach dem Tag des Herrn sehnt: Meint ja nicht, dass dieser Tag ein Tag des

115 Lichtes und der Freude ist. Sondern das wird für euch alle ein schwarzer Tag sein. Ein Gerichtstag. Ein Tag ohne Helle und ohne Licht.« (Amos 5,18.20)
»Halt deinen Mund, wenn ich am Reden bin!«, ruft Michael. Aber Amos hört nicht auf Michael.

120 »So spricht Gott!«, ruft er.

»Ich bin euren Feiertagen gram und verachte sie und mag eure Versammlungen nicht riechen. Und wenn ihr mir auch Brandopfer und Speisopfer opfert, so habe ich kein Gefallen daran und mag auch eure fetten Dankopfer nicht anse-
125 hen. Tu weg von mir das Geplärr deiner Lieder; denn ich mag dein Harfenspiel nicht hören! Es sollte aber das Recht wie Wasser sprudeln und die Gerechtigkeit wie ein nie versiegender Bach.« (Amos 5,21–24)

»Pfui!« ruft Michaels Frau. »Du willst uns nur unser schö-
130 nes Fest verderben!«

»Hört!«, sagt Amos. »Ihr Basankühe!
Die ihr vergewaltigt die Niedern,
die ihr zerdrückt die Armen,
die ihr zu euren Männern sagt:
135 Schafft Wein her, damit wir ein Trinkgelage veranstalten!
Gott, der Herr hat geschworen bei seiner Heiligkeit: Es kommen Tage, da hebt man euch hoch: an der Nase mit Angeln, am Hintern mit Fischerhaken.
Und ihr werdet zu den Mauerlücken hinaus müssen, eine
140 jede vor sich hin, und zum Hermon weggeschleppt werden, spricht Gott.«

»Michael!«, kreischt die Frau. »Hast du gehört! Eine Kuh hat er mich genannt! Und am Hintern soll ich mit einem Haken hochgezogen werden!« Aber Amos kümmert sich
145 nicht um die Frau.

»Ich habe einen Korb voll mit reifem Obst gesehen. Und ich dachte, das gibt ein gutes Gericht. Da sprach Gott zu mir: ›Reif zum Gericht ist mein Volk Israel; ich will ihm nichts mehr durchgehen lassen.‹« (Amos 8,2)
150 »Und ich habe noch mehr sehen müssen«, fuhr Amos unbeirrt fort. »Ich sah Gott über dem Altar stehen und er sprach: ›Schlag oben auf die Säule, an ihren Kopf, an das Kapitell, dass die Schwellen beben! Ihr aller Leben endet im Beben; und was noch übrig bleibt von ihnen, will ich
155 mit dem Schwert töten, dass keiner von ihnen entfliehen noch irgendeiner entkommen soll!‹« (Amos 9,1)

»Du bist ein Aufrührer!«, ruft Michael. »Wer gibt dir überhaupt das Recht, unser Fest zu stören?«

»Ich bin ein Hirte und einer, der Maulbeerfeigen anbaut
160 aus Thekoa in Juda«, sagt Amos. »Und Gott hat mir den Befehl gegeben, hierher zu kommen.«

»Habt ihr gehört?«, ruft Michael. »Aus Juda kommt er. Dann soll er doch nach Juda zurückgehen und dort seine Sprüche klopfen!«
165 Amos verlässt den Platz. Da geht Michael zum Priester Amazja und beschwert sich bei ihm über den Störenfried.

»Wir haben ab und zu solche Hitzköpfe hier«, sagt Amazja. »Es lohnt sich nicht, dass man sich ihretwegen aufregt.« Aber am nächsten Tag redet Amos wieder auf dem Tempel-
170 platz von Bethel.

»Gottes Gericht kommt über euch!«, sagt er. »König Jerobeam wird durch das Schwert sterben und ihr alle müsst in die Verbannung gehen.« Jeden Tag kommt Amos. Und immer sagt er das Gleiche. Als Amos eines Tages wieder gere-
175 det hat und zurück in die Stadt gehen will, stellen sich ihm zwei Männer in den Weg.

»Wir sind von der Tempelpolizei«, sagt einer der beiden. »Komm mit uns!« Die Männer gehen mit Amos in ein Gebäude, das am Rand des Tempelplatzes steht. In dem Haus
180 sind die Arbeitsräume der Priester und all der Männer untergebracht, die am Heiligtum arbeiten. Die Männer führen Amos zum Oberpriester Amazja. Amazja sitzt mit anderen Priestern an einem Tisch. Amazja schaut Amos streng an.

»Ich selber mache mir nichts aus deinen Reden, die du je-
185 den Tag vor dem Tempel hältst«, sagt Amazja. »Aber du störst unsere Gottesdienste. Die Pilger und die Händler beschweren sich bei mir über dich. Du beschimpfst sie und unsere Lieder und unser Opfer. Darum habe ich dem König Jerobeam gestern eine Meldung machen müssen. Ich will
190 sie dir vorlesen.«

Amazja beugt sich über eine Tonscherbe, die vor ihm auf dem Tisch liegt. Auf die Tonscherbe sind mit Tinte Buchstaben geschrieben. Amazja liest: »An meinen Herrn Jerobeam, König von Israel, von seinem Knecht Amazja, Ober-
195 priester am Heiligtum von Bethel. Ein Mann namens Amos aus Thekoa in Juda stiftet hier Aufruhr gegen dich an. Das Land vermag all seine Sprüche nicht mehr zu ertragen. Denn so spricht Amos: ›Der König Jerobeam wird durch das Schwert sterben, und Israel wird verschleppt, ver-
200 schleppt von seinem Boden weg.‹ Ich erwarte deine Befehle, was ich mit dem Mann tun soll.« Amazja wendet sich wieder an Amos.

»Was meinst du, Amos, was der König auf diesen Brief antwortet?« Amos steht da und schweigt.
205 »Ich will es dir sagen«, sagt Amazja. »Der König wird mir befehlen: Wirf den Amos ins Gefängnis! Und darum rate ich dir: Geh, so schnell dich deine Beine tragen, zurück in dein Land. Und wenn du unbedingt ein Prophet sein willst, dann prophezeie in deinem eigenen Land oder in deiner
210 Heimatstadt. Aber hier in Bethel darfst du nicht mehr reden. Denn das hier ist ein Königsheiligtum, und der Tempel von Bethel ist ein Reichstempel.«

»Ich bin kein Prophet, wie du es dir vorstellst«, sagt Amos. »Sondern ich bin ein Hirte und einer der Maulbeerfeigen
215 anbaut. Aber Gott hat mich von meiner Herde weggeholt und gesagt: Geh, tritt als Prophet hin vor mein Volk Israel. Und jetzt: Hör gut zu, Amazja, was Gott dir zu sagen hat: Deine Frau wird in der Stadt zur Hure werden. Deine Söhne und Töchter werden durchs Schwert fallen. Dein Boden
220 wird mit der Messschnur verteilt werden. Du selber wirst auf unreinem Boden sterben. Israel aber muss zwingend ins Exil.«

Amos dreht sich um. Er geht aus dem Haus hinaus und verlässt Bethel. Auf dem Heimweg kommt er nach Jerusalem.
225 In der Stadt geht er zu einem Mann, der schreiben kann.

»Ich darf in Israel nicht mehr reden«, sagt Amos zum Schreiber. »Ich will darum alles, was Gott mir gesagt und gezeigt hat, aufschreiben lassen. Willst du es für mich tun? Ich geb dir für deine Arbeit drei Schafe.« Der Schreiber ist einver-
230 standen. Amos diktiert ihm die Botschaft Gottes, und der Schreiber schreibt alles auf Pergamentblätter. Dann näht er die Blätter zusammen und rollt sie auf. Später haben dann Freunde des Propheten noch anderes dazugeschrieben. So ist das Buch des Propheten Amos entstanden.

Der Erzählung liegt die entsprechende Ausarbeitung von Werner Laubi zugrunde aus seinem Buch: Geschichten zur Bibel 2. Elia, Amos, Jesaja, © Persen-Verlag, Buxtehude – AAP Lehrerfachverlage GmbH. Vorgenommene Veränderungen betreffen insbesondere Kürzungen und die Visionen. Statt eines Rückblicks auf die erste Vision wurden die vierte und fünfte Vision in die Erzählung eingebunden.

Zum Botenspruch in Amos 2.6–8.13f

→	So spricht JHWH:		
I. Botenformel – hier nicht nur am Anfang des Botenspruchs, sondern auch am Ende	*II. Anklage – in diesem Fall vier Anklagen –*	Wegen drei, ja wegen vier Verbrechen kann ich Israel nicht schonen:	
		1. Weil sie die Unschuldigen für Geld und die Armen für ein Paar Schuhe verkaufen.	
		2. Sie treten den Kopf der Armen in den Staub und verhindern, dass Bedürftige vor Gericht Recht bekommen.	
		3. Sohn und Vater gehen zu demselben Mädchen, um meinen heiligen Namen zu entheiligen.	
		4. Bei allen Altären schlemmen sie auf gepfändeten Kleidern und trinken Wein von Bußgeldern in ihrem Gotteshaus.	
	III. Ankündigung der Strafe	Seht, jetzt bin ich es, der den Boden unter euch aufspaltet. Da nützt dem Starken seine Kraft nicht, der Bogenschütze hält nicht stand, selbst der Kühnste unter den Helden entflieht nackt an jenem Tage.	
→	Spruch JHWHs.		

Arbeitsaufträge:

1. Ordne die Bilder den Anklagen zu.
2. Überlege zu jeder Anklage, ob Amos heute Ähnliches anklagen müsste. Formuliere ähnliche Anklagen.
3. Überlege, worin die von Amos angekündigte Strafe besteht, und male ein passendes Bild in den leeren Kasten rechts von der Strafankündigung. Ist es deiner Meinung nach richtig, dass Gott mit einer solchen Strafe reagiert?
4. Wie sollte deiner Meinung nach Gott auf das Unrecht der Menschen reagieren? In den Psalmen kann man lesen, welche Erwartungen Menschen an Gott haben: »Errette mich, mein Gott, von meinen Feinden!« (Ps 59,2) »Sei keinem von ihnen gnädig, die so verwegene Übeltäter sind.« (Ps 59,6)

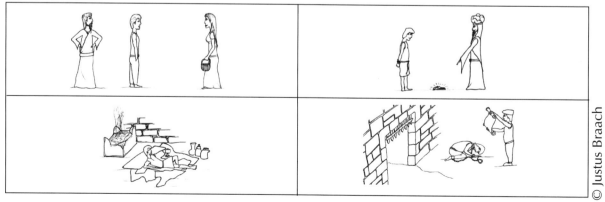

© Justus Braach

1 **6,1.4–6:** *[1]Weh [euch] [...] [4]die ihr schlaft auf elfenbeinge-schmückten Lagern [...]! Ihr esst die Lämmer aus der Herde [...] [5]und spielt auf der Harfe [...] [6]und trinkt Wein aus Scha-len und salbt euch mit dem besten Öl, aber bekümmert euch nicht um den Schaden Josefs.* **Luxus wird genossen, ohne an die Geschädigten in Israel (»Schaden Josefs«) zu denken.**	**2** **4,1:** *Höret dies Wort, ihr fetten Kühe, die ihr auf dem Ber-ge Samarias seid und den Geringen Gewalt antut und schin-det die Armen und sprecht zu euren Herren: Bringt her, lasst uns saufen!* **Luxus geht auf Kosten der Armen. Wohlbeleibte Frauen tun den Geringen Gewalt an und schinden die Armen.**
3 **5,12:** *Ich kenne eure Freveltaten, [...] wie ihr die Gerech-ten bedrängt und Bestechungsgeld nehmt und die Armen im Tor unterdrückt.* **Arme bekommen u.a. wegen Bestechung kein gerechtes Ge-richtsverfahren »im Tor«** (2,7a; 5,10.12), **dem Raum, wo das Gericht zusammentritt.**	**4** **2,8:** *Und bei allen Altären [...] trinken sie Wein vom Gel-de der Bestraften im Hause ihres Gottes.* **Bußgelder, z.B. nach einer Schlägerei durch die eine Schwan-gere eine Fehlgeburt erleidet, kommen nicht den Geschädig-ten zugute, sondern den Reichen.**
5 **8,4–6:** *[4]Die ihr die Armen unterdrückt [...] [5]und sprecht: Wann will der Sabbat ein Ende haben, dass wir Korn feilhalten können und das Maß verringern und den Preis steigern und die Waage fälschen, damit wir die Armen um Geld und die Geringen um ein Paar Schuhe in unsere Gewalt bringen?* **Feiertage stören das Geschäft. Waagen und Maße werden gefälscht, damit Reiche hilflose Menschen in ihre Gewalt bringen können.**	**6** **5,11:** *Ihr unterdrückt die Armen und nehmt von ihnen hohe Abgaben an Korn.* **Pachtzins und Kornsteuer werden erpresst.**
7 **2,8:** *Und bei allen Altären schlemmen sie auf den gepfän-deten Kleidern und trinken Wein vom Gelde der Bestraften im Hause ihres Gottes.* **Das Pfandrecht wird dazu missbraucht, andere Menschen zu zermürben und zu demoralisieren.** (Gepfändete Mäntel müs-sen nach dem Gesetz nachts zurückgegeben werden. Sie sind der Schlafsack der Armen.)	**8** **2,6b:** *[...] weil sie die Unschuldigen für Geld und die Ar-men für ein Paar Schuhe verkaufen.* **8,6:** *[...] damit wir die Armen um Geld und die Geringen um ein Paar Schuhe in unsere Gewalt bringen.* **Arme werden wegen Nichtigkeiten** (ein Paar Sandalen) **in die Schuldsklaverei verkauft.**
9 **2,7b:** *Sohn und Vater gehen zu demselben Mädchen, um meinen heiligen Namen zu entheiligen.* **Wahrscheinlich stört der verheiratete Vater das Liebesver-hältnis eines jungen Paares.**	**10** **2,8:** *Und neben allen Altären strecken sie sich aus auf ge-pfändeten Kleidern und trinken Wein vom Gelde der Bestraf-ten im Hause ihres Gottes.* **Vor Altären wird auf gepfändeten Kleidern über Nacht ein Trinkgelage veranstaltet. Dies am heiligen Ort zu tun, ist ei-ne besondere Provokation Gottes.**
11 **3,14:** *Zur Zeit, da ich die Sünden Israels heimsuchen wer-de, will ich die Altäre in Bethel heimsuchen und die Hörner des Altars abbrechen, dass sie zu Boden fallen sollen.* **Wenn Verfolgte die Hörner eines Altars anfassten, waren sie vor weiterer Strafverfolgung sicher. Aber Gott zerstört diese Asylorte.**	**12** **5,21–24:** *[21]Ich [...] mag eure Versammlungen nicht rie-chen. [22]Und wenn ihr mir auch Brandopfer und Speisopfer opfert, so habe ich kein Gefallen daran [...] [23]Tu weg von mir das Geplärr deiner Lieder [...] ! [24]Es ströme aber das Recht wie Wasser und die Gerechtigkeit wie ein nie versie-gender Bach.* **Gott möchte nicht, dass feierliche Gottesdienste dazu miss-braucht werden, Unrecht zu verschleiern.**

Die fünf Visionen des Amos

(Lutherübersetzung, an den kursiv gesetzten Stellen andere Übersetzungen)

		Einleitung	1) Vision	2) Gespräch zwischen Gott und Amos	3) Entscheidung Gottes
1	7,1–3 Heuschrecken	Gott der HERR ließ mich schauen und siehe ...	da war einer, der machte Heuschrecken zur Zeit, als das Grummet [die zweite Saat / Spätsaat] aufging [...]	Als sie nun alles Gras im Lande abfressen wollten, sprach ich: *Herr HERR, vergib doch! Wie kann Jakob bestehen? Er ist doch so klein.*	³Da reute es den HERRN, und er sprach: Wohlan, es soll nicht geschehen.
2	7,4–6 Feuerregen	Gott der HERR ließ mich schauen und siehe ...	Gott der HERR rief das Feuer, um damit zu strafen. Das verzehrte die große Tiefe und fraß das Ackerland.	Da sprach ich: *Ach Herr HERR, hör doch auf! Wie soll Jakob bestehen? Er ist doch so klein..*	⁶Da reute den HERRN das auch, und Gott der HERR sprach: Es soll auch nicht geschehen.
3	7,7–8 Zinn (nicht Bleilot!)	Er [Gott der HERR] ließ mich schauen und siehe ...	*Gott, stehend auf der Mauer aus Zinn; in der Hand Zinn!*	⁸Und der HERR sprach zu mir: Was siehst du, Amos? Ich sprach: *Zinn.*	Da sprach der Herr zu mir: Siehe, ich bin dabei, *Zinn mitten hinein in mein Volk Israel zu bringen. Nicht noch einmal gehe ich schonend an ihm vorüber!* [...]
4	8,1–2 Erntekorb – Ende »Gericht« – »Gericht«	Gott der HERR ließ mich schauen und siehe ...	da stand ein Korb mit reifem Obst.	Und er sprach: Was siehst du, Amos? Ich aber antwortete: Einen Korb mit reifem Obst.	Da sprach der HERR zu mir: Reif zum Ende ist mein Volk Israel; ich will ihm nichts mehr übersehen.
5	9,1–4 Amos soll das Säulenkapitell eines Tempels schlagen. Keiner entrinnt dem Beben.	Ich sah den HERRN	über dem Altar stehen und er sprach: Schlage ans Säulenkapitell, *dass die Schwellen beben!*	– entfällt –	Ihr aller Leben endet im Beben; und was noch übrig bleibt von ihnen, will ich mit dem Schwert töten, dass keiner von ihnen entfliehen noch irgendeiner entkommen soll! [...]

Die Visionsberichte im Amosbuch bestehen aus Bildern und Worten und gliedern sich in drei Teile:
1) Gott lässt den Propheten etwas schauen.
2) Gott und Prophet sprechen miteinander.
3) Gott teilt seine Entscheidung mit.

Wahrscheinlich reifte in Amos die Gewissheit über das schlimme Ende Israels allmählich. Denn die Entscheidungen Gottes ändern sich und drei Visionen können verschiedenen Jahreszeiten zugeordnet werden: 1. Vision: Frühling, wenn alles grün ist; 2. Vision: Sommer mit seiner Gluthitze; 4. Vision: Herbst, die Zeit der Obsternte.

Arbeitsaufträge:
1. Arbeitet Unterschiede und Ähnlichkeiten zwischen den einzelnen Visionsberichten heraus, indem ihr gleiche Formulierungen mit gleichen Farben unterstreicht.
2. Überlegt, wie ihr euch die fünf Visionen gut merken könnt, z.B. so: **»HeuFeu, ZinnKrieg ErnteEnde, Tempel-Beben«.**

3. Woher wusste Amos, dass das Vernichtungsurteil dem Nordreich mit der Hauptstadt Samaria und dem Kultort Bethel galt?
4. Hätte Amos auch ohne Visionen das Unrecht im Nordreich wahrgenommen?
5. Oft gehen Visionen »von Alltagserfahrungen aus: Amos sieht einen Korb mit reifem Obst (Am 8,1–3) und plötzlich geht ihm auf: So reif ist Israel zum Verderben! Diese Alltagserfahrung wird blitzartig durchsichtig auf [Gott] und sein Wort hin, hinter der Alltagserfahrung nimmt der Prophet eine zweite, tiefere Ebene wahr.«[1]

Beschreibt eigene Alltagserfahrungen, durch die hindurch eine zweite, tiefere Ebene sichtbar werden könnte.

Malt solche Alltagserfahrungen. Lasst euch eventuell im Fach Bildende Kunst beraten, mit welcher Technik die zweite, tiefere Ebene dargestellt werden könnte.

---

1 Horst Klaus Berg: Altes Testament unterrichten – 29 Unterrichtsvorschläge, München/Stuttgart 1999, S. 236.

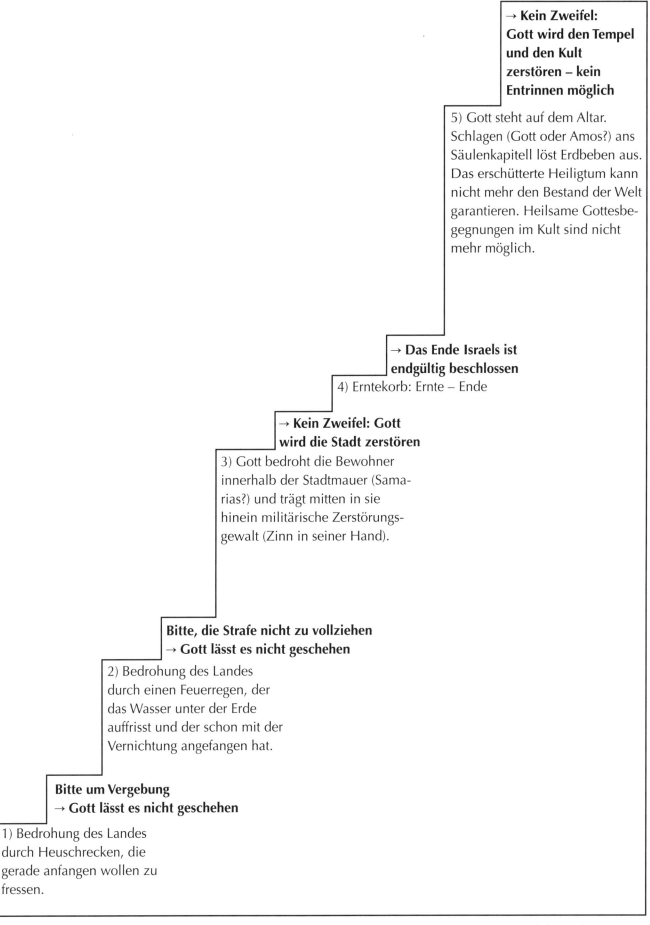

→ **Kein Zweifel:**
Gott wird den Tempel
und den Kult
zerstören – kein
Entrinnen möglich

5) Gott steht auf dem Altar. Schlagen (Gott oder Amos?) ans Säulenkapitell löst Erdbeben aus. Das erschütterte Heiligtum kann nicht mehr den Bestand der Welt garantieren. Heilsame Gottesbegegnungen im Kult sind nicht mehr möglich.

→ **Das Ende Israels ist**
endgültig beschlossen

4) Erntekorb: Ernte – Ende

→ **Kein Zweifel: Gott**
wird die Stadt zerstören

3) Gott bedroht die Bewohner innerhalb der Stadtmauer (Samarias?) und trägt mitten in sie hinein militärische Zerstörungsgewalt (Zinn in seiner Hand).

Bitte, die Strafe nicht zu vollziehen
→ **Gott lässt es nicht geschehen**

2) Bedrohung des Landes durch einen Feuerregen, der das Wasser unter der Erde auffrisst und der schon mit der Vernichtung angefangen hat.

Bitte um Vergebung
→ **Gott lässt es nicht geschehen**

1) Bedrohung des Landes durch Heuschrecken, die gerade anfangen wollen zu fressen.

Nach einer Vorlage aus: »Religionsunterricht heute« – Informationen des Dezernates Schulen und Hochschulen im Bischöflichen Ordinariat Mainz, 1–2/2000, S. 39.

Die dritte Vision des Amos: »Zinn« statt »Bleilot« (Am 7,7–8)[1]

So ließ Gott mich sehen:
Sieh! Gott, stand gerade auf einer Mauer aus Zinn;
in der Hand Zinn!
Und Gott sprach zu mir: Was siehst du, Amos?
Da sagte ich: Zinn.
Da sagte Gott zu mir:
Sieh! Ich bin dabei, Zinn mitten hinein in mein Volk
Israel zu bringen.
Nicht noch einmal gehe ich schonend an ihm vorüber!

Viermal kommt in dem kurzen Visionsbericht ein Wort vor, das sonst nirgends im AT verwendet wird. Die meisten Bibelausgaben übersetzen es mit »Bleilot«, doch dafür müssen Änderungen am hebräischen Text vorgenommen werden. In Sprachen, die dem Hebräischen verwandt sind, ist die Bedeutung »Zinn« für dieses Wort eindeutig belegt. Und mit dieser Übersetzung lässt sich die Vision plausibel erklären. Zinn kann mit dem billigeren Kupfer zu Bronzelegierungen verarbeitet werden. Je mehr Zinn beigemischt wird, desto härter wird die Bronze.

- Das Eröffnungsbild der Vision zeigt Gott auf einer Mauer stehend. Damit wird wohl ausgedrückt, dass eine zur Verteidigung angelegte Stadtmauer von ihm überwunden wurde. Aus Zinn allerdings wurde eine Stadtmauer nie gebaut. So viel Zinn gab es nicht im Altertum, es wäre nie zu bezahlen gewesen und Zinn alleine ist viel zu weich. Von Stadtmauern aus Bronze oder Eisen aber wird in der Bibel gesprochen. Vielleicht ist daran gedacht, dass Gott auf einer sehr wehrfähigen Mauer stand, so, als wäre sie aus Bronze (und nicht aus Stein), die besonders hart ist, weil ihr viel Zinn beigemischt wurde.

- Das folgende Detailbild der Vision zeigt Gott mit Zinn in seiner Hand. Dies lässt sich so deuten, dass Gott eine Waffe in der Hand hält, mit der er zusätzlich sein Volk bedroht.

- Es folgt ein kurzer Wortwechsel zwischen Gott und Amos: »Was siehst du, Amos?« Da sagte ich: »Zinn«. Amos wird von Gott fast dazu gezwungen, die Waffe, die Gott gegen sein Volk führt, zu benennen. Der Prophet muss in dieser Vision vom Unheil sprechen, das Gott über sein Volk bringt.

- Gottes Wort bringt die geahnte Deutung zur Gewissheit »Sieh! Ich bin dabei, Zinn mitten hinein in mein Volk Israel zu bringen.«

Die hier vorgeschlagene Deutung kann gestützt werden durch eine Tonplakette, die allerdings viele Jahrhunderte vorher in dem altbabylonischen Stadtstaat Larsa hergestellt wurde.[2] Sie zeigt eine ausschreitende, kriegerische Göttin, die in der linken Hand etwas hält, was nicht mehr erkennbar ist, in der Rechten vielleicht ein Krummschwert. Sie tritt mit dem rechten Fuß auf einen am Boden liegenden Feind, den linken erhebt sie vielleicht gegen einen sich erhebenden Feind. Hinter der Göttin trägt ein Mann mit beiden Händen ein Göttersymbol oder vielleicht als weitere Waffe eine Art Doppelaxt. Es könnte sein, dass die Tonplakette einem Standarten- oder Waffenträger gehörte, der auf ihr selbst dargestellt ist.
Die Darstellung der Stadt an sich mit Mauer und Tor könnte Schutz und Sicherheit ausdrücken. Die Göttin mit ihrer Macht tritt aber offensiv und aggressiv gegen sie an und besiegt sie.

Arbeitsauftrag:
Vergleiche die hier vorgeschlagene Übersetzung mit der herkömmlichen (»Bleilot«), z.B. in der Luther- oder Einheitsübersetzung. Wie unterscheiden sich das Gottesbild und die Begründung für Gottes Handeln?

---

1 Vgl. hierzu Walter Beyerlin: Bleilot, Brecheisen oder was sonst? Revision einer Amos-Vision, Göttingen 1988; Christian Uehlinger: Der Herr auf der Zinnmauer. Zur dritten Amos-Vision, BN 48 (1989), S. 89–104.
2 Abbildung der Plakette bei Uehlinger, Der Herr auf der Zinnmauer [wie Anm. 1], S. 104.

Auf welche Weisungen bezieht sich Amos?

→ Berücksichtige auch die Zehn Gebote! Sie sind hier nicht aufgeführt.

2. Mose 21: ²²Wenn Männer miteinander streiten und stoßen dabei eine schwangere Frau, so dass ihr die Frucht abgeht, ihr aber sonst kein Schaden widerfährt, so soll man ihn um Geld strafen, wie viel ihr Ehemann ihm auferlegt, und er soll's geben durch die Hand der Richter.	
2. Mose 22: ²⁰Die Fremdlinge sollst du nicht bedrängen und bedrücken; denn ihr seid auch Fremdlinge in Ägyptenland gewesen.	
2. Mose 22: ²⁵Wenn du den Mantel deines Nächsten zum Pfande nimmst, sollst du ihn wiedergeben, ehe die Sonne untergeht, ²⁶denn sein Mantel ist seine einzige Decke für seinen Leib; worin soll er sonst schlafen?	
2. Mose 23: ⁸Du sollst dich nicht durch Geschenke bestechen lassen; denn Geschenke machen die Sehenden blind und verdrehen die Sache derer, die im Recht sind.	
Micha 6,8: Gott hat dir gesagt, Mensch, was gut ist und was Gott von dir fordert: nichts andres als Recht tun und Güte lieben und besonnen mitgehen mit deinem Gott. (Text: Bibel in gerechter Sprache) *[Erläuterung: »Recht tun« bezieht sich auf die Weisungen, die Gott in der Tora gegeben hat. Was »Recht tun« bedeutet, ist also klar festgelegt und nicht dem Rechtsempfinden jedes Einzelnen überlassen. »Besonnen« oder »vorsichtig« mitgehen mit Gott statt »demütig« in der Lutherbibel weist wohl darauf hin, dass man stets sehr vorsichtig sich fragen soll, was wirklich im Sinne Gottes ist. Der vorhergehende Vers (Micha 6,7) fragt z.B., ob es im Sinne Gottes sein kann, sein erstgeborenes Kind für seine Verfehlungen zu opfern. Vgl. 1. Mose 22.]*	

Verse aus dem Amosbuch:

- **Amos 2,8a:** »Bei allen Altären schlemmen sie auf den gepfändeten, ausgebreiteten Kleidern ...« (Mit dem Ausbreiten der Kleider wird wohl ein Nachtlager zum Schlafen gerichtet. Bemerkenswert ist, dass neben Altären gefeiert und die Nacht verbracht wird.)

  → vergleiche ...... Gebot

- **Amos 2,8b:** »... und trinken Wein vom Gelde der Bestraften im Hause ihres Gottes.« (Falls es sich um Bußgelder handelt, sollen diese zur Beseitigung des angerichteten Schadens verwendet werden oder als Schmerzensgeld für die Geschädigten.)

  → vergleiche ...... Gebot

- **Amos 5,12:** »Denn ich kenne eure Freveltaten, die so viel sind, und eure Sünden, die so groß sind, wie ihr die Gerechten bedrängt und Bestechungsgeld nehmt und die Armen im Tor unterdrückt.« (Neben dem Stadttor gab es gewöhnlich einen überdachten Gemeinschaftsraum. Dort wurden Gerichtsverhandlungen abgehalten.)

  → vergleiche ...... Gebot

Arbeitsaufträge:
1. Auf welche oben stehenden Gebote der Tora konnte sich Amos bezogen haben? Schreibe die Amosstelle hinter die jeweiligen Verse.
2. Auf welche Gebote aus den Zehn Geboten konnte Amos sich bezogen haben?

Skizze für eine Inszenierung von Amos-Worten

Man kann sich auf eine der drei Szenen oder auf Ausschnitte daraus beschränken oder arbeitsteilig vorgehen. Die gesamte Inszenierungsskizze kann Grundlage einer Aufführung sein. Die Regiehinweise sind Vorschläge. Vielleicht entwickeln Schüler/innen eigene Ideen und Deutungen.

Normalschrift:	Bibeltext, weitgehend nach der Lutherübersetzung
Kursiv:	*für die Inszenierung entworfene (Zwischen-)Texte*
Kursiv in Klammern:	*(Vorschläge für Regieanweisungen)*

Rollen:
- Amos
- Erzähler/in
- Israel (beliebig viele)
- Je eine Person für sechs Fremdvölker und für Juda (nur I. Szene)
- evtl. eine Stimme für die Gottesrede aus dem Off
- Oberpriester Amazja (nur III. Szene)
- Schreiber – (nur pantomimisch in der III. Szene)
- Zwei Säulen und eine Schwelle des Tempels in Bethel – (nur pantomimisch in der III. Szene)

Bei einigen Amosworten kann die Gottesrede von Amos selbst übernommen werden oder sie wird von einer Stimme aus dem Off gelesen.

I. INTRO

Erzähler:

Darf ich vorstellen: Amos aus Tekoa, einem kleinen Dorf, knapp 20 km südlich von Jerusalem. Geben wir ihm am besten einen Hirtenstab in die Hand. Denn im Buch Amos im Alten Testament steht, dass er Schafe und vielleicht auch Rinder hütete. Und ein Maulbeerfeigenritzer war er. Wahrscheinlich ein ziemlich mühsames Geschäft! Das hat man gemacht, damit der bittere Saft ausfloss und man sie überhaupt essen konnte. Aber jetzt muss ich ruhig sein. Amos liebt keine langen Vorreden. Er will seine Botschaft ausrichten.

Amos:

(Inszenierungsmöglichkeiten für die Visionen: projizierte Bilder oder ein einfaches Schattenspiel. In dem Fall können die Stimmen für Gott und Amos aus dem Off gesprochenen werden. Oder Amos trägt die Visionen vor, evtl. mit einem Bildplakat für jede Vision.)

(1.Vision)

7 ¹ Gott der HERR ließ mich schauen und siehe, da war einer, der machte Heuschrecken zur Zeit, als die Frühjahrsaat aufging [...] Als sie nun alles Gras im Lande abfressen wollten, da sprach ich: Mein Herr HERR, verzeih doch! Wie kann Jakob bestehen, es ist doch so klein. ³ Da reute es den HERRN, und er sprach: Wohlan, es soll nicht geschehen.

(2.Vision)

Gott der HERR ließ mich schauen und siehe, Gott der HERR rief das Feuer, um damit zu strafen. Das verzehrte die große Tiefe und fraß das Ackerland.
Da sprach ich: Ach Herr HERR, hör doch auf! Wie soll Jakob bestehen? Er ist ja so schwach.
⁶ Da reute den HERRN das auch, und Gott der HERR sprach: Es soll auch nicht geschehen.

(3.Vision – gewöhnlich wird mit »Bleilot« übersetzt, Hintergrundsinformationen zu »Zinn« → **M 21**)
⁷ Er ließ mich schauen und siehe, Gott stand gerade auf einer Mauer aus Zinn; in der Hand Zinn!
⁸ Und der HERR sprach zu mir: Was siehst du, Amos? Ich sprach: Zinn.
Da sprach der Herr zu mir: Siehe, ich bin dabei, Zinn mitten hinein in mein Volk Israel zu bringen. Nicht noch einmal gehe ich schonend an ihm vorüber! [...]
→ *(Die 4. und 5. Vision finden sich auf Seite 55)*

Erzähler:

Gott hat diesem Hirten und Maulbeerfeigenritzer also Visionen geschickt. Danach war sich Amos sicher: Mit dem Militär, dem Königshof, den Beamten, Richtern und Händlern in Israel wird es ein böses Ende nehmen. Doch Israel hat er davon am Anfang gar nichts gesagt. Zunächst kündigte er mitten in Israel allen Feinden und Nachbarn Gottes Gericht an. – Da kommen schon die einflussreichen Leute aus Israel! *(Alle, die keinen Nachbarstaat darstellen, stellen sich im Kreis um Amos auf.)*

(Der Erzähler stellt nacheinander für jede Stadt eine Person in den Raum, entsprechend der untenstehenden Skizze, die sich an der Landkarte Palästinas orientiert. Evtl. knapp die Geographie des Nahen Ostens verdeutlichen, indem z.B. mit einer blauen Kreide die Küstenlinie des Mittelmeers eingezeichnet wird. Jede Stadt bekommt ein Namensschild und einige ein Symbol.)

(1) *Er verkündigt das Gericht über Damaskus, die alte Oasen-Stadt (**Palmwedel**) in der syrischen Wüste.*

(2) *Amos sprach über Gaza, die alte Philisterstadt am Mittelmeer, südlich von Israel und Juda. Gaza bekommt als Zeichen ein **Schiff**, weil die Philister wahrscheinlich über das Mittelmeer kamen und Seefahrt betrieben.*

(3) *Über Tyros, eine reiche Handelsstadt im Norden, auch direkt am Meer, sogar auf einer Insel. Hier hat man u.a. Stoffe purpur gefärbt mit dem Farbstoff von Purpurschnecken (**Bild s.u.**).*

(4) *Über Edom im Süden. Edom bekommt einen **roten** Stein, denn sie lebten im roten Sandsteingebirge südöstlich vom Toten Meer. Und die Bibel nennt Esau als Stammvater und der war auch rötlich.*

(5) *Über die benachbarten Ammoniter, denen das Aufschlitzen vorgeworfen wird (**Messer**) und*

(6) *die etwas ferneren Moabiter, die eine würdige Beerdigung verhinderten, weil sie Gebeine verbrannten (**Knochen**).*

(7) *Und schließlich über das südlich wohnende Brudervolk Juda mit der Hauptstadt Jerusalem, mit dem Tempel mit der **Bundeslade**.*

Purpurschnecke (mögliches Symbol, um Tyros zu kennzeichnen)

Rekonstruktion der Bundeslade (mögliches Symbol, um Juda zu kennzeichnen)

(3) Tyrus			(1) Damaskus
	(8) ISRAEL	(5) Ammon	
	(7) Juda	(6) Moab	
(2) Gaza			(4) Edom

1,3aSo spricht der HERR: Um drei, ja um vier Frevel willen derer von **Damaskus** nehme ich es nicht zurück, weil sie Gilead mit eisernen Dreschschlitten gedroschen haben; 4sondern ich will ein Feuer schicken in das Haus Hasaëls, das soll die Paläste Ben-Hadads verzehren. [...] spricht der HERR. *(Damaskus fällt um – dazu z.B. eine Klangschale anschlagen.)*

Israel: *(jubelnd)*
Gott schickt Feuer unserem Feind Damaskus – das ist gut!

Amos:
6aSo spricht der HERR: Um drei, ja um vier Frevel willen derer von **Gaza** nehme ich es nicht zurück, weil sie die Gefangenen alle weggeführt und an Edom ausgeliefert haben; 7sondern ich will ein Feuer in die Mauern von Gaza schicken, das soll seine Paläste verzehren. [...], spricht Gott der HERR. *(Gaza fällt um – dazu z.B. eine Klangschale anschlagen.)*

Israel: *(jubelnd)*
Gott schickt Feuer unserem Feind Gaza – das ist gut!

Amos:
9aSo spricht der HERR: Um drei, ja um vier Frevel willen derer von **Tyrus** nehme ich es nicht zurück, weil sie die Gefangenen alle an Edom ausgeliefert und nicht an den Bruderbund gedacht haben; 10sondern ich will ein Feuer in die Mauern von Tyrus schicken, das soll seine Paläste verzehren. *(Tyrus fällt um – dazu z.B. eine Klangschale anschlagen.)*

Israel: *(jubelnd)*
Gott schickt Feuer unserem Feind Tyrus – das ist gut!

Amos:
11aSo spricht der HERR: Um drei, ja um vier Frevel willen derer von **Edom** nehme ich es nicht zurück, weil sie ihren Bruder mit dem Schwert verfolgt und alles Erbarmen von sich getan haben und immerfort wüten in ihrem Zorn und an ihrem Grimm ewig festhalten; 12sondern ich will ein Feuer schicken nach Teman, das soll die Paläste von Bozra verzehren. *(Edom fällt – dazu z.B. eine Klangschale anschlagen.)*

Israel: *(jubelnd)*
Gott schickt Feuer unserem Feind Edom – das ist gut!

Amos:
13aSo spricht der HERR: Um drei, ja um vier Frevel willen derer von **Ammon** nehme ich es nicht zurück, weil sie die Schwangeren in Gilead aufgeschlitzt haben, um ihr Gebiet zu erweitern; 14sondern ich will ein Feuer anzünden in den Mauern Rabbas, [...] spricht der HERR. *(Ammon fällt – dazu z.B. eine Klangschale anschlagen.)*

Israel: (jubelnd)

Gott schickt Feuer unserem Feind Ammon – das ist gut!

2 1 So spricht der HERR: Um drei, ja um vier Frevel willen derer von **Moab** nehme ich es nicht zurück, weil sie die Gebeine des Königs von Edom verbrannt haben zu Asche; 2sondern ich will ein Feuer schicken nach Moab, das soll die Paläste von Kerijot verzehren, und Moab soll sterben im Getümmel und Geschrei und Posaunenhall. 3Und ich will den Herrscher unter ihnen ausrotten und alle ihre Oberen samt ihm töten, spricht der HERR. *(Moab fällt – dazu z.B. eine Klangschale anschlagen.)*

Israel: (jubelnd)

Gott schickt Feuer unserem Feind Moab – das ist gut!

Amos:

4So spricht der HERR: Um drei, ja um vier Frevel willen derer von Juda nehme ich es nicht zurück, weil sie des HERRN Gesetz verachten und seine Ordnungen nicht halten und sich von ihren Lügengötzen verführen lassen, denen ihre Väter nachgefolgt sind; 5sondern ich will ein Feuer nach Juda schicken, das soll die Paläste von Jerusalem verzehren. *(Juda fällt um – dazu z.B. eine Klangschale anschlagen.)*

Israel: (bestürzt)

Gott schickt Feuer unseren Schwestern und Brüdern in Juda – oh weh!

Amos:

6So spricht der HERR: Um drei, ja um vier Frevel willen derer von **Israel** nehme ich es nicht zurück,

- weil sie die Unschuldigen für Geld und die Armen für ein Paar Schuhe verkaufen.
  (ein Viertel der Israeliten weicht geduckt zurück)
- 7Sie treten den Kopf der Armen in den Staub und drängen die Elenden vom Wege.
  (ein Viertel der Israeliten weicht geduckt zurück)
- Sohn und Vater gehen zu demselben Mädchen, um meinen heiligen Namen zu entheiligen.
  (ein Viertel der Israeliten weicht geduckt zurück)
- 8Und neben allen Altären strecken sie sich aus auf gepfändeten Kleidern und trinken Wein vom Gelde der Bestraften im Hause ihres Gottes.
  (ein Viertel der Israeliten weicht geduckt zurück)

9Und dabei habe ich [...] euch aus Ägyptenland geführt und vierzig Jahre in der Wüste geleitet, damit ihr der Amoriter Land besitzen sollt. [...] 13Seht, jetzt bin ich es, der den Boden unter euch aufspaltet, wie ihn der Erntewagen aufspaltet, der übervoll ist mit Getrei-

de [...] Dem Starken hilft seine Kraft nicht mehr, spricht der HERR. *(Israel schwankt – Hinweis auf das hier angesprochene Erdbeben)*

Israel:

(formiert sich im Kreis um Amos herum, rechte Hand gegen ihn erhoben):

Wir dachten, du bist auf unserer Seite und redest gegen unsere Feinde.

Aber das hast du alles nur gesagt, um dich einzuschleimen und um am Ende Dinge zu sagen, die unerhört sind. Nestbeschmutzer! So was sagt man nicht! So was macht man nicht! Das gehört sich nicht!

(noch einen Schritt auf Amos zu)

Schweig! Schweig! Du sollst nicht mehr reden! Wir stopfen dir den Mund!

Amos: *(zunächst hilflos – etwas unsicher – dann wieder Sicherheit gewinnend):*

38Der Löwe brüllt, wer sollte sich nicht fürchten?

Gott der HERR redet, wer sollte nicht Prophet werden?

3 12So spricht der HERR: Gleichwie ein Hirte dem Löwen zwei Beine oder ein Ohrläppchen aus dem Maul reißt*, so sollen die Israeliten herausgerissen werden, die zu Samaria sitzen in der Ecke des Ruhebettes und auf dem Lager von Damast. [...] Ich will die Altäre in Bethel heimsuchen und die Hörner des Altars abbrechen, dass sie zu Boden fallen sollen, 15und will Winterhaus und Sommerhaus zerschlagen, und die elfenbeingeschmückten Häuser sollen zugrunde gehen und viele Häuser vernichtet werden, spricht der HERR.

Israel:

Uns're Häuser sind aus Stein, aus großen Quadern stark und fest.

Sie werden nicht zugrunde gehen. Sie werden nicht vernichtet werden. Niemals!

Erzähler:

(herausführen aus den Rollen, falls das Spiel hier endet) Danke ... *(alle Rollen benennen).*

Ihr verlasst jetzt eure Rollen, kehrt zurück und seid wieder ihr selbst.

II. SAMARIA

Erzähler:

Wahrscheinlich verkündete Amos seine kurzen, harten Worte in der Hauptstadt des Nordreiches Israel, in **Sa-**

---

*Dies versuchten die Hirten, um dem Herdenbesitzer zu beweisen, dass ein wildes Tier ein Tier der Herde gerissen hat.

**Wer z.B. aus Fahrlässigkeit einen Menschen getötet hatte, konnte zum Heiligtum fliehen und die Hörner an den Ecken eines Altars umfassen. Dann wurde ihm im Tempel Asyl gewährt und er war vor Blutrache sicher. Werden die Hörner des Altars abgeschlagen, kann der Tempel keinen Schutz mehr bieten.

maria. Stellen wir uns also vor, dass die nächsten Auseinandersetzungen dort stattfinden. – Aha – da kommen die Frauen reicher Israeliten!

(Die [dünnen] Frauen der Israelgruppe treten selbstbewusst in einen inneren Kreis. Sie machen es sich bequem auf Tischen oder Stühlen, als würden sie sich auf Sofas lümmeln, und spielen diese Szene lustvoll aus. Wichtig ist, dass sie von allen Zuschauenden gesehen werden. Aus einfachen Mitteln haben sie sich phantasievolle Trinkgefäße gebastelt, die sie in gekünstelter Stellung in der Hand halten.)

Amos:

4 1Hört dies Wort, ihr fetten Kühe, die ihr auf dem Berg Samarias seid und den Geringen Gewalt antut und schindet die Armen und sprecht zu euren Herren: Bringt her, lasst uns saufen! 2Gott der HERR hat geschworen bei seiner Heiligkeit: Siehe, es kommt die Zeit über euch, dass man euch herausziehen wird mit Angeln und, was von euch übrig bleibt, mit Fischhaken. 3Und ihr werdet zu den Mauerlücken hinaus müssen, eine jede vor sich hin, und zum Hermon weggeschleppt werden, spricht der HERR.

Israel:

Wer soll unsre starke Stadtmauer zerstören und uns, die Sieger, wegschleppen in die Fremde?

Amos:

(Hier kann die 3. Vision wiederholt werden s. S. 50.)

5 1Hört, ihr vom Hause Israel, dies Wort; denn ich muss dies Klagelied [...] anstimmen:

Israel:

Was? Lass hör'n! Eine Neuigkeit, eine böse Neuigkeit! Jemand ist gestorben, jemand ist tot. Jemand steht nie mehr auf, jemand kommt nie mehr zurück.
Wer ist's? Kennen wir ihn? Wer fehlt von uns?

Amos:

5 1Hört, ihr vom Hause Israel [...]
2Die Jungfrau Israel ist gefallen, dass sie nicht wieder aufstehen wird;
sie ist zu Boden gestoßen, und niemand ist da, der ihr aufhelfe.
(Israel fällt zu Boden – Pause)
3Denn so spricht Gott der HERR: Die Stadt, aus der Tausend zum Kampf ausziehen,
(alle Israelspieler stehen auf, gehen nach außen, fallen dort hin außer etwa einem von Zehn ...)
soll nur Hundert übrig behalten, und aus der Hundert ausziehen, die soll nur Zehn übrig behalten im Hause Israel.
(Jeder Zehnte kehrt »geschlagen« zurück.)

Israel:

(kommen wieder alle in den Kreis, durcheinander)
Das ist unerhört! Da hört sich doch alles auf! Du willst uns für tot erklären??! Du rufst über uns die Todesnachricht? Das ist Magie und Zauber! Du willst uns schaden!
(nach einer Pause, neu formiert, selbstsicher und feierlich)
Doch noch nie waren unsere Häuser so fest und stark. Was soll uns passieren?
Bald wird kommen der Tag Gottes, da werden unsere Feinde für immer besiegt.
Uns alleine wird Gott den Sieg schenken!

Amos:

5 18aWeh denen, die des HERRN Tag herbeiwünschen! Was soll er euch?
Denn des HERRN Tag ist Finsternis und nicht Licht,
19gleichwie wenn jemand vor dem Löwen flieht und ein Bär begegnet ihm
und er kommt in ein Haus und lehnt sich mit der Hand an die Wand, so sticht ihn eine Schlange! 20Ja, des HERRN Tag wird finster und nicht licht sein, dunkel und nicht hell.

Israel:

Kommt, lasst uns nicht auf ihn hören. Unser Glaube ist besser. Wir vertrauen auf Gott.

Amos:

6 1Weh den Sorglosen [...], die voll Zuversicht sind auf dem Berge Samarias, [...] 3die ihr meint, vom bösen Tag weit ab zu sein, und trachtet immer nach Frevelregiment, 4die ihr schlaft auf elfenbeingeschmückten Lagern und euch streckt auf euren Ruhebetten! Ihr esst die Lämmer aus der Herde und die gemästeten Kälber 5und spielt auf der Harfe und erdichtet euch Lieder wie David 6und trinkt Wein aus Schalen und salbt euch mit dem besten Öl, aber bekümmert euch nicht um den Schaden [Israels].

Israel:

Du sagst, wir kümmerten uns nicht um unser Land Israel?! Unser König und sein Heer haben östlich des Jordans große Landstriche erobert! Noch nie standen wir so gut da!
(Der letzte Satz durcheinander im Chor.)

Amos:

5 4Denn so spricht der HERR zum Hause Israel: 7[Ihr] verkehrt Recht in Wermut und stoßt die Gerechtigkeit zu Boden. [...]
11Darum, weil ihr die Armen unterdrückt und nehmt von ihnen hohe Abgaben an Korn,
so sollt ihr in den Häusern nicht wohnen, die ihr von Quadersteinen gebaut habt,

und den Wein nicht trinken, den ihr in den feinen Weinbergen gepflanzt habt. [...]
[weil] ihr die Gerechten bedrängt und Bestechungsgeld nehmt und die Armen im Tor unterdrückt.

Israel:

Wir haben Gerichte und Verträge, Schreiber und Richter. Alles geht mit Recht zu.
(Der letzte Satz durcheinander im Chor.)

Amos:

6¹²Ihr wandelt das Recht in Gift und die Frucht der Gerechtigkeit in Wermut.

Israel:

Das stimmt nicht! Das ist nicht wahr! Das ist eine Lüge!
(Das letzte Wort durcheinander im Chor.)

Amos:

8⁴Hört dies, die ihr die Armen unterdrückt und die Elenden im Lande zugrunde richtet ⁵und sprecht: Wann will denn der Neumond ein Ende haben, dass wir Getreide verkaufen, und der Sabbat, dass wir Korn feilhalten können und das Maß verringern und den Preis steigern und die Waage fälschen, ⁶damit wir die Armen um Geld und die Geringen um ein Paar Schuhe in unsere Gewalt bringen und Spreu für Korn verkaufen?
⁷Der HERR hat bei sich [...] geschworen: Niemals werde ich diese ihre Taten vergessen!

Erzähler:

Wahrscheinlich waren die Fronten unversöhnlich und irgendwann verließ Amos Samaria.
(herausführen aus den Rollen, falls das Spiel hier endet) Danke ... *(alle Rollen benennen)*. Ihr verlasst jetzt eure Rollen, kehrt zurück und seid wieder ihr selbst.

III. BETHEL

Erzähler:

Liebes Publikum, stellen Sie sich vor: Wir alle sind in Bethel, dem eindrucksvollen Reichsheiligtum des Nordreiches Israel: Ein Tempel, wahrscheinlich mit einem imposanten Eingang und einer gewaltigen Schwelle. Genaues wissen wir nicht, also stellen wir uns zwei Säulen vor *(stellt zwei Mitspielende als Säulen hin, die Arme formen sie zu einem Kapitell.)* Und das hier ist die Schwelle, die den Übergang in den heiligsten Bereich markiert. *(Bringt einen Mitspielenden in eine flache kauernde Stellung.)* Wahrscheinlich steht vor dem Tempel ein mit Gold überzogenes Stierbild,

das in der Sonne schimmert – also eine beeindruckende Tempelanlage. Vor dem Tempel – wahrscheinlich etwas seitlich vom Eingangsportal, also z.B. hier *(zeichnet mit Kreide einen Grundriss, durchaus 6 x 6 m, oder stellt 1–2 Tische entsprechend hin)* – steht ein großer Altar. Nicht so ein Altar, wie Sie ihn kennen. Er ist ein richtiger kleiner hochgemauerter Platz, auf dem ganze Tiere geopfert werden können.
Viele Bewohner des Nordreichs kommen von weither zu diesem Heiligtum. *(Die Israeliten versammeln sich in ehrfürchtiger Haltung vor dem angedeuteten Tempel.)* – Und – wie könnte es anders sein – Amos war wahrscheinlich auch hier.

Amos:

(nähert sich langsam der Szene, beobachtet, ist entsetzt und beginnt schließlich ironisch und verächtlich.)
4⁴Ja, kommt her nach Bethel und treibt Sünde, und nach Gilgal*, um noch viel mehr zu sündigen! Bringt eure Schlachtopfer am Morgen und eure Zehnten am dritten Tage, ⁵räuchert Sauerteig zum Dankopfer und ruft freiwillige Opfer aus und verkündet sie; denn so habt ihr's gern, ihr Israeliten, spricht Gott der HERR!

Israel: *(im Chor oder wechselnde Stimmen)*
- Warum machst du dich lustig?
- Was tust du so ironisch?
- Gott hat es uns doch befohlen!
- Gott will es!
(alle) Höre was der Priester im Namen Gottes über die Opfer sagt.

Priester / Amazja *(hervortretend, das Tempelportal im Rücken, feierlich und getragen)*
So spricht Gott: Dieser makellose Stier ist mir wohlgefällig. Ich nehme ihn an als ein vollgültiges und vollkommenes Opfer. Ich rieche den lieblichen Geruch des Opfers ...

Amos: *(hastig ins Wort fallend)*
5²¹Ich hasse, ich verwerfe eure Feste! Eure Versammlungen kann ich nicht riechen. ²²Und wenn ihr mir auch Brandopfer und Speisopfer opfert, so habe ich kein Gefallen daran und mag auch eure Mastkälberopfer nicht ansehen. ²³Tu weg von mir das Geplärr deiner Lieder; denn ich mag dein Harfenspiel nicht hören! ²⁴Es ströme aber das Recht wie Wasser und die Gerechtigkeit wie ein nie versiegender Bach.

Israel:

Du mit deinem »Recht« und deiner »Gerechtigkeit«. Du störst unsere heiligen Opfer. Niemand hat dir das Recht gegeben, das zu tun! Schweig!

---

* Religiöses Heiligtum am Jordan.

Amos:

(tritt heraus aus dem Kreis derer, denen er das letzte Wort an den Kopf geschleudert hat.)

(4. Vision – evtl. inszenieren wie die ersten Visionen)
8 1Gott der HERR ließ mich schauen, und siehe, da stand ein Korb mit reifem Obst. 2Und er sprach: Was siehst du, Amos? Ich aber antwortete: Einen Korb mit reifem Obst. Da sprach der HERR zu mir: Reif zum Ende ist mein Volk Israel; ich will ihm nichts mehr übersehen.

(5. Vision)(Amos geht auf den Altar zu, schaut nach oben und hinüber zu den Säulen links und rechts des Eingangsportals.)
9 1Ich sah den Herrn über dem Altar stehen, und er sprach: Schlage auf das Säulenkapitell, dass die Schwellen beben werden, und töte sie alle am Kopf; und was noch übrig bleibt von ihnen, will ich mit dem Schwert töten, dass keiner von ihnen entfliehen noch irgendeiner entkommen soll! [...] 4Denn ich will meine Augen auf sie richten zum Bösen und nicht zum Guten.

Erzähler:

7 10aDa sandte Amazja, der Priester in Bethel, zu Jerobeam, dem König von Israel, und ließ ihm sagen:
(Amazja nimmt sich einen »Schreiber«, tritt auf der anderen Seite nach vorne. Der Schreiber notiert pantomimisch die folgenden Worte auf ein gedachtes Schriftstück oder auch auf eine Schiefertafel oder ein selbst gebasteltes Wachstäfelchen.)

Amazja: *(diktiert)*
Der Amos macht einen Aufruhr gegen dich im Hause Israel; das Land kann seine Worte nicht ertragen. 11Denn so spricht Amos: Jerobeam wird durchs Schwert sterben, und Israel wird aus seinem Lande gefangen weggeführt werden.

Erzähler:

12Und Amazja sprach zu Amos: *(Amazja läuft vorne auf Amos zu.)*

Amazja:

Du, Seher, geh weg und flieh ins Land Juda und iss dort dein Brot und weissage daselbst. 13Aber weissage nicht mehr in Bethel; denn es ist des Königs Heiligtum und der Tempel des Königreichs.

Erzähler:

14Amos antwortete und sprach zu Amazja:

Amos:

Ich bin kein Prophet noch ein Prophetenjünger, sondern ich bin ein Hirt, der Maulbeerfeigen veredelt. 15Aber der HERR nahm mich von der Herde und sprach zu mir: Geh hin und weissage meinem Volk Israel! 16So höre nun des HERRN Wort! Du sprichst: Weissage nicht wider Israel und eifere nicht wider das Haus Isaak! 17Darum spricht der HERR: Deine Frau wird in der Stadt zur Hure werden, und deine Söhne und Töchter sollen durchs Schwert fallen, und dein Acker soll mit der Messschnur ausgeteilt werden. Du aber sollst in einem unreinen Lande sterben, und Israel soll aus seinem Lande vertrieben werden.
(Amos verlässt Bethel und geht »nach Thekoa«)

Erzähler:

Wir wissen nicht, was Amos tat. Aber eines ist sicher. Amazja und alle, die ihn nicht hören wollten, konnten seine Worte nicht auslöschen. Im Gegenteil: Die Worte wurden aufgeschrieben und werden heute noch gelesen – und manchmal auch gespielt, wie hier und heute.
(Herausführen aus den Rollen, dabei evtl. zu den einzelnen Spieler/innen hingehen) Danke ... (alle Rollen benennen). Ihr verlasst jetzt eure Rollen, kehrt zurück und seid wieder ihr selbst.

© Herbert Kumpf; Beratung: Roland Brunner

Mirjam Lied

1. Im Lan - de der Knecht - schaft, da leb - ten sie lang,
in frem - de Ge - fil - de ver - bannt,
ver - ges - sen die Frei - heit, ver - stummt ihr Ge - sang
und die Hoff - nung ver - gra - ben im Sand.
Nur heim - lich im Her - zen, da heg - ten sie bang
den Traum vom ge - lob - ten Land. Doch:

Mir - jam, Mir - jam schlug auf die Pau - ke und
Frau - en tanz - ten, tanz - ten, die Män - ner und

Mir - jam tanz - te vor ih - nen her
Wel - len, Wol - ken, al - les tanzt mit.

Al - le, al - le fin - gen zu tan - zen an:
Mir - jam, Mir - jam hob ih - re Stim - me, sie

Groß war Got - tes Tat am Meer.
sang war für Gott, sie sang am ihr Lied.

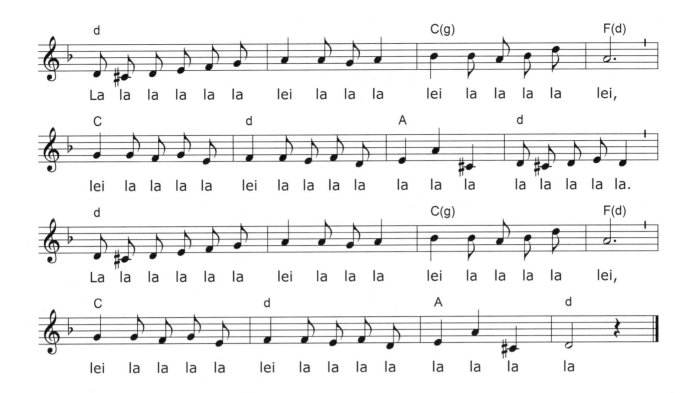

2. Die Narben der Knechtschaft an Schultern und Knien,
   die Blicke verhalten und scheu,
   die Rücken gebeugt noch, so ziehn sie dahin,
   und die Freiheit ist drohend und neu.
   Es lockt die Versuchung, zurückzufliehn
   in die Sicherheit der Sklaverei.
   Doch: Mirjam, Mirjam schlug auf die Pauke …

3. Die Bande der Knechtschaft, die falln langsam ab,
   die Schritte verlernen den Trott.
   Entwachsen den Ketten, entstiegen dem Grab,
   das Leben besiegte den Tod.
   Ihr Weg ist noch weit, doch sie haben die Kraft,
   denn in ihren Herzen ist Gott.
   Denn: Mirjam, Mirjam schlug auf die Pauke …

Text und Melodie: © Claudia Mitscha-Eibl. www.mitscha.at

Tanzanweisung *(Zum Singen der Strophen stehen alle zusammen im Kreis)*

Aufstellung im Kreis

8 Schritte nach rechts gehen	*Mirjam, Mirjam*	In die Hocke gehen;	*Mirjam, Mirjam*
und bei »Mirjam« und »Pauke«	*schlug auf die Pauke*	sich langsam aus der Hocke erheben	*hob ihre Stimme*
in die Hände klatschen.	*und Mirjam tanzte*	und dabei allmählich die Arme	*sie sang für Gott,*
	vor ihnen her.	seitlich nach oben ausbreiten.	*sang ihr Lied.*
Alle fassen sich an den Händen	*Alle, alle fingen zu*	Arme nach unten hängen lassen und	*Lalalalalala*
und gehen 4 Schritte zur Mitte	*tanzen an,*	8 Schritte nach rechts gehen,	*Leilalala leilalalalalei*
4 Schritte rückwärts zurück.	*tanzend zogen*	6 Schritte zur Mitte,	*leilalalala*
	sie durchs Meer.	dabei allmählich die Hände	*leilalalala*
Über dem Kopf klatschen und dabei	*Frauen*	nach vorne und oben erheben,	
mit 4 Schritten eine Rechtsdrehung	*tanzten*	6 Schritte zurück,	*Lalala …*
am Platz,		die Arme allmählich senken;	
über dem Kopf klatschen und dabei	*tanzten*	8 Schritte nach links gehen,	*Lalalalala*
mit 4 Schritten eine Linksdrehung	*die Männer*	6 Schritte zur Mitte,	*[Text wird wiederholt]*
am Platz,		dabei allmählich die Hände	
Hände über den Kopf erheben und	*und Wellen, Wolken,*	nach vorne und oben erheben,	
4-mal hin- und herschwingen.	*alles tanzt mit.*	6 Schritte zurück	
		die Arme allmählich senken.	

Wer war Mirjam:
Cheerleaderin oder Prophetin?

Höret, wie der Herr rechten will: [...]: »Habe ich dich doch aus Ägyptenland geführt und aus der Knechtschaft erlöst und vor dir her gesandt Mose, Aaron und Mirjam.« (Micha 6,2.4)

»Da nahm Mirjam, die Prophetin, Aarons Schwester, eine Pauke in ihre Hand, und alle Frauen folgten ihr nach mit Pauken im Reigen. Und Mirjam sang ihnen vor: Lasst uns dem HERRN singen, denn er hat eine herrliche Tat getan, Ross und Mann hat er ins Meer gestürzt.« (2. Mose 15,20f)

Arbeitsaufträge:
- Bildbeschreibung:
  - Klaus Ringwald: Exodus (Bild links): Welche Aufgaben nehmen Mirjam und Mose wahr?
  - Marc Chagall: Mirjams Tanz (Bild rechts): Welche Ausstrahlung hat Mirjam? Welche Hinweise auf Gott lassen sich finden?
- Das Mirjam-Lied (→ M 24) singen (»Im Lande der Knechtschaft, da lebten sie lang ...«) und tanzen.
- Zum Chagall-Bild Männer dazumalen: Dazuschreiben, was sie über Mirjam und den von ihr angeführten Tanz denken.

Welche Antworten sind deiner Meinung nach richtig?
Prophetin sein bedeutet bei Mirjam, dass sie ...

	... Mose unterstützt (sie hat dafür gesorgt, dass er von seiner Mutter gestillt werden konnte, nachdem er von der Tochter des Pharao gefunden wurde. 2. Mose 2,4ff) und glaubt, dass durch ihn Gott handelt.
	... durch den von ihr angeführten Gesang und Tanz Gott ehrt und Frauen, Männer und Kinder ermutigt. Durch die Feier des Sieges stärkt sie den Glauben des Volkes.
	... mit ihrem Lied die Rettung am Schilfmeer als eine Tat Gottes deutet. Für sie war es nicht nur Zufall oder einfach Glück, dass sie den Ägyptern entkommen sind.
	... mit Gesang und Tanz verkündet, was sie zu sagen hat.
	... mutig ist und den Mund aufmacht und den Frauen eine Stimme verleiht.
	... es wagt, Mose zu kritisieren. Denn er hat eine ausländische Kuschiterin als Frau genommen. Und sie kritisiert, dass es heißt, Gott spreche allein durch Mose und nicht durch Aaron und Mirjam. Gott bestraft sie für diese Kritik mit sieben Tagen Aussatz. (4. Mose 12)

Kapitel 4 ganz lesen (spannend!) und Kapitel 5,1f.24–27.31lesen!

Mögliche Themen für ein Gespräch zwischen den Frauen:

Debora:

- Die Geschichte genau erzählen, eventuell mit Hilfe des Reliefs von Klaus Ringwald.
- Hätte sie sich eine friedliche Lösung vorstellen können?
- Hatte sie Angst? Falls ja, wie ist sie mit ihr umgegangen?
- Hat Barak akzeptiert, dass der Ruhm dieses Kriegszuges nicht ihm gehören wird (Richter 4,9)? War es in Ordnung, dass sie gemeinsam das Siegeslied sangen (5,1) oder hat er sich da »reingeschmuggelt«?
- Hatte sie es besonders schwer, als Frau das Richteramt in Israel auszuüben und den Feldzug gegen Jabin zu führen?

(Idee nach: Ingeborg Kruse, Unter dem Schleier ein Lachen, Kreuz Verlag Stuttgart 1986, S. 112ff)

Jaël:

- Die Geschichte genau erzählen, eventuell mit Hilfe des Bildes von Julius Schnorr von Carolsfeld.
- Hatte sie Angst? Falls ja, wie ist sie mit ihr umgegangen?
- Hätte sie sich eine friedliche Lösung vorstellen können?
- Was ist in ihr vorgegangen, als sie die Tötung vorbereitete und dann den Zeltpflock durch die Schläfe trieb?
- Wie ging es ihr hinterher mit dieser Tat? Durfte sie das Gastrecht brechen?
- Wie ging es ihr damit, dass ihre Tat im Siegeslied besungen wurde (5,24–27)?
- Was dachten andere Frauen und Männer über ihre Tat?
- Ist es in Notsituationen gerechtfertigt, einen Feind zu töten?

Die Schlacht am Tabor in Galiläa:

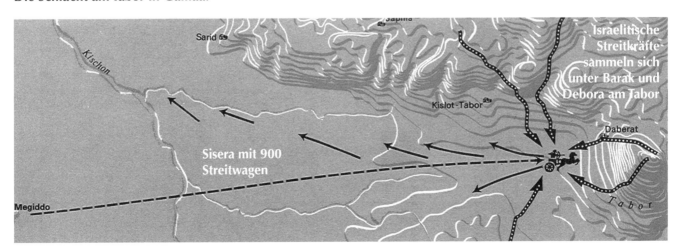

Er trägt den Namen eines Priesters, in dem seine Eltern ein großes Vorbild für ihren Sohn sehen. Auf den Namen »Rudolfo« wurde er getauft, der kleine Boro-Indianer im Bundesstaat Mato Grosso, Brasilien. Später, wenn er größer ist, werden ihm seine Eltern die Geschichte jenes Rudolfo erzählen, der für die Indianer ein Vorbild wie Elija ist: Salesianerpater Rudolf Lunkenbein, der am 15. Juli 1976 unter den Schüssen gedungener Mörder zusammenbrach. Seine Geschichte ähnelt dem 21. Kapitel aus dem Buch der Könige. Großgrundbesitzer wollen das Land der Armen, Indianer werden in Reservate gezwängt, wer nicht »freiwillig« geht, wird umgebracht. Die Landkonflikte in Brasilien fordern hunderte von Toten, Jahr um Jahr.

»Jener Priester, nach dem wir dich benannt haben, stand auf unserer Seite. Er kam aus dem fernen Deutschland zu uns. Er musste sterben, weil er den Mächtigen ein Dorn im Auge war. Die Großgrundbesitzer sind wie der König Ahab, von dem die Heilige Schrift berichtet, wir, die Indianer, sind die Nabots. Unser Weinberg ist das wenige Land, auf dem wir Mais, Reis, Bananen und Maniok pflanzen, damit wir nicht hungern. Es gibt viele Könige Ahab. Sie haben schon alles. Aber sie wollen noch mehr«, werden andere dem Kind erzählen. Der kleine Rudolfo wird lernen müssen, dass es in Brasilien sehr hart ist, Nabot zu sein. Vielleicht wird ihn die Erinnerung an seinen Namensvetter auch daran erinnern, dass unsere Zeit Propheten braucht, die sagen: »Es ist dir nicht erlaubt, die Armen zu berauben!«

Nach: Eva Maria Kremer. In: Wo nehmen wir Vorbilder her? Herder Verlag, Freiburg 1987, S. 42f (gekürzt).

Arbeitsaufträge:
1. Welche Parallelen zur Geschichte von Nabots Weinberg lassen sich beschreiben?
2. Welche Erfolge und Misserfolge hat die Landarbeiterbewegung in Brasilien zu verzeichnen? (Internetrecherche)
3. Würdest du deinem Kind den Namen eines prophetisch handelnden Menschen geben, der sein Eintreten für Gerechtigkeit mit dem Tod bezahlen musste?

Entdecken wie Muslime ihren Glauben leben

Bildungsstandards für Hauptschule, Realschule und Gymnasium

Die Schülerinnen und Schüler
- kennen die Grundzüge des Islam (HS 9.7.2)

Themenfelder (Hauptschule/Werkrealschule): Islam – Entstehung, Frömmigkeitsformen, Bedeutung der Religion im Leben.

Die Schülerinnen und Schüler
- kennen die Entstehungsgeschichte, das Bekenntnis und die vier Pflichten des Islam (RS 6.7.2)
- kennen Gemeinsamkeiten und Unterschiede der drei monotheistischen Religionen Christentum, Judentum und Islam (RS 10.7.1)
- sind in der Lage, mit Menschen anderer Religionen zu sprechen und ihre Einstellungen zu erfragen (RS 10.7.2)
- können ihren eigenen Standpunkt in Auseinandersetzung mit anderen Religionen oder Weltanschauungen erkennen und artikulieren (RS 10.7.3)

Themenfelder (Realschule, 5./6. Klasse): »Fünf Säulen« des Islam; Moschee und Kirche, Koran und Bibel; Mohammed und Jesus. 9./10. Klasse: Muslime in Deutschland; Die ›abrahamitischen‹ Religionen – Absolutheitsanspruch und Toleranz.

Die Schülerinnen und Schüler
- können die Bedeutung Jesu im Islam darstellen und erklären (GY 8.5.2)
- können Ausdrucksformen und zentrale Inhalte des islamischen Glaubens und Lebens beschreiben (GY 8.7.1)
- können die Biographie Mohammeds in Grundzügen darstellen und Vergleiche zu Jesus ziehen (GY 8.7.2)
- können Informationen über islamisches Leben in der eigenen Region beschaffen und präsentieren (GY 8.7.3)

Themenfelder (Gymnasium): Biographie Mohammeds; »Fünf Säulen« des Islam; Gebote des Islam; Gebote des Islam für das Zusammenleben an einem Beispiel (Scharia, Mann und Frau, Dschihad); Gemeinsamkeiten und Unterschiede im Gottesbild; Jesus und Mohammed; Kirchen und Moscheen als Ausdruck des Glaubens – Gemeinsamkeiten und Unterschiede; Die Bedeutung von Bibel und Koran; Muslime in Deutschland.

Gesellschaft: In der Bundesrepublik Deutschland leben fast vier Millionen Muslime, die bei allen Gemeinsamkeiten (z.B. die Berücksichtigung der »fünf Säulen«) ihren Glauben unterschiedlich leben, nicht nur weil der Islam sich in verschiedene Glaubensschulen (»Rechtsschulen«) entfaltet hat und dezentral organisiert ist, sondern weil der westliche Lebensstil langsam auch unter Muslimen zu einer »Säkularisierung« (allerdings auch zu einer »De-Säkularisierung« = Revitalisierung der Religion), manchmal jedoch auch in die Gegenabhängigkeit, zur Fundamentalisierung) führt. Differenzierte Kenntnisse sind notwendig, um die *Bedeutung des Islam für das Zusammenleben* mit Muslimen in guter Nachbarschaft einschätzen zu können.

Weltweit wie vor Ort werden politische und soziale Konflikte religiös aufgeladen (Palästina, Afghanistan, Irak, Sudan; »Karikaturenstreit« im Frühjahr 2006; Rede des Papstes an der Universität Regensburg im Herbst 2006) und als »Krieg der Zivilisationen« (»clash of civilizations«, Samuel Huntington) gedeutet. Genauere Kenntnisse der islamischen Religion sind wichtig, um Brüskierungen zu vermeiden, mögliche Konfliktquellen zu kennen und religiösen Scharfmachern (ideologie-)kritisch begegnen zu können.

Jugendliche: Jugendliche begegnen in der Schule, auf der Straße, in Discos oder Jugendclubs und bisweilen in der Nachbarschaft muslimischen Jugendlichen. In der Regel sind sie ihnen fremd. Daraus folgen oftmals eine reaktive Ab- bzw. Ausgrenzung in Cliquen sowie Heterostereotypenbildung. Die Jugendlichen müssen aber miteinander in der Schule auskommen und die gesellschaftlichen Herausforderungen gemeinsam bestehen. Unverständnis und Missverständnisse fördern Ab- bzw. Ausgrenzung und behindern eine gemeinsame Zukunftsperspektive. Diese liegt jenseits der Apartheid von Ghettobildung einerseits und der naiven Idee einer Verschmelzung zu einer »Multikulti«-Gesellschaft. Die gemeinsame Zukunftsperspektive liegt vielmehr in der Entwicklung eines Zusammenlebens in Differenz. Dazu bedarf es – neben allen Informationen übereinander – des eigenen Selbstwertgefühls, was nun gerade bei Jugendlichen – nicht nur in der Pubertät – nicht einfach gegeben ist, sondern durch Irrungen und Wirrungen sich erst entfaltet. Fremdheit wird weniger als bedrohlich erlebt, wenn die eigene Identität schon ausgebildet ist. Dazu gehören Abgrenzungen. Sie sind nicht eo ipso defizitär, sondern »normal«, und insbesondere entwicklungsbedingt stehen sie einfach an. Dies gilt es beim interkulturellen Lernen und im Blick auf interreligiöse Bildung zu berücksichtigen.

Die Entwicklung der Religiosität fokussiert im Jugendalter in der Gottesfrage. 30 Prozent der Jugendlichen glauben, dass es einen persönlichen Gott gibt, weitere 19 Prozent glauben an eine überirdische Macht (Shell-Studie 2006, 208). Zwischen Jugendlichen aus evangelischen Familien (30 bzw. 22 Prozent) und solchen aus islamischen Familien (64 bzw. 15 Prozent) zeigen sich dabei gravierende Unterschiede. Weder an Gott noch an eine überirdische Macht glauben 20 Prozent der evangelischen Jugendlichen, aber nur 4 Prozent der islamischen.
Glauben eigentlich Muslime und Christen an denselben Gott? Diese Frage wird häufig gestellt, oft von Christen, die sich eher abgrenzen möchten. Im Koran (Sure 3,199; 29,46: »Unser Gott und Euer [d.h. der Leute des Buches = Christen und Juden] Gott ist einer«) wird hingegen betont, dass es um den einen und gleichen (Schöpfer-) Gott geht. (Die in diesem Zusammenhang manchmal zitierte Sure 109 wendet sich gegen die mekkanischen Polytheisten, nicht gegen Christen [Khoury, Koran, 2004, S. 797]) Wer die Tora und das Evangelium einhält, ist im Sinne des Korans rechtgläubig (Sure 5,68). Allerdings hätten die Christen das Gottesverständnis durch die trinitarische Fassung (im Sinne eines Tritheismus, also einer falsch verstandenen Trinitätslehre, vgl. Sure 5,73) und die Christologie verstellt (Sure 4,171; 5,15ff). Insofern wird man schon sagen müssen, dass das Gottesverständnis des Korans und das der Bibel unterschiedlich sind.
Insgesamt kann man außerdem feststellen: »Im Vergleich zur Bevölkerung sind Jugendliche dagegen in auffälligem Maße glaubensunsicher« (Shell-Studie, 209); dies gelte besonders für evangelische Jugendliche. Seit der 13. Shell-Jugendstudie ist außerdem bekannt, dass sich das Bekenntnis zu einer Religion bei islamischen Jugendlichen stärker als bei christlichen im Lebensstil und im Lebensalltag niederschlägt. Das macht einen Teil der Fremdheit zwischen christlichen, nicht christlichen und islamischen Jugendlichen aus.

Zur Entwicklung eines stabilen Selbstkonzepts im Jugendalter gehört aber das Wissen um grundlegende Menschenrechte und deren mögliche transzendentale Absicherung durch die monotheistischen Religionen, also die jüdische, christliche wie die islamische Religion, bei Wahrnehmung der jeweiligen Unterschiede. Die Auseinandersetzungen um die Geltung der Menschenrechte (wie sie im GG niedergelegt sind) machen immer wieder an der positiven Religionsfreiheit fest. Im Blick auf den Islam geht es dann insbesondere um die Rechte der Frau, um das Verhältnis von Menschenwürde und »Ehre«, um das Schächten von Tieren und andere religiöse Gebote, die mit geltenden Gesetzen in Konflikt geraten.

Kirche: Das Gespräch der Kirche mit dem Islam dient zum einen der Vergewisserung der eigenen Identität als christliche Kirche und zum anderen der Fähigkeit, das Wesen des Christentums dialogisch erkenn- und verstehbar zu machen. Sie dient zugleich der Klärung des eigenen Verhältnisses zu anderen Religionen. Gibt es auch hier Erfahrungen mit Gott? Im Rahmen einer säkularen Kultur dient es der Klärung, welche Rolle Religion und Religionsfreiheit heute für das Zusammenleben in einer pluralistischen Gesellschaft leisten kann und leisten soll.

Elementare Fragen

- Was ist eigentlich das Besondere bei Muslimen? Was unterscheidet Christen und Muslime?
- Glauben Christen und Muslime an den gleichen Gott?
- Warum tragen muslimische Mädchen ein Kopftuch bzw. den Schador?
- Wie können Christen und Muslime gut zusammenleben?
- Können christliche Kinder und Jugendliche gemeinsam einen (Schul-) Gottesdienst feiern?

Ein Blick auf katholische Bildungsstandards

Die Schülerinnen und Schüler
- kennen wesentliche Elemente der Glaubenspraxis von Muslimen (HS 6 7.2)
- wissen, dass Achtung und Toleranz gegenüber Andersgläubigen für ein verständnisvolles Zusammenleben wichtig sind (HS 6 7.4; HS 9 7.4)
- können Religionen und religiöse Gruppierungen nach bestimmten Kriterien (Geschichte, Bekenntnis, Lebensregeln, Riten, Feste und Symbole, Bedeutung der Schriften) vergleichen (HS 9 7.1; ähnlich RS 10, 7.1 und 7.2)
- kennen den Islam als eine der drei monotheistischen Weltreligionen und wichtige Gesichtspunkte für die Charakterisierung des Islam (RS 6 7.2 und 7.3)
- achten Menschen anderer Religionen und Kulturen und gestalten das Zusammenleben in der Klasse und in der Schule in gegenseitigem Respekt (RS 6 7.6)
- kennen aus Geschichte und Gegenwart Formen des Missbrauchs von Religion zu Kriegen, Unterdrückung und Ausbeutung (RS 10 7.3)
- können die Bedeutung Mohammeds für die Muslime in Ansätzen erläutern (Siegel der Propheten, Weitergabe des Koran) und mit der Bedeutung vergleichen, die Jesus Christus für Christen hat (GY 8 7.1)
- kennen Gründe für das Entstehen von Vorurteilen gegenüber Muslimen und können sich mit gängigen Vorurteilen kritisch auseinandersetzen
- sind in Ansätzen (GY 8 7.2) befähigt zu einem Gesprächsaustausch mit Menschen islamischen Glaubens (GY 8 7.3)

Ein Blick auf Bildungs-standards im Fach Ethik	Die Schülerinnen und Schüler…

- können Grundzüge der monotheistischen Religionen Judentum, Christentum und Islam nach bestimmten Kriterien vergleichen und beurteilen (HS 9)
- kennen die Gemeinsamkeiten von Judentum, Christentum und Islam (HS 9)
- kennen Möglichkeiten der Toleranz und eines von Achtung geprägten Umgangs mit Andersgläubigen (HS 9)
- Inhalte: Bekenntnisse, Frömmigkeitsformen und Feste, Geschichte, Pflichten und Gebete (HS 9)
- können die gemeinsamen Wurzeln von Judentum, Christentum und Islam aufzeigen; Erzählungen, Zeichen, Symbole, Riten, Lehren und Dogmen der Weltreligionen erläutern; die Gemeinsamkeiten und Unterschiede zwischen den Religionen artikulieren; sich mit dem Toleranzgebot in der Religion auseinandersetzen und es anwenden (RS 10)
- können die Entstehung und die Lehre des Islam in Ansätzen darlegen (GY 10)

Leitmedien

- Begleitende Bearbeitung des Kinderbuches von Helga Höfle und Verena Lenzen: Die Reise der Zikaden nach Jerusalem, Wittig Verlag, Kiel [4]2002.
- Begleitende Erschließung einer Ganzschrift: Tahar ben Jelloun: Papa, was ist der Islam? Gespräch mit meinen Kindern, Berlin Verlag, Berlin 2002.

Die Schülerinnen und Schüler können zeigen, was sie schon können und kennen

- *Theologisches Gespräch/Philosophieren* mit Jugendlichen über die Wurzel des Wortes »Islam«: Was bedeutet »Salam«, »Schalom«, »Frieden« für mich? Was bedeutet dieses Wort für Muslime? (Hingabe: Sure 2,112; Glauben wie Abraham: Sure 3,67f; Glauben wie der Gott der Väter, wie Mose und Jesus: Sure 3,84; Ethik/Speisegebote: Sure 5,3; Pfeiler Gebet, Abgabe und Bekenntnis: Sure 22,78; 98,5) Ergebnissicherung durch AB »Die fünf Säulen des Islam« (**M 2**) bzw. die Finger (**M 1**) im eigenen Heft.
- Fünf Merkmale des Islam bestimmen und eine Hand mit fünf Fingern beschriften (wie **M 1** Shirin Neshat, Untitled, 1996 in: SpurenLesen 2, S. 121, allerdings ohne Schriftzüge auf den Fingern, oder die Fotografie einer Hand).
- Dinge arabischen Ursprungs nennen: Lehrkraft bringt Gegenstände (Gitarre, Laute, Mandoline, Tamburin, Bluse, Benzin, Matratze, Mütze, Schachspiel o.ä.) oder Lebens- bzw. Suchtmittel (Alkohol, Kaffee, Artischocke, Ingwer, Kandis, Kapern, Kümmel, Limonade, Marzipan, Mokka, Muskat, Orange, Safran, Spinat, Zimt, Zwetschge u.a.) mit, die bei uns mit arabischen Lehnwörtern bezeichnet werden, und teilt eine Liste aus mit Gegenständen, die auch bei uns mit arabischen Begriffen benannt werden (**M 4**).
  Unterrichtsgespräch im Klassenverband. Die Schülerinnen und Schüler kreuzen die richtigen Antworten an. Alternativ: Lehrkraft gibt den Text von Sigrid Hunke als Info-Text aus (**M 5**) oder: Schülerinnen und Schüler erarbeiten in der gekürzten Fassung **M 6** (in Tischgruppenarbeit) die darin vorkommenden arabischen Lehnwörter. Mögliche Aufgabenstellungen: Wer findet die meisten Wörter arabischen Ursprungs? Wörter unterstreichen. Mit (1) Partnerkontrolle (Lösungen auf **M 6**) und (2) gegenseitiger Ergänzung. »Gewonnen« hat der Tisch mit den meisten richtigen Antworten. Gemeinsame Kontrolle mit **M 6** als OHP-Folie.

Entdecken wie Muslime ihren Glauben leben

- Kartenabfrage: Was ich schon immer im Blick auf den Islam wissen wollte! Clustern der Stichworte nach Kompetenzen. (Am besten auf einen großen Packpapierbogen, der später wieder eingesetzt werden kann, wenn die Unterrichtseinheit gemeinsam strukturiert wird.)
- Die Lehrkraft heftet die Kompetenzen (s.o.), die erreicht werden sollen, an die Tafel (ein Schild pro Kompetenz). Wenn Schritt 1 mit Kartenabfrage (siehe oben) gewählt wird, haben die Schülerinnen und Schüler ihre Interessen/Fragen auch auf Karten notiert und können diese nun einsortieren. Sie formulieren, was sie davon/darüber lernen möchten. Schülerinnen, Schüler und Lehrkraft setzen aus den Elementen die Gesamteinheit zusammen und machen einen Zeitplan.

Die Lehrkraft stellt fünf Themen und Aufgaben vor. Die Schülerinnen und Schüler entscheiden sich für eine Aufgabe und bilden dazu Arbeitsgruppen. Es wird ein Zeitplan entwickelt und Zeiten für die Präsentation festgelegt. Abschließend werden Merkmale muslimischen Lebens vorgestellt und gesammelt:

Arbeitsgruppe 1: Anhand eines Arbeitsplanes das Kinderbuch von Helga Höfle und Verena Lenzen, Die Reise der Zikaden nach Jerusalem, Wittig Verlag, Kiel 2002 erarbeiten und darstellen.

1. Lektüre des Kinderbuches
2. Untersuchen, welche Kennzeichen/Charakteristika des Islam und des Christentums (**M 3a/3b**) erwähnt werden und ob sie korrekt dargestellt sind.
3. Überlegen, welches (pädagogische) Ziel das Kinderbuch verfolgt.
4. Beurteilen, ob mit dieser Geschichte (Text und Bilder) dieses Ziel erreicht werden kann.
5. Formulieren einer Empfehlung, ob sie dieses Kinderbuch Kindern vorlesen würden.
6. Pro und Contra-Argumente formulieren, ob dieser Weg (»Gemeinsames Handeln«) auch für sie selbst ein möglicher Weg wäre, wenn es darum geht, andere Jugendliche besser zu verstehen.
7. Das Ergebnis auf einem Plakat mit den fünf Gesichtspunkten präsentieren (2–6).

Arbeitsgruppe 2: Die Lebenswelt muslimischer Jugendlicher recherchieren und darstellen

1. In Partnerarbeit Fragen an muslimische Jugendliche bzw. Mitschülerinnen zu ihrer Lebens-Situation als Muslime bzw. als Menschen mit »Migrationshintergrund« sammeln (Interessen, Wünsche, Zukunftshoffnungen Gegenseitige Vorstellung vor der Klasse (Plakate, Tonbandausschnitte etc.).
2. Eine Befragung mit Tonband sowie Abschriften der Antworten durchführen, auswerten (Plakate, Tonbandausschnitte etc.).
3. Wichtige Merkmale islamischer »Jugendszenen« erarbeiten mithilfe des Materials »Lifestyle für die Ummah« oder »Der Soundtrack für Allah«, in: Jugendkulturen zwischen Islam und Islamismus. Lifestyle, Medien, Musik, hg. von »Schule ohne Rassismus – Schule mit Courage«, erweiterte und aktualisierte Neuauflage, Berlin 2010 (www.schule-ohne-rassismus.org) . Das Heft ist gegen einen geringen Betrag bei »Schule ohne Rassismus« erhältlich.
4. Die Schülerinnen und Schüler stellen die Ergebnisse vor (Gliederung per Plakat oder OHP-Folie sowie mündliche Berichte/Vorlesen von Interviewpassagen bzw. deren Kernsätze auf Folie/Plakat).

Arbeitsgruppe 3: (Selbst-) Berichte muslimischer Jugendlicher in Zeitschriften wie GEO, Stern recherchieren und darstellen.

Möglich sind auch Kurzporträts: Nabil S. 369–371 (vgl. **M 7**, aus: Jugend 2002. 14. Shell-Jugendstudie, Frankfurt a. M. 2002); oder Munir (Vater Moslem, Mutter Katholikin), S. 437–442, in: Jugend 2006. 15. Shell-Jugendstudie, Frankfurt a.M. 2006; oder, wenn längere Texte studiert und analysiert werden sollen, z.B. in den Shell-Studien-Porträts: Reyhan, Porträt einer 16-jährigen Türkin und bekennenden Muslima, in: Jugend 2000, 13. Shell Jugendstudie, Bd. 2, S. 121–134 bzw. Gönül, Porträt einer 21-jährigen türkischstämmigen Abiturientin mit türkischer Kultur, aber Distanz zum Islam, ebd., S. 265–280, Kopftuch v.a. S. 278; oder: Selma, Porträt einer 23-jährigen türkischstämmigen Deutschen, zwangsverheiratet, geschieden, hat Hauptschulabschluss nachgemacht und ist gläubige Alevitin.

Arbeitsgruppe 4: Lebensgeschichten von muslimischen Kindern und Jugendlichen »anderswo« erarbeiten und einander vorstellen

1. Auf einer Karte darstellen, wo die meisten Muslime leben (**M 8**; auch in: Peter Kliemann, Das Haus mit den vielen Wohnungen, Calwer Verlag, Stuttgart [2]2006 S. 178) und Recherche im Internet mithilfe von Arbeitsblatt **M 9**.

2. Muslimische Kinder/Jugendliche aus der Schule in die Klasse einladen. Diese erzählen von ihrer Heimat, bringen Lieder und Spiele mit. Gestalten einer Kinderweltkarte für die Herkunftsländer/-orte dieser Schülerinnen und Schüler.

Arbeitsgruppe 5: Aus Kinderbüchern das Leben muslimischer Kinder heute herausarbeiten und darstellen.

1. Zur Verfügung gestellt werden Lebensgeschichten muslimischer Kinder aus www.globales-lernen.de Einzelgeschichte: Was Julia in Ägypten erlebt hat, aus: UNICEF (Hg.), Kinder aus aller Welt, abgedruckt in: Freunde in der einen Welt, S. 101–111, Auszug 101–105; Kinderporträts bei Terre des Hommes (www.tdh.de) oder bei UNICEF (www.unicef.de/kids), in: Barnabas Kindersley/ Anabel Kindersley, Kinder aus aller Welt, Lebensalltag von 37 Kindern aus aller Welt, hg. Dt. Komitee für UNICEF, 50969 Köln, oder Marcella Heine, Wir sind Kinder dieser Welt, Klett, Stuttgart 1994.

2. Vorstellung der Ergebnisse durch Vorlesen bzw. mündliche Berichte mit Stichworten und Bildern auf Plakat, OHP oder ppt.

Die Schülerinnen und Schüler können die Biographie Mohammeds erschließen und seine Bedeutung für Muslime darstellen	■ Die Schülerinnen und Schüler und Schüler lesen mit verteilten Rollen die Biographie Mohammeds (in: Tahar Ben Jelloun, 2., 3. und 4. Tag, S. 15–47) und füllen den »Steckbrief« (**M 11a**) aus. Alternativ: Sie recherchieren die Biographie Mohammeds (**M 10**; ausführlicher und als HA möglich: Peter Kliemann, Das Haus mit den vielen Wohnungen, S. 168–173; oder in: Was jeder vom Islam wissen muss, S. 23–25; oder H. Bobzin, Mohammed, insbes. S. 33f, 66ff) und entwerfen einen eigenen »Steckbrief«. Anschließend: Vergleich mit **M 11b**. ■ Die Schülerinnen und Schüler vergleichen die Berufungsgeschichten von Mose, Paulus und Mohammed (**M 12**).
Die Schülerinnen und Schüler können sich gegenseitig die »fünf Säulen des Islam« erläutern	■ Think-Pair-Share: Die Schülerinnen und Schüler erarbeiten in Einzelarbeit die »fünf Säulen des Islam« anhand von Peter Kliemann, Das Haus mit den vielen Wohnungen, S. 182–198, vergleichen in Partnerarbeit ihre Ergebnisse und stellen sie dar (**M 1**, Collage, Plakat, OHP-Folie etc.). Alternativ: **M 2a** und **M 2b.** ■ Die Schülerinnen und Schüler suchen Entsprechungen im Christentum. Was wären hier die »fünf Säulen«?

Die Schülerinnen und Schüler erhalten die Begriffe »Name der Gläubigen«, »heiliges Buch«, »heilige Orte«, »Gebetshaus«, »Bekenntnis«, »Hauptgebet« »Almosen«, »Speisevorschriften«, »Fastenzeiten«, »Zeitrechnung«, »Namen für Jesus«, »Namen Gottes« (Anzahl: nenne mindestens drei) und entwerfen dazu eine Synopse mit Islam und Christentum (vgl. **M 3a** und **M 3b**). Die Schülerinnen und Schüler arbeiten eine Broschüre (18 S.) durch (Interkultureller Rat in Deutschland [Hg.]: Einfach Fragen! Alltag mit Muslimen. Download unter: www.interkultureller-rat.de) und stellen einander die Ergebnisse vor.	**Die Schülerinnen und Schüler können wichtige Merkmale von Islam und Christentum darstellen**
Die Schülerinnen und Schüler erarbeiten den Vergleich (mit Bild) bei Peter Kliemann, Das Haus mit den vielen Wohnungen, S. 174f.	**Die Schülerinnen und Schüler können die Bedeutung von Jesus für das Christentum und von Mohammed für den Islam darstellen und vergleichen**
■ Die Schülerinnen und Schüler rekonstruieren ihr Wissen von Abraham. ■ Sie erarbeiten mithilfe **M 14** arbeitsteilig die jeweilige Bedeutung Abrahams in Judentum, Christentum und Islam. ■ Die Schülerinnen und Schüler entwickeln in PA ein DIN A3-Plakat, in dem Gemeinsamkeiten und Unterschiede in der Sicht von Abraham anschaulich werden. ■ Vorstellen der Ergebnisse. ■ Die Schülerinnen und Schüler listen Argumente dafür und dagegen zu der Frage auf, ob man von einem gemeinsamen Stammvater sprechen kann.	**Die Schülerinnen und Schüler können die unterschiedliche Bedeutung Abrahams in Judentum, Christentum und Islam darstellen**
■ Lernposter zu Islam erstellen. ■ Begriffe richtig zuordnen: Ramadan, Predigtkanzel in der Moschee, Mihrab, Glaubensbekenntnis, Kaaba, Anhänger des Islams, Minbar, Koranabschnitt, Sure, Nische in der Moschee, Muslime, Heiligtum in Mekka, Shahada, Fastenmonat. ■ Lernkarten entwerfen. ■ Schülerinnen und Schüler entwerfen in Gruppen je vier Aufgaben samt Lösungen für eine Wiederholungsarbeit. Die Lehrperson fertigt daraus einen Text.	**Die Schülerinnen und Schüler können zeigen, was sie gelernt und verstanden haben**
Sigrid Hunke: Allahs Sonne über dem Abendland. Unser arabisches Erbe, S. Fischer, 8. Auflage, Frankfurt a.M. 1999, S. 17ff. Der Koran, Arabisch-Deutsch, übersetzt und kommentiert von Adel Theodor Khoury, Kaiser/Gütersloher Verlagshaus, Gütersloh 2004. Der Islam. Folien, Farbbilder, Erklärungen. Bild- und Textauswahl von Barbara Huber, CIBEDO Frankfurt a.M., hg. vom Religionspädagogischen Seminar der Diözese Regensburg o.J. (80 farbige Folien mit Bildern und Schaubildern). Peter Kliemann: Das Haus mit den vielen Wohnungen. Eine Einführung in die Religionen der Welt, Calwer Verlag, 2. Auflage, Stuttgart 2006, S. 163–212. Offener Brief an Seine Heiligkeit Papst Benedict XVI., unterzeichnet von 38 Gelehrten, Imamen, Muftis, Professoren aus allen Teilen des islamischen Welt, 12. Oktober 2006, engl. Original in www.islamicmagazine.com, deutsche Übersetzung von Dr. Michael Blume, 19. Oktober 2006 www.cig.de	**Literatur und Medien zur Unterrichtsgestaltung**

Mathias Rohe: Der Islam. Alltagskonflikte und Lösungen, Herder Verlag, Freiburg i.B. 2001.

Friederun Rupp-Holmes: Lernstraße Islam, Calwer Verlag, Stuttgart 2006.

Monika und Udo Tworuschka: Der Islam Kindern erklärt, Gütersloher Verlagshaus, Gütersloh 1999.

Spiele rund um die Welt, hg. vom Deutschen Komitee für UNICEF 1994.

Diakonisches Werk der EKD: Kinder haben Rechte. Zu bestellen bei »Brot für die Welt«.

Was jeder vom Islam wissen muss. Im Auftrag des Amtes der Vereinigten Evangelisch- Lutherischen Kirche in Deutschland (VELKD) und des Kirchenamtes der Evangelischen Kirche in Deutschland (EKD) hg. von Martin Affolderbach und Inken Wöhlbrand, vollständig überarbeitete Neuauflage, Gütersloher Verlagshaus, Gütersloh 2011.

Stefan Jakob Wimmer/Stephan Leimgruber: Von Adam bis Muhammad. Bibel und Koran im Vergleich, Katholisches Bibelwerk, Stuttgart 2005.

Henning Wrogemann: Religionen im Gespräch. Ein Arbeitsbuch zum interreligiösen Lernen, Calwer Verlag, Stuttgart 2008.

Schulbücher

Auf neuen Wegen. Religion im Kontext 7/8, Patmos Verlag, Düsseldorf 2002.

Religionsbuch 5/6, Cornelsen, Berlin 2001, S. 138–153.

Das Kursbuch Religion 2, Calwer/Diesterweg, Stuttgart/Braunschweig 2006, S. 18–23.

Kursbuch Religion elementar 7/8, Calwer/Diesterweg, Stuttgart/Braunschweig 2005, S. 38–49

Peter Kliemann, Das Haus mit den vielen Wohnungen. Eine Einführung in die Religionen der Welt, Calwer Verlag, 2. Auflage, Stuttgart 2006, S. 163–212.

Religionsbuch Oberstufe, Cornelsen, Berlin 2006.

Saphir 5/6, Kösel Verlag, München.

SpurenLesen 2, Calwer/Diesterweg Stuttgart/Braunschweig 2008.

Internet-Adressen

www.interkultureller-rat.de
www.schule-ohne-rassismus.org
www.unicef.de/kids
www.globales-lernen.de
www.islamicamagazine.com;
www.cibedo.de;
www.kindersache.de

AV Medien

Spielfilm: Mohammed – Der Gesandte Gottes (mit Anthony Quinn und Irene Papas an Originalschauplätzen unter der Regie von Moustapha Akkad gedreht (180 Min.).

Das Geheimnis des Islam

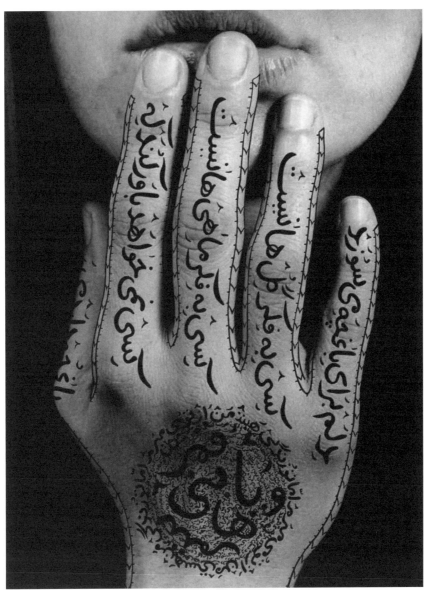

Shirin Neshat, Untitled, 1996

Gläubige Muslime bemalen ihre Hände, wenn sie das Ende des Fastenmonats Ramadan feiern. Die iranische Künstlerin Shirin Neshat beschrieb und verzierte Finger und Hand mit einem persischen Gedicht:

»Mein Herz sehnt sich nach einem Garten.
Niemand denkt an die Blumen.
Niemand denkt an die Fische.
Niemand will glauben,
dass der Garten kein Herz hat.«

Im Kreis auf dem Handrücken steht:
»Ich sterbe an dir,
aber du bist mein Leben.«

Die fünf Säulen des Islam – Lückentext

1. Das Glaubensbekenntnis

Die Muslime haben ihren Glauben in einem einzigen Satz zusammengefasst: »Ich bezeuge, dass es keinen Gott gibt außer _____ und dass _____ der Gesandte Gottes ist.«

2. Das fünfmalige tägliche Gebet

Jeder Muslim soll _____ Mal täglich beten. Vor dem Gebet soll er sich _____ . Die Haltung des Körpers und der Hände ist genau festgelegt, ebenso der Wortlaut des Gebets. Am _____ kommen die Muslime zum Gebet in der Moschee zusammen.

3. Die Pflichtabgabe

Der Koran sagt, dass die Wohlhabenden einmal im Monat von ihrem Besitz etwas für die _____ abgeben sollen. Daraus hat sich die _____ entwickelt.

4. Das Fasten im Monat Ramadan

Im Fastenmonat _____ fasten die Gläubigen. Vom Morgengrauen bis zum Sonnenuntergang dürfen sie nichts essen oder trinken. Kinder, alte und kranke Menschen müssen nicht fasten. Am Ende des Ramadan feiert man das Fest des _____.

5. Die Pilgerfahrt nach Mekka

Einmal im Leben soll jeder Muslim nach _____ pilgern, wo sich die _____ befindet, das wichtigste Heiligtum des Islam. Alle Pilger tragen ein _____ Gewand als Zeichen der Gemeinschaft aller Muslime.

Aus: Friederun Rupp-Holmes, Lernstraße Islam. 15 Stationen für den Unterricht in der Sekundarstufe I, © Calwer Verlag, 3. Auflage, Stuttgart 2011.

Entdecken wie Muslime ihren Glauben leben

Die fünf Säulen des Islam – Lösungen

1. Das Glaubensbekenntnis

Die Muslime haben ihren Glauben in einem einzigen Satz zusammengefasst: »Ich bezeuge, dass es keinen Gott gibt außer *Allah* und dass *Mohammed* der Gesandte Gottes ist.«

2. Das fünfmalige tägliche Gebet

Jeder Muslim soll *fünf* Mal täglich beten. Vor dem Gebet soll er sich *waschen*. Die Haltung des Körpers und der Hände ist genau festgelegt, ebenso der Wortlaut des Gebets. Am *Freitag* kommen die Muslime zum Gebet in der Moschee zusammen.

3. Die Pflichtabgabe

Der Koran sagt, dass die Wohlhabenden einmal im Monat von ihrem Besitz etwas für die *Armen* abgeben sollen. Daraus hat sich die *Pflichtabgabe* entwickelt.

4. Das Fasten im Monat Ramadan

Im Fastenmonat *Ramadan* fasten die Gläubigen. Vom Morgengrauen bis zum Sonnenuntergang dürfen sie nichts essen oder trinken. Kinder, alte und kranke Menschen müssen nicht fasten. Am Ende des Ramadan feiert man das Fest des *Fastenbrechens*.

5. Die Pilgerfahrt nach Mekka

Einmal im Leben soll jeder Muslim nach *Mekka* pilgern, wo sich die *Kaaba* befindet, das wichtigste Heiligtum des Islam. Alle Pilger tragen ein *weißes* Gewand als Zeichen der Gemeinschaft aller Muslime.

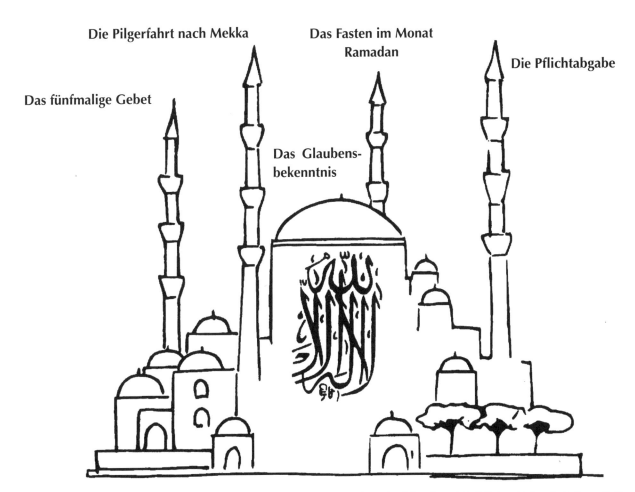

Aus: Friederun Rupp-Holmes, Lernstraße Islam. 15 Stationen für den Unterricht in der Sekundarstufe I, © Calwer Verlag, 3. Auflage, Stuttgart 2011.

Merkmale von Islam und Christentum

Merkmale einer Religion	Islam	Christentum
Bekenntnis		
Gebet		
Fasten		
Almosen		
Pilgerfahrt		
Essen/Speisegebote		

M 3b

Merkmale von Islam und Christentum

Merkmale einer Religion	Christentum	Islam
Bekenntnis	Glaubensbekenntnis	Schahada Sure 112,1–4
Gebet	Vater unser, Stundengebet	Salat Sure 1
Fasten	Passionszeit, Karwoche, Advent	Ramadan
Almosen	Opfer, Spenden (z.B. Brot für die Welt/Misereor)	Zakat
Pilgerfahrt	Wallfahrt, Jakobsweg	Hadsch
Essen/Speisegebote	»›Alles ist mir erlaubt‹ – aber nicht alles nützt mir«, 1. Korinther 6,12	Verbot von Schweinefleisch und Alkoholgenuss
……….	……….	……….

Entdecken wie Muslime ihren Glauben leben

Arabische Lehnwörter

Admiral	Gaul	Muskat
Alchemie	Gitarre	Mütze
Algebra	Ingwer	Nadir
Alkali	Joppe	Orange
Alkohol	Kaffee	Pomeranze
Alkoven	Kandis	Safari
Alpaka	Kaper	Safran
Artischocke	Karmin	Satin
Azimut	Karavelle	Schach
Azur	Karussell	Tambour
Barchent	Kattun	Tamburin
Benzin	Konditorei	Tarock
Beteigeuze	Kümmel	Wega
Bluse	Laute	X
Damast	Lila	Zenit
Dingi	Limonade	Ziffer
Diwan	Mandoline	Zimt
Duane	Marzipan	Zwetschge
Estragon	Matratze	
Gamaschen	Mokka	

Aufgaben:
1. Unterstreicht die euch bekannten Wörter.
2. Nennt die Lebensbereiche, in denen sie vorkommen.
3. Ordnet sie unter entsprechenden Überschriften zu Gruppen zusammen.
4. Schreibt in kurzen Sätzen nieder, welche Schlüsse ihr aus den von euch gefundenen Ergebnissen ziehen könnt.
5. Sucht mit Hilfe eines Lexikons nach der Bedeutung der euch noch unbekannten Wörter.

Entdecken wie Muslime ihren Glauben leben

Darf ich Sie in dieses Café einladen, gnädige Frau? Sie sind ermattet? Legen Sie bitte die Jacke ab und nehmen Sie dort hinten auf dem Sofa mit der karminroten Matratze
5 Platz! Der Konditor mit der steifen Mütze und dem weißen Kittel wird sofort eine Tasse Bohnenkaffee mit zwei Stückchen Zucker vor Sie hinstellen – oder lieber eine Karaffe eisgekühlte Limonade, falls Sie nicht Alko-
10 hol vorziehen? Nein? Dazu mögen Sie sicher eine Obsttorte mit Aprikosen und Bananen garniert.

Natürlich, mein Freund, sind Sie heute zum Essen mein Gast! Zur Eröffnung darf ich Ih-
15 nen einen Sorbet von Orangen reichen. Die gefüllten Artischocken werden Ihnen als Vorspeise gefallen. Und was halten Sie von bardiertem Kapaun auf pikantem Reis mit Spinat-Krusteln? Danach kann ich Ihnen die
20 Zimtröllchen in Arraksauce sehr empfehlen. Und zum Beschluss einen Mokka. Und machen Sie es sich bitte auf dem Diwan bequem.

Ja, fühlen Sie sich nur recht zu Hause, denn
25 alles, was Sie umgibt und was ich Ihnen hier biete, gehört ja längst zum festen Inventar unseres Lebens, obwohl wir uns dies alles erst von einer ganz fremden Welt ausgeborgt haben – von den Arabern. Den Kaffee, mit
30 dem Sie täglich Ihre Lebensgeister auffrischen, die Kaffeebohne, die Sie fein mahlen, sogar die Tasse, aus der Sie den schwarzen Trank nehmen, den Zucker, ohne den Sie sich heute keinen Küchenzettel mehr vor-
35 stellen können, die Limonade und die Karaffe, den Kittel und die Jacke, die Mütze und die Matratze – sie alle haben wir überhaupt erst durch die Araber kennen gelernt. Nicht nur das! Sie alle tragen – und in fast der ge-
40 samten zivilisierten Welt – noch ihre arabischen Namen! Auch der Zuckerkand oder

Kandis, mit dem der Konditor in der Konditorei an der Ecke seine Zwetschgen, Bergamottbirnen und feinen Orangenstäbchen
45 kandiert.

Gut, Sie sagen: Südfrüchte werden aus dem Süden kommen müssen (auch mancherlei Trink- und Essbares natürlich), warum nicht aus dem Orient, und warum nicht in die
50 Hüllen ihrer orientalischen Heimat verpackt? ...

Ist Ihnen bewusst, wenn Sie dort drüben die Apotheke betreten oder hier die Drogerie, dass Sie arabische Erfindungen vor sich ha-
55 ben? Schon die Drogenhandlung verrät es und ein Blick in die Kästen und Gläser, die Muskat, Zimt, Ingwer, Kümmel, Estragon, Safran, Kampfer, Benzin, Alkali, Natron, So-
60 da, Borax, Sacharin, Ambra und viele andere arabische Drogen enthalten, die Sie täglich im Haushalt verwenden. Wissen Sie, dass wir auch den Lack, mit dem wir die Fußleiste oder die Fingernägel lackieren, die
65 Anilinfarben, die Gaze, das Talkum und die Watte noch mit ihren arabischen Namen nennen? Arabische Wörter, überall in unsere Sprache verstreut – Gegenstände des alltäglichen Gebrauchs, von den Arabern uns ge-
70 bracht, wohin wir greifen! Dinge, die unserem einst nüchternen, kahlen und etwas schmuddeligen Alltag die freundlichen Zierate und festlichen Glanzlichter aufgesetzt, ihn buchstäblich gewürzt, mit Duft und Far-
75 be belebt, ihn gesünder und hygienischer gemacht und mit Behaglichkeit und Eleganz verschönt haben ...

Sigrid Hunke

Aus: Sigrid Hunke, Allahs Sonne über dem Abendland. © 1960, Deutsche Verlags-Anstalt, München, in der Verlagsgruppe Random House GmbH

Darf ich Sie in dieses Café einladen, gnädige Frau? Sie sind ermattet? Legen Sie bitte die Jacke ab und nehmen Sie dort hinten auf dem Sofa mit der karminroten Matratze Platz! Der Konditor mit der steifen Mütze und dem weißen Kittel wird sofort eine Tasse Bohnenkaffee mit zwei Stückchen Zucker vor Sie hinstellen – oder lieber eine Karaffe eisgekühlte Limonade, falls Sie nicht Alkohol vorziehen? Nein? Dazu mögen Sie sicher eine Obsttorte mit Aprikosen und Bananen garniert.

Natürlich, mein Freund, sind Sie heute zum Essen mein Gast! Zur Eröffnung darf ich Ihnen einen Sorbet von Orangen reichen. Die gefüllten Artischocken werden Ihnen als Vorspeise gefallen. Und was halten Sie von bardiertem Kapaun auf pikantem Reis mit Spinat-Krusteln? Danach kann ich Ihnen die Zimtröllchen in Arraksauce sehr empfehlen. Und zum Beschluss einen Mokka. Und machen Sie es sich bitte auf dem Diwan bequem.

Sigrid Hunke

Aus: Sigrid Hunke, Allahs Sonne über dem Abendland. © 1960, Deutsche Verlags-Anstalt, München, in der Verlagsgruppe Random House GmbH

Aufgabe: Unterstreicht alle arabischen Lehnwörter im Text.

Lösung: (Absatz 1) Café, ermattet, Jacke, Sofa, Karmin, Matratze, Konditor, Mütze, Kittel, Tasse, Bohnenkaffee, Zucker, Karaffe, Limonade, Alkohol, Aprikosen, Bananen
(Absatz 2) Sorbet, Orangen, Artischocken, bardiertem, Reis, Spinat, Zimt, Arrak, Mokka, Diwan.

Nabil lebt seit sieben Jahren in Weilheim in Oberbayern. Seine Familie ist damals aus Afghanistan geflohen, das Asylverfahren ist bis heute offen. Nabil wohnt zusammen mit seiner Mutter und der

5 jüngsten Schwester, zwei ältere Geschwister sind schon aus dem Haus, der Vater lebt in Afghanistan. Nach dem Durchlaufen verschiedener Schultypen (angefangen von der Sonderschule) ist er relativ bald auf der Realschule gelandet, wo er den Ab-

10 schluss machte. Dann ging er auf die Fachoberschule und studiert nun im ersten Semester Elektrotechnik an der Fachhochschule in München. Seit drei Jahren ist er bei den Jusos aktiv, wozu er aus eigenem Antrieb kam: »Das ging von niemandem

15 aus ... ich wollte einfach vieles mal testen.«
Mit Parteifreunden und anderen Jugendlichen hat er ein Konzept für ein Jugendparlament in Weilheim entwickelt, dessen erster Vorsitzender er inzwischen ist.

20 »Wir haben dann zu sechst ein Konzept mit Geschäfts- und Wahlordnung für ein Jugendparlament aufgestellt. Das Ganze hat ein Jahr gedauert. Dann haben wir beim Stadtrat einen Antrag gestellt, darüber diskutiert und ein paar Sachen ver-

25 bessert, denn wir haben gesagt: Wir brauchen auch ein Rederecht, und Rederecht ist nicht in der Gemeindeordnung drin. Das wurde sozusagen verbessert und jetzt ist es genehmigt worden. Ich habe den ganzen Aufbau von null auf mitgemacht. Als

30 die Genehmigung da war, haben wir angefangen, Kandidaten zu suchen, manche haben auch so kandidiert, bis wir dann so 17–18 Leute zusammengebracht haben, elf Sitze werden später vergeben. Im Oktober 2000 waren dann die Wahlen

35 und seit November 2001 sind wir dabei.«
Während seiner Schulzeit hat er sehr viel Zeit in sein politisches Engagement investiert. Ganz nebenbei erwähnt er noch, dass er während der Schulzeit auch Mitglied im THW war und dort die

40 Ausbildung zum Rettungshelfer abgeschlossen hat und dass er bei Amnesty International engagiert war.
Im Jugendparlament kümmert man sich um verschiedene jugendrelevante Themen (Freizeitange-

45 bote, Band-Probenräume, Feste, Nahverkehrsangebote etc.) und auch die Integration jugendlicher Ausländer. Die Ausländerintegration ist Nabil besonders wichtig. Sein nächstes Ziel ist es, einen Ausländerbeirat in Weilheim zu schaffen. Dieses

50 Ziel liegt ihm offenbar auch deshalb so sehr am Herzen, weil für ihn als 14-Jährigen die Ankunft in dem fremden Land ohne jede Sprachkenntnis und Orientierungshilfe doch recht traumatisch war, auch wenn er das sehr nüchtern schildert.

55 »Ich bin selber ein Fremder und ich weiß, wo die Probleme der Ausländer sind, soziale Probleme, Sprachprobleme, Orientierungsprobleme etc. Von daher finde ich es ganz wichtig, dass es da jemanden gibt, dem man vertrauen kann und den man

60 fragen kann, wenn es Probleme gibt oder wenn man einfach mal einen Rat braucht.«
Er selbst fühlt sich eigentlich immer noch fremd. Nur im engsten Freundeskreis und in der Partei

65 »fühle ich mich frei«, sagt er.
»Es gibt in Deutschland nur zwei Fälle, wo ich mich nicht als Ausländer fühle. Erstens wenn ich mit meinem engsten Freundeskreis zusammen bin, dann spielt meine Nationalität und meine Her-

70 kunft keine Rolle, da fühle ich mich frei. Genauso mit den Leuten in der SPD, da fühle ich mich auch frei ohne ein Gefühl zu haben: ich bin ein Fremder.«
Nabil ist durchaus stark an den Islam gebunden

75 und hat ein liberales Islamverständnis, das er engagiert vertritt. Er beschreibt einige Prinzipien des Islam als im Grunde sozialistisch. Für sich selbst sucht er eine Synthese von »Politik und Islam«.
»Ich verbinde Politik und Islam für schon immer

80 miteinander, denn ich befinde mich genau dazwischen, beides kann ich miteinander verbinden, warum denn nicht.«
»Dann gibt es die Almosensteuer; das ist ein bestimmter Betrag von dem, was man verdient. Es

85 wird ein bestimmter Prozentsatz über bestimmte Regeln abgegeben an die Armen, das muss jeder machen. Das ist hier in Deutschland dasselbe ...
Im Islam war so was im 6. Jahrhundert nach Christus schon vorgesehen ... diese Regel wurde damals

90 festgelegt, um für einen Ausgleich in der Gesellschaft zu sorgen, damit die Reichen nicht immer reicher und die Armen immer ärmer werden. Das ist der soziale Gedanke der Religion.«
Geboren ist er in Herat (früher Alexandria), aufge-

95 wachsen und zur Schule gegangen in Kabul. Er hat als Kind den Krieg miterlebt, was ihm immer noch in alptraumhafter Erinnerung ist. Er hat aber auch gute Erinnerungen an die Kindheit in Afghanistan, z.B. an den großen Familienverband. Auch heute

100 ist er sehr familienbezogen.

Nabil vergleicht die politische und gesellschaftliche Realität Deutschlands mit Afghanistan. So relativiert sich für ihn manches, was er durchaus wahrnimmt, z.B. die sozialen Unterschiede hier.

105 Am deutschen System gefällt ihm u.a. der Föderalismus. Was ihn an der Politik abstößt, sind der Parteienstreit und die Borniertheit der Parteipolitiker sowie die Gebundenheit auch der Außenpolitik an eigene politische und wirtschaftliche Interessen.

110 »Es gibt natürlich auch Sachen, die mir nicht so gut gefallen. Z.B. diese ganzen Wortkriege zwischen den Parteien, die in letzter Zeit im Bundesrat oder im Bundestag passiert sind. Das gefällt mir überhaupt nicht, das ist lächerlich so ein Parteienstreit.«

115 »... Denn man greift irgendwo ein, weil man da ein Interesse hat. Politisch ist das okay, aber moralisch gesehen finde ich das nicht richtig. Das heißt, sie helfen jemandem erst dann, wenn sie selber auch ein Interesse daran haben, z.B. in Afghanistan. Na-

120 türlich hat man ein Interesse, aber man soll auch Rücksicht auf die anderen Menschen nehmen. Für mich gibt es da den Spruch: Die Lehre der Vergangenheit ist die Lehre der Zukunft. Besonders die europäischen Länder müssen doch was gelernt ha-

125 ben aus der Kolonialzeit.«

Das Thema Globalisierung sieht er ambivalent:
»Mit dem Wort Globalisierung habe ich Definitionsprobleme. Aber allgemein kann ich sagen: Je größer die Unterschiede zwischen armen und rei-

130 chen Ländern sind, desto schlimmer kann es nur werden. Von daher ist es immer besser, wenn wir uns ein bisschen annähern, damit die reichen Länder nicht nur immer reicher werden, es muss einen Ausgleich geben. Von daher finde ich es auch nicht

135 schlecht, wenn die Schulden den armen Ländern erlassen werden. Es ist auch ein kritischer Punkt, wenn die reichen Länder in den armen Fabriken bauen und dann billige Arbeitskräfte haben. Es ist zwar gut, dass sie das machen, denn wenn sie dort

140 nicht investieren, wie sollen die Menschen dort überhaupt etwas verdienen.
Vielleicht verdienen sie wenig, aber das ist immer noch besser als gar nichts, von daher sehe ich darin auch eine Chance.«

145 Für Nabils politisches Engagement spielt das Internet eine beträchtliche Rolle. Generell gesehen »ist man ohne Internet einfach blind hier im Westen, nicht in östlichen Ländern, aber ohne Internet geht hier im Westen einfach nichts.« Er nennt die Punk-

150 te Vereinfachung und Beschleunigung der Kommunikation, aber auch den Informations- und Bildungsaspekt. Beim Aufbau des Jugendparlaments hat auch die Vernetzung der Jugendparlamente im ganzen Bundesgebiet eine hilfreiche Rolle ge-

155 spielt.

Dass Mädchen zum Internet einen anderen Zugang haben könnten, ist ihm bisher noch nicht aufgefallen, sehr wohl aber, dass sie sich für den Bereich Technik, in dem ja sein Studienfach angesie-

160 delt ist, weniger interessiert sind. Es habe aber keinen Sinn, jemanden zu politischem Engagement zu überreden, denn: »Das Engagement muss von innen kommen, vom Herzen.«

Die Gleichberechtigung hält er auch in Deutsch-

165 land nicht für verwirklicht. Dass in Afghanistan die Schulen wieder für Frauen geöffnet werden, begrüßt er sehr, denn »für den Wiederaufbau ist das ganz wichtig«. Nach seinem Islamverständnis »sind auch im Islam die Rechte der Frauen vorge-

170 sehen und festgelegt, da gibt es keinen Unterschied zwischen Mann und Frau ... obwohl das manche anders sehen«.

Was wünscht er sich für später? Sein Schicksal liegt in Allahs Händen, also »schaun wir mal«. Und wo

175 möchte er leben? »Wenn man vom Weltall die Erde anschaut, gibt es keine Striche und Grenzen ...«

Aus: Jugend 2002, 14. Shell-Jugendstudie, Fischer Taschenbuchverlag, Frankfurt a.M. 2002, S. 236–371.

Länder, in denen Muslime leben

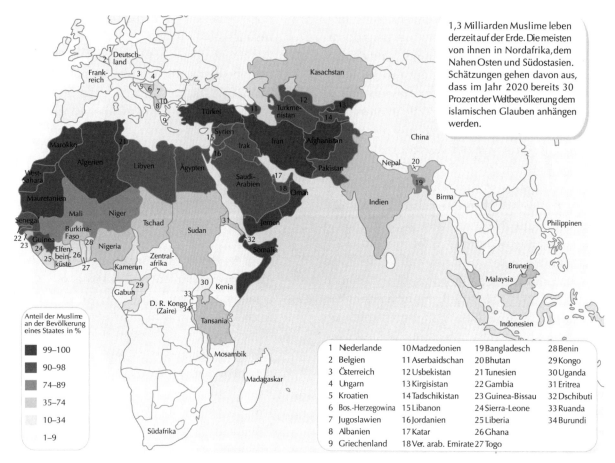

1,3 Milliarden Muslime leben derzeit auf der Erde. Die meisten von ihnen in Nordafrika, dem Nahen Osten und Südostasien. Schätzungen gehen davon aus, dass im Jahr 2020 bereits 30 Prozent der Weltbevölkerung dem islamischen Glauben anhängen werden.

Anteil der Muslime an der Bevölkerung eines Staates in %

- 99–100
- 90–98
- 74–89
- 35–74
- 10–34
- 1–9

1 Niederlande	10 Madzedonien	19 Bangladesch	28 Benin
2 Belgien	11 Aserbaidschan	20 Bhutan	29 Kongo
3 Österreich	12 Usbekistan	21 Tunesien	30 Uganda
4 Ungarn	13 Kirgisistan	22 Gambia	31 Eritrea
5 Kroatien	14 Tadschikistan	23 Guinea-Bissau	32 Dschibuti
6 Bos.-Herzegowina	15 Libanon	24 Sierra-Leone	33 Ruanda
7 Jugoslawien	16 Jordanien	25 Liberia	34 Burundi
8 Albanien	17 Katar	26 Ghana	
9 Griechenland	18 Ver. arab. Emirate	27 Togo	

Auswertung der Karte »Länder, in denen Muslime leben«

Anteil der Muslime an der Bevölkerung in ausgewählten Ländern nach Anteil geordnet

(Rang 1: Höchster Prozentanteil von Muslimen an der Bevölkerung in einem Land)

RANG	LAND	EINWOHNERZAHL	ANZAHL MUSLIME	PROZ. ANTEIL MUSLIME
	Algerien			
	Indonesien			
	Iran			
	Libanon,			
	Saudi-Arabien			
	Sudan			
	Türkei			
	USA			

Entdecken wie Muslime ihren Glauben leben

Muhammad wurde um 570 n.Chr. auf der arabischen Halbinsel in der Oasenstadt Mekka geboren. Er gehörte zu einer verarmten Familie aus dem Stamm der Quraischiten, der damals in Mekka herrschte. Sein Vater Abdallāh starb bereits vor seiner Geburt, seine Mutter Amina, als er sechs Jahre alt war. So wuchs er als Waisenkind zuerst in Obhut seines Großvaters und nach ihm in der Obhut seines Onkels Abū Tālib auf, dessen Sohn Ali später einer seiner engsten Vertrauten wurde.

Schon in jungen Jahren musste er sich im Dienst mekkanischer Handelsleute seinen Lebensunterhalt selbst verdienen. Mit 25 Jahren ging er die Ehe mit der 15 Jahre älteren reichen Kaufmannswitwe, Khadīdja ein, für die er zuvor als Händler gearbeitet hatte. Sie gebar ihm zwei Söhne, die noch im Kindesalter starben, sowie vier Töchter. Nur durch seine Tochter Fatima, die spätere Frau Alis, hatte er männliche Nachkommen.

Wie etliche fromme Menschen seiner Zeit gehörte Muhammad zu den Gottsuchern, die *Hanifen* genannt wurden (Sgl. *hanīf*, oft mit »Rechtgläubiger« oder »Anhänger des reinen Glaubens« übersetzt). Sie waren religiös auf der Suche und hatten sich vom altarabischen Polytheismus abgewandt, aber weder dem jüdischen noch dem christlichen Monotheismus zugewandt. Muhammad suchte in der Einsamkeit der Wüste nach Erkenntnis des wahren Gottes. Dabei erschien ihm eines Tages im Jahr 610 in der Höhle Hira bei Mekka der Erzengel Gabriel und befahl: »Lies im Namen deines Herrn, der erschaffen hat, den Menschen erschaffen hat aus einem Embryo. Lies. Dein Herr ist der Edelmütigste, der durch das Schreibrohr gelehrt hat, den Menschen gelehrt hat, was er nicht wusste.« (Sure 96,1–5)

Nach anfänglicher Verunsicherung nahm Muhammad seine Berufung zum Propheten an und begann, die Güte des Schöpfergottes, aber auch sein Gericht zu predigen. Er warnte vor dem nahen Weltgericht und rief zur Umkehr zu dem einen, wahren Gott. Muhammads Ruf zur Umkehr schloss Ehrlichkeit im Handel und Gerechtigkeit gegenüber Sklaven, Frauen und Waisen ein (Sure 74,1–7; 93,9–11; 6,151–153; 26,18–183). Damit stellte er sich in deutlichen Gegensatz zu den arabischen Stämmen, auch zur eigenen Familie, die in Mekka verschiedene Gottheiten verehrten. Der Koran erwähnt besonders die drei Göttinnen Manāt, Uzzā und Lāt in Sure 53,19–20. Religiöse Feste, Wallfahrten zu den Götterbildern am Heiligtum der Kaaba und die damit verbundenen Handelsmärkte bildeten eine wichtige Einnahmequelle für die Oberschicht der Stadt. Die Spannungen zwischen den führenden Mekkanern und Muhammad sowie seinen Anhängern verschärften sich immer mehr. Einigen seiner Gefährten riet Muhammad im Jahr 615 zur Auswanderung in das christliche Abessinien (heute Äthiopien).

Als Muhammad durch den Tod seiner Frau und seines Onkels im Jahr 619 den Schutz seiner Großfamilie verlor, geriet er in große Schwierigkeiten. Da er sich immer stärker bedroht fühlte, folgte er drei Jahre später einer Einladung nach Yathrib, wo er bereits einen Kreis von Anhängern hatte. Die Auswanderung Muhammads, die *hidjra*, von Mekka nach Yathrib im Jahr 622, ist der Beginn der islamischen Zeitrechnung, denn mit diesem Ereignis begann die islamische *umma*, die »Gemeinschaft« der Muslime, eine eigenständige religiös-politische Größe unter der Führungsautorität des Propheten zu werden. Muhammad war nun nicht mehr nur religiöser, sondern mehr und mehr auch politischer Führer. Yathrib wurde bald darauf *Medina, die* »Stadt« (nämlich des Propheten) genannt.

Es gelang Muhammad, die in Medina um die Herrschaft über die Stadt streitenden arabischen Stämme zu vereinigen und der *umma*, die er mit seinen Anhängern bildete,

einzugliedern. Für diese *umma* entwarf er eine Gemeindeordnung. Auch die ortsansässigen arabisch-jüdischen Stämme wurden in das Vertragswerk mit eingeschlossen. Mu-
95 hammad selbst wurde die Schlichtung aller Rechtsstreitigkeiten übertragen. Die göttlichen Weisungen (Offenbarungen), die er in dieser Zeit verkündete, bekamen immer mehr Rechtscharakter.

100 Muhammad war anfangs davon überzeugt, er verkünde denselben Glauben wie Juden und Christen. Aber diese waren nicht bereit, seiner Verkündigung zu folgen und ihn als Prophet Gottes für die Araber anzuerken-
105 nen, zudem waren sie auch geschäftlich mit den Mekkanern verbunden. Aus religiösen, vor allem aber auch aus politischen Gründen, kam es zeitgleich mit den Kämpfen gegen die Mekkaner zu Überfällen, Hinrich-
110 tungen und zur Vertreibung von Juden aus Medina, da sie ihrer Vertragspflicht gegenüber den Muslimen nicht nachkamen. 628 eroberten die Muslime die Judenkolonie Khaybar. Die Bewohner wurden zu Tribut-
115 zahlungen verpflichtet. Auch von den Christen begann Muhammad sich deutlicher zu distanzieren. Sie fielen zahlenmäßig jedoch kaum ins Gewicht.

Zum Zeichen der Abgrenzung vom Juden-
120 tum wie vom Christentum wurde die Gebetsrichtung (*qibla*) geändert: Die Muslime beteten nun nicht mehr wie die Juden in Richtung Jerusalem, sondern in Richtung Mekka (vgl. Sure 2,142–150). Mekka wurde Mittelpunkt des Islam, denn hier habe schon Abraham das erste »Haus Gottes«, die *Kaaba*, als Stätte der Verehrung des Einen Gottes errichtet (Sure 2,125–129). Gleichzeitig wurde auch der Freitag anstelle des jüdischen Sabbats zum besonderen Tag der Woche erklärt (Sure 62,9–10).

Während der ganzen Zeit hielten die Auseinandersetzungen mit den Bewohnern Mekkas an. Es kam zu Raubüberfällen und verschiedenen militärischen Auseinandersetzungen mit ihnen. Schließlich beugten sich die Bewohner Mekkas im Jahre 628 dem steigenden politischen und religiösen Einfluss Muhammads. Der ausgehandelte Waf-

fenstillstand wurde von den Mekkanern nicht eingehalten. Als Muhammad im Jahr 630, begleitet von seinen Truppen, in Mekka erschien, ergaben sich die Einwohner ohne
125 großen Widerstand, nachdem sie die Zusicherung erhielten, dass die Bevölkerung Mekkas verschont werde. Er reinigte die Kaaba von Götterbildern. Großzügig verzieh Muhammad seinen Gegnern und gewann
130 auf diese Weise neue Anhänger unter seinen einstigen Feinden. In dieser Zeit festigte sich in ihm die Überzeugung, die ihm anvertraute Botschaft sei die wahre Religion für alle Menschen, nicht nur für die Araber.

135 Medina blieb für ihn und seine Familie Wohnsitz. In den Jahren nach dem Tod seiner ersten Frau Khadīdja hatte Muhammad zahlreiche Frauen geheiratet; unter ihnen waren einige unversorgte Witwen von im
140 Kampf gefallenen Muslimen, aber auch eine Christin und eine Jüdin.

Im Jahr 632 pilgerte Muhammad noch einmal zur Kaaba in Mekka. Das Ritual, dem er sich dabei unterwarf, befolgen die Muslime
145 bei der Wallfahrt bis heute. Am 8. Juni 632 starb Muhammad im Haus seiner Lieblingsfrau A'ischa ohne einen männlichen Erben; einen Nachfolger in der Leitung der *umma* hatte er – nach der Auffassung des sunniti-
150 schen Islam – nicht bestimmt. Er wurde in Medina begraben.

Muhammad war sowohl Prophet als auch Politiker. In Mekka trat er als Gerichtsprediger und Botschafter eines erneuerten Glau-
155 bens auf. In Medina musste er zusätzlich Aufgaben eines Staatsmanns wahrnehmen. Das von ihm begründete arabisch-islamische Staatsgebilde gilt bis heute für viele Muslime als Idealbild eines islamischen
160 Staates.

Aus: Was jeder vom Islam wissen muss. Im Auftrag des Amtes der Vereinigten Evangelisch-Lutherischen Kirchen Deutschlands (VELKD) und des Kirchenamtes der Evangelischen Kirche in Deutschland (EKD) herausgegeben von Martin Affolderbach und Inken Wöhlbrand. Vollständig überarbeitete Neuauflage, © 2011 Gütersloher Verlagshaus, Gütersloh, in der Verlagsgruppe Random House GmbH.

Geburtsjahr

Geburtsort und -land

Aufgewachsen bei

Beruf

Ehepartnerinnen

Berufung

Zentrale Botschaft

Orte des öffentlichen Wirkens

Konflikte

Jahr der Emigration

Jahr der Eroberung Mekkas

Politische Lebensleistung

Ehrentitel

Todesjahr

Wie gestorben?

Geburtsjahr	570 n. Chr.
Geburtsort und -land	Mekka, Saudiarabien
Aufgewachsen bei	Großvater und Onkel, Kaufleute
Beruf	Kaufmann, Prophet
Ehepartnerinnen	Khadidja, 12 weitere Frauen, darunter eine Jüdin und eine Christin, Lieblingsfrau Aischa
Berufung	mit 40 Jahren in der Wüste/Gabriel (610)
Zentrale Botschaft	Gott ist ein einziger Gott, Schöpfer, barmherzig und gerecht Ehrlichkeit im Handel, kehrt um, bessert euch, wendet euch den Armen zu, Gerechtigkeit
Orte des öffentlichen Wirkens	zuerst in Mekka, dann in Medina
Konflikte	mit den Kaufleuten
Jahr der Emigration	622 n. Chr.
Jahr der Eroberung Mekkas	630 n. Chr.
Polit. Lebensleistung	Umma, Errichtung eines islamischen Staatswesens, Vereinigung der arabischen Halbinsel
Ehrentitel	Siegel der Propheten (= endgültig letzter der Propheten)
Todesjahr	632 (8. Juni)
Wie gestorben?	entschlafen in den Armen seiner Lieblingsfrau

Vergleich der Berufungsgeschichten von Mose, Paulus und Mohammed

Aufgaben:

Lest in Partnerarbeit (mindestens zu sechst) jeweils einen der angegebenen Texte.

Setzt euch anschließend in Dreier-Gruppen zusammen (jeweils ein Vertreter eines Textes) und sucht Antworten auf die folgenden Fragen:

– Wer wird berufen? = Überschrift
– Wo findet die Berufung statt?
– Was passiert mit dem, der berufen wird?
– Was bzw. wie reagiert der Berufene?
– Ergebnis bzw. Konsequenz?

Vergleicht eure Antworten und präsentiert gemeinsam ein Plakat (etwa so:)

	2. Mose 3	Apostelgeschichte 9	Sure 96,1 und Erzählung
Wer?	Mose	Paulus	Mohammed
Wo?	Wüste am Berg Horeb	Auf dem Weg	Wüste am Berg Hira
Was passiert?	Brennender Dornbusch und Stimme vom Himmel	Licht und Stimme vom Himmel	Stimme vom Himmel
Reaktion	Rückfrage: Wer bin ich?	Paulus wird zuerst blind und lässt sich dann taufen	Mohammed wiederholt die Worte des Engels
Ergebnis	Mose bekommt den Gottesnamen und darin die Zusage der Lebensbegleitung Verbreitung des Glaubens durch Erinnerung an die Befreiung aus der ägyptischen Sklaverei und Erzählung	Saulus wird vom Christenverfolger zum Christusverkündiger und bekommt einen neuen Namen Verbreitung des Evangeliums durch Predigt und Briefe	Mohammed wird Prophet Verbreitung des Islam durch den Koran

¹Mose aber hütete die Schafe Jitros, seines Schwiegervaters, des Priesters in Midian, und trieb die Schafe über die Steppe hinaus und kam an den Berg Gottes, den Horeb. ²Und der Engel des HERRN erschien ihm in einer feurigen Flamme aus dem Dornbusch. Und er sah, dass der Busch im Feuer brannte und doch nicht verzehrt wurde. ³Da sprach er: Ich will hingehen und die wundersame Erscheinung besehen, warum der Busch nicht verbrennt. ⁴Als aber der HERR sah, dass er hinging, um zu sehen, rief Gott ihn aus dem Busch und sprach: Mose, Mose! Er antwortete: Hier bin ich. ⁵Gott sprach: Tritt nicht herzu, zieh deine Schuhe von deinen Füßen; denn der Ort, darauf du stehst, ist heiliges Land! ⁶Und er sprach weiter: Ich bin der Gott deines Vaters, der Gott Abrahams, der Gott Isaaks und der Gott Jakobs. Und Mose verhüllte sein Angesicht; denn er fürchtete sich, Gott anzuschauen. ⁷Und der HERR sprach: Ich habe das Elend meines Volks in Ägypten gesehen und ihr Geschrei über ihre Bedränger gehört; ich habe ihre Leiden erkannt. ⁸Und ich bin herniedergefahren, dass ich sie errette aus der Ägypter Hand und sie herausführe aus diesem Lande in ein gutes und weites Land, in ein Land, darin Milch und Honig fließt, in das Gebiet der Kanaaniter, Hetiter, Amoriter, Perisiter, Hiwiter und Jebusiter. ⁹Weil denn nun das Geschrei der Israeliten vor mich gekommen ist und ich dazu ihre Not gesehen habe, wie die Ägypter sie bedrängen, ¹⁰so geh nun hin, ich will dich zum Pharao senden, damit du mein Volk, die Israeliten, aus Ägypten führst. ¹¹Mose sprach zu Gott: Wer bin ich, dass ich zum Pharao gehe und führe die Israeliten aus Ägypten? ¹²Er sprach: Ich will mit dir sein. Und das soll dir das Zeichen sein, dass ich dich gesandt habe: Wenn du mein Volk aus Ägypten geführt hast, werdet ihr Gott opfern auf diesem Berge. ¹³Mose sprach zu Gott: Siehe, wenn ich zu den Israeliten komme und spreche zu ihnen: Der Gott eurer Väter hat mich zu euch gesandt!, und sie

mir sagen werden: Wie ist sein Name?, was soll ich ihnen sagen? ¹⁴Gott sprach zu Mose: Ich werde sein, der ich sein werde. Und sprach: So sollst du zu den Israeliten sagen: »Ich werde sein«, der hat mich zu euch gesandt. ¹⁵Und Gott sprach weiter zu Mose: So sollst du zu den Israeliten sagen: Der HERR, der Gott eurer Väter, der Gott Abrahams, der Gott Isaaks, der Gott Jakobs, hat mich zu euch gesandt. Das ist mein Name auf ewig, mit dem man mich anrufen soll von Geschlecht zu Geschlecht. ¹⁶Darum geh hin und versammle die Ältesten von Israel und sprich zu ihnen: Der HERR, der Gott eurer Väter, ist mir erschienen, der Gott Abrahams, der Gott Isaaks, der Gott Jakobs, und hat gesagt: Ich habe mich euer angenommen und gesehen, was euch in Ägypten widerfahren ist, ¹⁷und habe gesagt: Ich will euch aus dem Elend Ägyptens führen in das Land der Kanaaniter, Hetiter, Amoriter, Perisiter, Hiwiter und Jebusiter, in das Land, darin Milch und Honig fließt. ¹⁸Und sie werden auf dich hören. Danach sollst du mit den Ältesten Israels hineingehen zum König von Ägypten und zu ihm sagen: Der HERR, der Gott der Hebräer, ist uns erschienen. So lass uns nun gehen drei Tagereisen weit in die Wüste, dass wir opfern dem HERRN, unserm Gott. ¹⁹Aber ich weiß, dass euch der König von Ägypten nicht wird ziehen lassen, er werde denn gezwungen durch eine starke Hand. ²⁰Daher werde ich meine Hand ausstrecken und Ägypten schlagen mit all den Wundern, die ich darin tun werde. Danach wird er euch ziehen lassen. ²¹Auch will ich diesem Volk Gunst verschaffen bei den Ägyptern, dass, wenn ihr auszieht, ihr nicht leer auszieht, ²²sondern jede Frau soll sich von ihrer Nachbarin und Hausgenossin silbernes und goldenes Geschmeide und Kleider geben lassen. Die sollt ihr euren Söhnen und Töchtern anlegen und von den Ägyptern als Beute nehmen.

2. Mose 3

Die Bekehrung des Saulus

¹Saulus aber schnaubte noch mit Drohen und Morden gegen die Jünger des Herrn und ging zum Hohenpriester ²und bat ihn um Briefe nach Damaskus an die Synagogen, damit er Anhänger des neuen Weges, Männer und Frauen, wenn er sie dort fände, gefesselt nach Jerusalem führe. ³Als er aber auf dem Wege war und in die Nähe von Damaskus kam, umleuchtete ihn plötzlich ein Licht vom Himmel; ⁴und er fiel auf die Erde und hörte eine Stimme, die sprach zu ihm: Saul, Saul, was verfolgst du mich? ⁵Er aber sprach: Herr, wer bist du? Der sprach: Ich bin Jesus, den du verfolgst. ⁶Steh auf und geh in die Stadt; da wird man dir sagen, was du tun sollst. ⁷Die Männer aber, die seine Gefährten waren, standen sprachlos da; denn sie hörten zwar die Stimme, aber sahen niemanden. ⁸Saulus aber richtete sich auf von der Erde; und als er seine Augen aufschlug, sah er nichts. Sie nahmen ihn aber bei der Hand und führten ihn nach Damaskus; ⁹und er konnte drei Tage nicht sehen und aß nicht und trank nicht. ¹⁰Es war aber ein Jünger in Damaskus mit Namen Hananias; dem erschien der Herr und sprach: Hananias! Und er sprach: Hier bin ich, Herr. ¹¹Der Herr sprach zu ihm: Steh auf und geh in die Straße, die die Gerade heißt, und frage in dem Haus des Judas nach einem Mann mit Namen Saulus von Tarsus. Denn siehe, er betet ¹²und hat in einer Erscheinung einen Mann gesehen mit Namen Hananias, der zu ihm hereinkam und die Hand auf ihn legte, damit er wieder sehend werde. ¹³Hananias aber antwortete: Herr, ich habe von vielen gehört über diesen Mann, wie viel Böses er deinen Heiligen in Jerusalem angetan hat; ¹⁴und hier hat er Vollmacht von den Hohenpriestern, alle gefangen zu nehmen, die deinen Namen anrufen. ¹⁵Doch der Herr sprach zu ihm: Geh nur hin; denn dieser ist mein auserwähltes Werkzeug, dass er meinen Namen trage vor Heiden und vor Könige und vor das Volk Israel. ¹⁶Ich will ihm zeigen, wie viel er leiden muss um meines Namens willen. ¹⁷Und Hananias ging hin und kam in das Haus und legte die Hände auf ihn und sprach: Lieber Bruder Saul, der

Herr hat mich gesandt, Jesus, der dir auf dem Wege hierher erschienen ist, dass du wieder sehend und mit dem Heiligen Geist erfüllt werdest. ¹⁸Und sogleich fiel es von seinen Augen wie Schuppen und er wurde wieder sehend; und er stand auf, ließ sich taufen ¹⁹und nahm Speise zu sich und stärkte sich. Saulus blieb aber einige Tage bei den Jüngern in Damaskus. ²⁰Und alsbald predigte er in den Synagogen von Jesus, dass dieser Gottes Sohn sei. ²¹Alle aber, die es hörten, entsetzten sich und sprachen: Ist das nicht der, der in Jerusalem alle vernichten wollte, die diesen Namen anrufen, und ist er nicht deshalb hierher gekommen, dass er sie gefesselt zu den Hohenpriestern führe? ²²Saulus aber gewann immer mehr an Kraft und trieb die Juden in die Enge, die in Damaskus wohnten, und bewies, dass Jesus der Christus ist. ²³Nach mehreren Tagen aber hielten die Juden Rat und beschlossen, ihn zu töten. ²⁴Aber es wurde Saulus bekannt, dass sie ihm nachstellten. Sie bewachten Tag und Nacht auch die Tore, um ihn zu töten. ²⁵Da nahmen ihn seine Jünger bei Nacht und ließen ihn in einem Korb die Mauer hinab. ²⁶Als er aber nach Jerusalem kam, versuchte er, sich zu den Jüngern zu halten; doch sie fürchteten sich alle vor ihm und glaubten nicht, dass er ein Jünger wäre. ²⁷Barnabas aber nahm ihn zu sich und führte ihn zu den Aposteln und erzählte ihnen, wie Saulus auf dem Wege den Herrn gesehen und dass der mit ihm geredet und wie er in Damaskus im Namen Jesu frei und offen gepredigt hätte. ²⁸Und er ging bei ihnen in Jerusalem ein und aus und predigte im Namen des Herrn frei und offen. ²⁹Er redete und stritt auch mit den griechischen Juden; aber sie stellten ihm nach, um ihn zu töten. ³⁰Als das die Brüder erfuhren, geleiteten sie ihn nach Cäsarea und schickten ihn weiter nach Tarsus. ³¹So hatte nun die Gemeinde Frieden in ganz Judäa und Galiläa und Samarien und baute sich auf und lebte in der Furcht des Herrn und mehrte sich unter dem Beistand des Heiligen Geistes.

Apostelgeschichte 9,1–31

Als ich schlief, so erzählte der Prophet später, trat der Engel Gabriel zu mir mit einem Tuch wie aus Brokat, worauf etwas geschrieben stand, und sprach: »Lies!«

»Ich kann nicht lesen«, erwiderte ich.

Da presste er das Tuch auf mich, sodass ich dachte, es wäre mein Tod. Dann ließ er los und sagte wieder: »Lies!«

»Ich kann nicht lesen«, antwortete ich. Und wieder würgte er mich mit dem Tuch, dass ich dachte, ich müsste sterben. Und als er mich freigab, befahl er erneut: »Lies!«

Und zum dritten Male antwortete ich: »Ich kann nicht lesen.« Als er mich dann nochmals fast zu Tode würgte und mir wieder zu lesen befahl, fragte ich aus Angst, er könnte es nochmals tun: »Was soll ich lesen?«

Da sprach er: »Lies im Namen deines Herrn, des Schöpfers, der den Menschen erschuf aus geronnenem Blut! Lies! Und der Edelmütigste ist dein Herr, Er, der das Schreibrohr zu brauchen lehrte, der die Menschen lehrte, was sie nicht wussten.« (Sure 96,1–5)

Ich wiederholte die Worte, und als ich geendet hatte, entfernte er sich von mir. Ich aber erwachte, und es war mir, als wären mir die Worte ins Herz geschrieben. Sodann machte ich mich auf, um auf den Berg Hira zu steigen, doch auf halber Höhe vernahm ich eine Stimme vom Himmel: »O Mohammed, du bist der Gesandte Gottes, und ich bin Gabriel!« Und ich hob mein Haupt zum Himmel, und siehe, da war Gabriel in der Gestalt eines Mannes, und seine Füße berührten den Horizont des Himmels. Und wieder sprach er: »O Mohammed, du bist der Gesandte Gottes, und ich bin Gabriel!« Ohne einen Schritt vorwärts oder rückwärts zu tun, blieb ich stehen und blickte zu ihm. Dann begann ich, mein Gesicht von ihm abzuwenden und über den Horizont schweifen zu lassen, doch in welche Richtung ich auch blickte, immer sah ich ihn in der gleichen Weise. Den Blick auf ihn gerichtet, verharrte ich, ohne mich von der Stelle zu rühren.

Ibn Ishaaq, Das Leben des Propheten

Im Namen Gottes, des Erbarmers,

des Barmherzigen.

[1]Trag vor im Namen deines Herrn, der schuf,

[2]den Menschen aus Anhaftendem schuf!

[3]Trag vor! Denn dein Herr ist's, der hochgeehrte,

[4]der mit dem Schreibrohr lehrte,

[5]den Menschen, was er nicht wusste, lehrte.

Sure 96,1–5

Gottes 99 schönste Namen

Der, außer dem es keinen Gott gibt

der Erbarmer | der Barmherzige | der Herrscher | der Heilige | das Heil | der Treue | der Beschützer
der Mächtige | der Allmächtige | der Überragende | der Schöpfer | der Bildner | der Former | der Verzeiher
der Bezwinger | der Schenker | der Ernährer | der Öffner | der Allwissende | der Ergreifende | der Freigebige
der Erniedrigende | der Erhebende | der Ehrende | der Demütigende | der Hörende | der Sehende
der Befehlende | der Gerechte | der Gütige | der Kundige | der Sanftmütige | der Erhabene | der Nachsichtige
der Danknehmende | der Hohe | der Große | der Bewahrer
der Ernährer | der Abrechnende | der Große
der Edelmütige | der Beobachtende
der Erhörende | der Ausgedehnte
der Weise | der Liebende
der Ruhmreiche
der Aussendende
der Bezeugende
der Wahre
der Verlässliche
der Starke | der Feste
der Lehrer
der Lobenswerte
der Anrechner
der Anfangende
der Helfer
der Erwecker
der sterben lässt
der Lebendige
der Unver-
änderliche
der Wirkliche
der Berühmte
der Alleinige
der Ewige
der Mächtige
der Vermögende
der Vorwärtsschreitende
der Zurücksehende | der Erste
der Letzte | der Offenbare
der Verborgene | der Herrscher
der alles Überragende | der Tugendreiche
der zum Guten Führende | der Rächer
der Verzeihende | der Wohlwollende | der König der Könige | der Große und Edelmütige | der Gerechte
der Versammler | der Reiche | der Bereichernde | der Hindernde | der Schädliche | der Nützliche | das Licht
der Führer | der Erfinder | der Bleibende | der Beerbende | der Gerade | der Geduldige

Aus: Thema Gott. Material für den Unterricht in der Oberstufe. Erarbeitet von Peter Kliemann und Andreas Reinert, Calwer Verlag, Stuttgart 2007

Farbig in: Unterrichtsideen Religion NEU 7/8, 1. Halbband, Seite 228.

GOTT
Der Erbarmer, der Barmherzige.
Der König, der Heilige, der Inbegriff des Friedens.
Der Stifter der Sicherheit,
    der alles fest in der Hand hat.
Der Gewaltige, der Stolze.
Der Schöpfer, der Erschaffer, der Bildner (59,22–24).
Der voller Vergebung ist (38,66; 39,5; 40,42 …).
Der bezwingende Macht besitzt
    (12,39; 13,16; 14,48 …).
Der Freigiebige (3,8; 38,9.35),
    der Unterhalt beschert (51,58).
Der wahrhaft richtet, der Bescheid weiß (34,26).
Der bemessen zuteilt, der großzügig zuteilt (2,245).
Der niedrig macht, der erhöht (56,3).
Der Macht verleiht, der erniedrigt (3,26).
Der alles hört, der alles sieht (17,1; 40,20.56 …).
Der Richter, der Gerechte.
Der Feinfühlige, der Kenntnis von allem hat (6,103;
    21,63 …).
Der Langmütige (3,105 …), der Majestätische (2,255).
Der voller Vergebung ist, der sich erkenntlich zeigt
    (35,30.34; 42,11 …).
Der Hocherhabene, der Große.
Der Hüter (11,57; 34,21), der alle Dinge umsorgt
    und überwacht (4,85), der
    abrechnet (4,6.68; 33,39).
Der Erhabene, der Ehrwürdige (55,27.78).
Der Wächter, der bereit ist zu erhören (11,61).
Der alles umfasst, der Weise (4,130).
Der Liebevolle (11,90; 85,14),
    der der Ehre würdig ist (11,73).
Der wiedererweckt.
Der Zeuge, der Wahrhaftige, der Sachwalter.
Der Starke, der Feste.
Der Freund, der des Lobes würdig ist, der (alles)
    erfasst.
Der (die Schöpfung) am Anfang macht, der (sie)
    wiederholt (85,13; 10,4.34 …).

Der lebendig macht, der sterben lässt
    (3,156; 15,23 …).
Der Lebendige, der Beständige (3,2).
Der ins Dasein ruft, der Hochgelobte.
Der Eine, der Undurchdringliche (112,2).
Der Mächtige, der Allmächtige.
Der (die Dinge) vorausschickt, der (sie) zurückstellt.
Der Erste, der Letzte, der Sichtbare, der Verborgene
    (57,3).
Der Schutzherr (13,11).
Der Transzendente (13,9).
Der Gütige.
Der sich gnädig zuwendet (2,37.54.128 …).
Der sich rächt (32,22; 43,41 …).
Der voller Verzeihung ist (4,43.99.149 …),
    der Mitleid hat (2,143; 24,20 …).
Der über die Königsherrschaft verfügt (3,26).
Der Erhabenheit und Ehrwürdigkeit besitzt (55,27.78).
Der gerecht handelt, der versammelt.
Der auf niemanden angewiesen ist (2,263; 10,68 …),
    der reich macht.
Der (die Dinge) abwehrt (oder: Der Schutz gewährt).
Der Schaden bringt, der Nutzen bringt.
Das Licht, das rechtleitet.
Der Schöpfer ohnegleichen (2,117; 6,101).
Der Bestand hat, der alles erbt (15,23).
Der den rechten Weg weist
    (oder: Der zum rechten Wandel führt).
Der voller Geduld ist.

Übersetzung aus: A.Th. Khoury, Der Islam, Freiburg [5]1998, S. 111f.

Zur Analyse dieser Namen Gottes kann man sich an folgender unvollständiger Gruppierung orientieren:

7   bezeichnen die Einheit und Absolutheit Gottes.
5   beziehen sich auf seine Schöpfertätigkeit.
36 bezeichnen seine Macht und Souveränität.
4   bezeichnen seine Rolle als sittliche Norm und als Richter.
5   beziehen sich auf seine Strenge und Strafe.
24 beziehen sich auf seine Barmherzigkeit und Gnade.

Abraham wird in den drei monotheistischen Religionen als Vater, als Erzvater und Vater des Glaubens verehrt. Er gilt den Menschen jüdischen, christlichen und islamischen Glaubens viel. »Alles beginnt mit Abraham«, so betitelt der 1935 aus Polen geflüchtete und nun in Frankreich lebende Jude Marek Halter sein Buch, in dem er seinen Neffen und Nichten »das Judentum mit einfachen Worten erzählt« (Deutscher Taschenbuchverlag, München 2006):

DAS JUDENTUM ERZÄHLT:

»Als Abram einmal außerhalb der Stadt weilte, vernahm er eine Stimme:
›Abram! Abram!‹
›Hier bin ich‹, antwortete er sogleich.
Dann hob er den Kopf, blickte um sich und schaute in den Himmel hinauf, doch er konnte nichts sehen. Die Stimme aber war weiterhin zu hören. Sie befahl ihm, die Götterbilder, die in der Werkstatt seines Vaters standen, zu zerstören (Midrasch Genesis Rabba, 38).

(Abrams Vater, Terach mit Namen, hatte nämlich einen Laden für die damals gefragten Natur-Götterbilder, für Baumgötter und Feldgötter, für Flussgötter und Sonnengötter und, und, und …)

Ein solcher Befehl versteht sich nicht von selbst. Für die Bewohner Harans, für alle Völker des damaligen Mesopotamien, waren die polytheistischen Religionen etwas Absolutes. Die Götterbilder zu zerstören, war ein Sakrileg, das die schlimmsten Katastrophen heraufbeschwören konnte. Die verhöhnten und erniedrigten Mächte der Natur würden nicht aufhören, ihrerseits Städte und Menschen zu vernichten. Der Himmel würde einen unerhörten Sturm entfesseln, die Erde würde sich auftun und alles verschlingen …
Dennoch fand Abram in sich den Mut, all diesen Gefahren zu trotzen. Er ging in die Werkstatt seines Vaters und zerschlug die Götterbilder, die dort auf ihre Abnehmer warteten. Wie er vermutet hatte, geschah nichts. Der Himmel blieb strahlend blau und die Erde bebte kein bisschen.

Damit war der Beweis erbracht, dass die Götterbilder nur ein Haufen in der Sonne getrockneten Tons waren. Sie besaßen keinerlei Macht. Die Götter, die sie darstellten, existierten nur in der ängstlichen Einbildung der Menschen …
Nun ging Abram zu dem Feld zurück, wo er die Stimme vernommen hatte, und blickte suchend zum Himmel empor. Erneut ertönte die Stimme, die ihm befahl:
›Geh aus deinem Land und aus deiner Verwandtschaft und aus dem Haus deines Vaters in das Land, das ich dir zeigen werde. Und ich will dich zu einer großen Nation machen, und ich will dich segnen, und ich will deinen Namen groß machen, und Du sollst ein Segen sein! Und ich will segnen, die dich segnen, und wer dir flucht, den werde ich verfluchen; und in dir sollen gesegnet werden alle Geschlechter der Erde!‹ (Gen 12,1–3)
Und die Stimme fügte hinzu:
›Und nicht mehr soll dein Name Abram heißen, sondern Abraham soll dein Name sein!‹
Denn auf Hebräisch bedeutet Abraham ›der Vater einer Menge von Nationen‹ (Gen 17,5).«
So beginnt mit Abraham das Abenteuer des Monotheismus. Der Glaube an einen einzigen Gott, unter Ausschluss jeglicher andere(r) Gottheiten.

Auf Abraham führt das Judentum auch die Beschneidung zurück:
»Und Abraham war neunundneunzig Jahre als, als er seine Vorhaut beschnitt. Ismael aber, sein Sohn, war dreizehn Jahre alt, als seine Vorhaut beschnitten wurde.« (1. Mose 17,24f)

ABRAHAM IM CHRISTENTUM

Auch für Christen ist Abraham ein Stammvater und Vater des Glaubens. Denn er ist das Urbild des nicht aus Werken, sondern allein aus Glauben (Luther: sola fide!) von Gott gerecht gemachten Menschen.

Paulus im Römerbrief (4,1–5):
»Was sagen wir denn von Abraham, unserem leiblichen Stammvater? Was hat er erlangt?
Das sagen wir: Ist Abraham durch Werke gerecht, so kann er sich wohl rühmen, aber nicht vor Gott.

Denn was sagt die Schrift? ›Abraham hat Gott geglaubt, und das ist ihm zur Gerechtigkeit gerechnet worden.‹ (1. Mose 15,6)
Dem aber, der mit Werken umgeht, wird der Lohn nicht aus Gnade zugerechnet, sondern aus Pflicht.
Dem aber, der nicht mit Werken umgeht, glaubt aber an den, der die Gottlosen gerecht macht, dem wird sein Glaube gerechnet zur Gerechtigkeit.«

Abraham, Vater des Glaubens, dies bekräftigt der Hebräerbrief (Kapitel 11) und setzt auch Sara als Mutter des Glaubens ein Denkmal:

»*¹Es ist aber der Glaube eine feste Zuversicht auf das, was man hofft, und ein Nichtzweifeln an dem, was man nicht sieht. …*
⁸Durch den Glauben wurde Abraham gehorsam, als er berufen wurde in ein Land zu ziehen, das er erben sollte; und er zog aus und wusste nicht, wo er hinkäme.

⁹Durch den Glauben ist er ein Fremdling gewesen in dem verheißenen Lande …
¹¹Durch den Glauben empfing auch Sara, die unfruchtbar war, Kraft, nachkommen hervorzubringen trotz ihres Alters; denn sie hielt den für treu, der es verheißen hatte.«

WELCHE BEDEUTUNG HAT VATER ABRAHAM, IBRAHIM FÜR MUSLIME?

Abraham ist der erste Hanif, der erste Gottsucher, dem Gott sich als Schöpfer allen Lebens offenbart.
Aus der 6. Sure des Quran (Verse 74–79):
»*⁷⁴Und als Abraham zu seinem Vater Azar sprach: ›Nimmst Du Bilder zu Göttern an? Wahrlich, ich sehe dich und dein Volk in offenkundigem Irrtum!‹*
⁷⁵Und so zeigten wir Abraham das Königreich der Himmel und der Erde, damit er zu den Festen im Glauben gehöre.
⁷⁶Doch als die Nacht ihn überschattete, sah er einen Stern. Er rief: ›Das ist mein Herr!‹ Als er aber unterging, sprach er: ›Ich liebe nicht, was untergeht.‹
⁷⁷Und als er den Mond aufgehen sah, sprach er: ›Das ist mein Herr!‹ Und als er unterging, sagte er: ›Wahrlich, wenn mich mein Herr nicht leitet, bin ich einer der Irrenden.‹
⁷⁸Doch als er die Sonne aufgehen sah, rief er: ›Das ist mein Herr – das ist das Größte!‹ Als sie jedoch unterging, sagte er: ›Oh mein Volk! Ich habe nichts mit euren Göttern zu schaffen!‹
⁷⁹Siehe, ich richte mein Angesicht lauteren Glaubens auf Den, Der die Himmel und die Erde erschaffen hat, und ich gehöre nicht zu denen, die (Gott) Gefährten geben.‹«

Auch hier also: Ibrahim als erster Monotheist.
Zugleich wird das im Islam gegenüber dem Christentum viel radikalere Bilderverbot begründet. Nicht nur Darstellungen Gottes/Allahs, sondern auch bildliche Darstellungen Mohammeds sind ein Verstoß gegen den Glauben an den einen Gott!
Die Auseinandersetzung zwischen Abraham und seinem Vater um die Götterbilder wird in Sure 19 drastisch geschildert:
⁴⁶Abrahams Vater »*sagte: ›Verwirfst du meine Götter, o Abraham? Gibst Du dies nicht auf, wahrlich, dann steinige ich dich. So halte für eine Weile Abstand von mir!‹*
⁴⁷Er (Abraham) sprach: ›Frieden sei mit dir! Ich werde meinen Herrn um Verzeihung für dich anflehen. Er ist gewiss gütig zu mir.

⁴⁸Doch ich will mich von euch trennen und von dem, was ihr neben Allah anruft. Und ich will zu meinem Herrn beten; meinen Herrn werde ich gewiss nicht umsonst anrufen.‹«

Die Geschichte, wie Hagar und Ismael in die Wüste geschickt werden, erzählt der Quran anders, nämlich als Begründung für den Standort der Kaaba – und damit zugleich für das höchste muslimische Fest, das Opferfest.
Der Streit zwischen Sara und Hagar veranlasste Abraham, Hagar und Ismael »an einen besonderen Ort« zu bringen. So machten sie sich zu dritt in Richtung der südlichen Wüste auf den Weg und kamen in das Tal von Mekka. Hier baute er Hagar eine Hütte aus Zweigen, in der sie mit Ismael wohnen konnte, und machte sich wieder auf den Heimweg. Als Wasser und Proviant zu Ende gegangen waren, begab sich Hagar auf die Suche nach Wasser oder einer Karawane, die Lebensmittel bei sich führte. Aber sie fand nichts. Siebenmal rannte sie in ihrer Not, ohne inne zu halten, zwischen den Anhöhen as-Safa und al-Marwa hin und her, bis sie verzweifelt zu ihrem erschöpften Kind zurückkehrte. Da scharrte Ismael mit seinem Fuß den Boden auf und Wasser sprudelte daraus hervor. So ward der berühmte Brunnen ›Samsam‹ gefunden, und die beiden konnten ihren Durst löschen. Der Brunnen verlieh dem Tal Fruchtbarkeit, die es zum Handelsplatz vieler Karawanen machte.
Hier gründeten Abraham und Ismael das Heiligtum der Kaaba. Unmittelbar an der Kaaba wurden Ismael und Hagar später begraben. Ismael aber wurde zum Stammvater vieler arabischer Stämme und schließlich auch der Stammvater des Propheten Muhammad.

Nach: Stefan Jakob Wimmer/Stephan Leimgruber: Von Adam bis Muhammad. Bibel und Koran im Vergleich, Katholisches Bibelwerk, Stuttgart 2005, S. 116f.

Aufgaben:
1. Vergleiche das Bild Abrahams in den drei monotheistischen Weltreligionen (Titel, Bedeutung).
2. Nenne die Gemeinsamkeiten.
3. Kann man von einem gemeinsamen Stammvater sprechen? – Liste Argumente dafür und dagegen auf.

Entdecken wie Muslime ihren Glauben leben

Vom Reich Gottes in Gleichnissen und Wundern erzählen

Bildungsstandards für Hauptschule, Realschule und Gymnasium

Die Schülerinnen und Schüler
- **wissen, wie Jesus Christus vom anbrechenden Reich Gottes spricht, indem sie:**
  - **ein Gleichnis inhaltlich wiedergeben und übertragen können**
  - **in Wundergeschichten erkennen, dass Gottes Gegenwart die kühnsten Erwartungen übertrifft (HS 5.3)**
- wissen, dass die Bibel von Gott und den Erfahrungen der Menschen mit Gott erzählt und deshalb für Menschen wichtig wurde, weil sie ihre Fragen und Erfahrungen dort immer wieder entdeckt haben (HS 3.1)
- können eigene Gedanken zu biblischen Aussagen äußern und durch vielfältige kreative Auseinandersetzung die Bedeutung für sich klären (HS 3.2)
- können biblische Texte einordnen (zum Beispiel Psalmen, Wundergeschichten) (HS 3.3)
- wissen, dass Menschen von Gott nur in Bildern reden können, und kennen verschiedene Gottesbilder (HS 4.2)
- wissen, dass sich Jesus Christus allen Menschen zugewandt hat (HS 5.2).

Bezüge zu den Themenfeldern (Hauptschule):
Gerechtigkeit
Jesus verkündet das Reich Gottes, Gleichnisse und Wundergeschichten

Glaube konkret:
Wer ist mein Gott?

Die Schülerinnen und Schüler
- **können je zwei Gleichniserzählungen und Wundergeschichten nacherzählen (RS 3.1)**
- **können die Grundaussagen der Botschaft vom Reich Gottes anhand der Gleichniserzählungen und Wundergeschichten darlegen (RS 5.2)**
- kennen das christliche Verständnis des Menschen als einzigartiges, wertvolles und ohne Gegenleistung geliebtes Geschöpf Gottes und als Sünder, welcher der Vergebung Gottes bedarf (RS 1.2)
- sind in der Lage, die Erschließungshilfen der Bibel anzuwenden und mit weiteren Hilfsmitteln zur Bibel umzugehen (RS 3.2)
- können sich mit biblischen Geschichten auf vielfältige Weise auseinandersetzen (zum Beispiel durch kreatives Schreiben und Malen, Rollenspiele) (RS 3.3).

Bezüge zu den Themenfeldern (Realschule):
Mit der Bibel arbeiten:
Unterscheidung verschiedener Textformen in der Bibel

Jesus verkündet das Reich Gottes:
Zwei Gleichniserzählungen vom Reich Gottes
Zwei Wundergeschichten als Hoffnungsgeschichten

Diakonie
Biblisch-christliche Begründung für diakonisches Handeln (zum Beispiel Lk 10,29–37 Samariter; Apg 2,42–47; Apg 4,32–37; Apg 6,1–7; 1. Kor 12,1–31)

Gymnasium (nur »Wunder Jesu«)
Die Schülerinnen und Schüler

- **können an ausgewählten Wundergeschichten zeigen, wie Jesus sich Menschen zuwendet (GY 5.3)**
- können unterschiedliche Deutungen von Wundergeschichten darstellen (GY 3.4)
- kennen biblische Heilungsgeschichten und deren Hoffnungsaspekt für Menschen in Not (GY 1.4)
- erkennen, dass Menschen für ihr Leben verantwortlich und zugleich auf Barmherzigkeit angewiesen sind (GY 1.3)

Bezüge zum Themenfeld:
Wunder
- Biblische Heilungsgeschichten als Hoffnungsgeschichten und Aufforderung zur Barmherzigkeit
- Drei Wundergeschichten der Evangelien
- Jesus als Wundertäter: Fragen und Deutungsversuche
- Wunder als Zeichen des anbrechenden Reiches Gottes

Zur Lebensbedeutsamkeit

Die Auseinandersetzung mit Wundern und Gleichnissen Jesu kann den Schülerinnen und Schülern helfen, über ihr Gottesbild neu nachzudenken. Neben dem Gott, der den Menschen die Tora schenkt – der von Schülerinnen und Schülern aber auch einseitig als autoritärer Regelaufsteller wahrgenommen werden könnte –, begegnen ihnen in den Wundern und Gleichnissen Jesu Anhaltspunkte für weitere positive, lebensbejahende Seiten Gottes.

So fordern die in den Gleichnis- und Wundergeschichten vorkommenden überraschenden Wendungen dazu heraus, sich jenseits einer einfachen Entweder-Oder-Entscheidung auf andere Wahrnehmungen von Wirklichkeit einzulassen. Diese weisen insbesondere auf das in Jesu Worten und Taten bereits angebrochene Reich Gottes hin und vermitteln somit Hoffnung auf eine Zukunft, die dem alltäglichen Erleben von Schülerinnen und Schülern oft entgegensteht.

Gleichnis- und Wundererzählungen bieten den Jugendlichen Erfahrungen mit Gott an, die sie für ihre eigene Situation fruchtbar machen können. Dazu gehört die elementare Erfahrung, gerade in der Pubertät mit allen Stärken und Schwächen angenommen zu sein, entgegen herrschenden problematischen Leitbildern in der Gesellschaft, z.B. dass häufig nur Äußerlichkeiten zählen. Mit Hilfe der Gleichnis- und Wundererzählungen können die Jugendlichen Anhaltspunkte für eine positive, zukunfts- und hoffnungsorientierte Lebenseinstellung im Hinblick auf die Gegenwart Gottes, auf andere Menschen und für sich selbst entdecken.

So kann etwa die spezielle Frage nach der Echtheit der Wundererzählungen (»Ist das wirklich so passiert?«) zu einer Anfrage an das bei 13- und 14-Jährigen in der Regel anzutreffende naturwissenschaftlich geprägte Wirklichkeitsverständnis führen und für die christliche Perspektive auf das eigene Leben sensibilisieren. Damit wird den Schülerinnen und Schülern ein existentieller Horizont eröffnet, der über die bloße Alternative, dass die Wunder entweder wirklich passiert (fundamentalistisches Wunderverständnis) oder reine Erfindung (mythologisches Wunderverständnis) seien, hinausgeht.

Vom Reich Gottes in Gleichnissen und Wundern erzählen

Die Beschäftigung mit Wundererzählungen Jesu im Unterricht findet in einem gesellschaftlichen Kontext statt, in dem zum einen wieder mehr an Wunder geglaubt wird, zum anderen Suchbewegungen nach neuer Spiritualität zu verzeichnen sind. Daneben gibt es zwar im protestantischen Bereich im Gegensatz zur katholischen Kirche kein offizielles Verfahren für die Beglaubigung von Wundern, dennoch ist dort ein Glaube an Wunder und die Kommunikation über diese durch eher individuelle Zugänge möglich.

Im theologischen Kern geht es hier sicherlich um die Anerkennung außergewöhnlicher Ereignisse durch das ebenso unverfügbare wie wirkungsmächtige Wort Gottes. In der Vergegenwärtigung und Bewahrung ihrer ureigenen Botschaft kann sich die Kirche für eine menschenwürdige, Perspektiven eröffnende und möglichst gerechte Gestaltung der gesellschaftlichen Veränderungsprozesse einsetzen und sich dabei gerade für diejenigen aussprechen, die in der heutigen Gesellschaft sonst zu kurz kommen.

Elementare Fragen

Warum erzählt Jesus Gleichnisse (Geschichten)? / Warum sagt Jesus es nicht einfach so? / Wie ist es im Himmel? / Wo ist der Himmel? / Gibt es den Himmel auf Erden? / Warum gibt es für die einen Wunder, für die anderen nicht? Ist das gerecht? / Gibt es überhaupt Wunder? / Muss man an Wunder glauben? / Darf man an Wunder glauben? / Ist das wirklich so passiert? / Ist das wahr? / Hilft mir Gott heute? / Passiert das noch heute? / Wie sieht eine Welt ohne Wunder aus?

Leitmedien

- Bild: Sieger Köder, Jesus heilt Kranke (**M 1**)
- Tafelplakat: Utopie – Unser Traum von einer (heilen, besseren …) Welt (siehe Baustein: Die Schülerinnen und Schüler können zeigen, was sie schon wissen und können, S. 94)
- eine Mindmap mit (Senfkorn-)Staude in der Mitte oder zwei kontrastive Bilder mit Senfkorn und großer Pflanze für die Reich-Gottes-Symbolik, dazu zugeordnet weitere Gleichnisse und Wunder
- »Mein Wunderbuch« (ein biblisches und ein persönliches)
- Lieder:
  - Weißt du, wo der Himmel ist (Liederbuch für die Jugend, 623)
  - Alles muss klein beginnen (Liederbuch für die Jugend, 474)
  - Kleines Senfkorn Hoffnung (Liederbuch für die Jugend, 580)
  - Wir haben Gottes Spuren festgestellt (EG 665 Baden, EG 656 Württemberg)

Ein Blick auf katholische Bildungsstandards

Die Schülerinnen und Schüler
- kennen zentrale Texte aus dem Alten und dem Neuen Testament (Schöpfungstext, Vätergeschichte, Auszugsgeschichte, einen Propheten, einen Psalm, Erzählungen zum Leben Jesu, Ursprungsgeschichten zu christlichen Festen) (HS 3.1)
- kennen Heilungsgeschichten und Gleichnisse Jesu und wissen, dass in Jesu Worten und Taten das Reich Gottes erfahrbar wird (HS 5.3)

Die Schülerinnen und Schüler
- kennen aus dem Neuen Testament Begegnungsgeschichten von Jesus Christus, Heilungswundergeschichten und ethische Weisungen, zum Beispiel Hauptgebot der Liebe, Goldene Regel und Werke der Barmherzigkeit (RS 3.2)

Vom Reich Gottes in Gleichnissen und Wundern erzählen

- wissen, dass mit Jesus Christus das Reich Gottes angefangen hat (RS 5.1)
- wissen, dass die Menschen durch Jesus Christus die Güte und Menschenliebe erfahren haben (RS 5.2)

Die Schülerinnen und Schüler
- können an einem biblischen Text oder an einem Lebenslauf darlegen, dass Glaube Konsequenzen für die Lebensgestaltung hat (GY 1.1)
- kennen Merkmale folgender biblischer Sprachformen: prophetische Rede, Gleichnis, Wundererzählung (GY 3.2)
- können die Ausdruckskraft und den Bedeutungsüberschuss bildhafter biblischer Sprache zum Beispiel an Gleichnissen Jesu verdeutlichen (GY 3.3)
- können das besondere Gottesbild in den Gleichnissen Jesu herausarbeiten (GY 4.1)
- können an zwei Evangelientexten erläutern, wie mit dem Handeln und Verkündigen Jesu das Reich Gottes angebrochen ist (GY 5.1).

Die Schülerinnen und Schüler können zeigen, was sie schon wissen und können

- Tafelplakat: Utopie – Unser Traum von einer (heilen, besseren, …) Welt! Schülerinnen und Schüler schreiben Wünsche / Forderungen / Hoffnungen auf Wortkarten (kein Krieg, Gerechtigkeit, für alle genug zu essen, kein Außenseitertum, …) und gestalten dazu eine Klassen-Collage. Bei der späteren Erarbeitung der Reich-Gottes-Botschaft durch einzelne Wunder und Gleichniserzählungen kann auf entsprechende Stellen / Aspekte des von den Schülerinnen und Schülern erstellten Tafelplakates immer wieder Bezug genommen werden (Gemeinsamkeiten, Unterschiede …).
- Alternative: TA Satzanfang: Wenn ich nur einen Tag lang Gott wäre, dann …
- Alternative: Collage zum Song «What a wonderful world» (Louis Armstrong).
- Im Verlauf der Einheit können die einzelnen im Unterricht behandelten Gleichnis- und Wundergeschichten durch Symbole / Bilder (z.B. Brote und Fische; Getreideähren; Geldstücke, …) vertreten und an die entsprechende Stelle der Klassencollage geheftet werden. Sie zeigen nun, wie das »Reich Gottes« mitten in der »Welt« beginnt, und verstärken oder kontrastieren einzelne Aspekte des Tafelplakates.
- Gedicht von Karl Valentin: Wenn I amal der Herrgott wär … (**M 2**)
  Impulsfragen: Wie würde es dann in Gottes Welt aussehen? Was würde Jesus dazu sagen? (Evtl. werden Wunder- und Heilungsgeschichten bzw. einzelne Elemente der Botschaft Jesu genannt).
- Gemeinsames Anfertigen einer Mindmap mit der Mitte »Reich Gottes« (TA), evtl. auch als Leitmedium und zur eigenen Lernwegsgestaltung: Schüler formulieren frei eigene Assoziationen/Fragen und Aussagesätze.
- Erzählen von modernen Schutzengelgeschichten bzw. Wundergeschichten; Impuls: Heilungsgeschichten aus der Zeitung und dazu eine Position einnehmen lassen: Diese methodisch aufbereiten mit Karten durch »Das ist für mich ein Wunder« und »Das ist für mich kein Wunder« (Zwei-Ecken-Spiel).
- Schülerinnen und Schüler können anhand der Bilder von Sieger Köder »Jesus heilt Kranke« (**M 1**) und »Der barmherzige Vater« (**M 3**) ihre Kenntnisse über neutestamentliche Wunder- und Gleichniserzählungen zusammentragen; weitere Bilder siehe Wunderkartei (DVD zu »entwurf« 4/2006).
- In dem Film: »Wunderbare Tage« Wunder-Geschichten entdecken.
- Bilder von Gleichnissen in die Mitte legen und Überschriften, Geschichten sammeln.
- Ein Gleichnis mithilfe eines »Tückentextes« nacherzählen (**M 4**).

- Bibel aufschlagen lassen (Bibelfußball, Wettbewerb …).
- Schülerinnen und Schüler nennen zu Zeichen, Sprichwörtern und Redewendungen deren Bedeutungen (Olympische Ringe, rote und gelbe Karten, ein Brett vor dem Kopf haben; Blind sein vor Liebe); dazu evtl. kleine Bilder von der »Übersetzung« zeichnen lassen, gegenseitiges Erraten.

- Mein Wunderbuch: Eigene Erlebnisse bzw. Reflexionen über die im Unterricht kennen gelernten Wundererzählungen. Mögliche Leitfragen: Was ist passiert? Wie ist das zu erklären, zu verstehen? Glaube ich das? Ist mir vielleicht einmal etwas Ähnliches passiert? Kenne ich eine Geschichte von einem Freund, einer Freundin, die …?
- So kann aus dem Wunderbuch ein Lerntagebuch werden, das mit Bildern, Zeitungsausschnitten etc. kreativ gestaltet wird. Hinweis: Zielsetzung bei der Gestaltung des Lerntagebuches ist es, den eigenen Lernprozess in ersten Ansätzen zu reflektieren und zu dokumentieren.
- Schüler legen ihr eigenes »Gleichnisbuch« an (im Sinne eines Lerntagebuchs sollen auch Reflexionen über den eigenen Lernprozess mit aufgenommen werden).
- Mögliche Fragen: Was wird wem mit welcher Absicht erzählt? Welche Bilder werden verwendet? Wie können wir das heute verstehen?
- Tafelanschrieb: Die Lehrkraft notiert auf der linken Seite der Tafelseite die bereits vorhandenen Kompetenzen der Schülerinnen und Schüler unter der Überschrift: »Das können wir schon«; auf der rechten Seite schreibt die Lehrkraft die Kompetenzen (schülergerechte Kompetenzformulierungen), die erworben werden sollen unter der Überschrift: »Das werden wir lernen«. In der Tafelmitte werden Lernwege, Methoden sowie die Abfolge einzelner Unterrichtsschritte mit den Schülerinnen und Schülern gemeinsam überlegt und festgehalten (ggf. Hefteintrag).
- Ausgehend von den Leitfragen: »Warum erzählt Jesus Geschichten vom Reich Gottes in Bildern? Was wollte er seinen Zuhörern mit diesen Bildern vom Reich Gottes erzählen?« werden zu bereits bekannten Gleichnissen Mindmaps erstellt. Die unterschiedlichen Antworten (Deutungen) der Kinder werden in die Mindmap zum Thema »Reich Gottes« eingetragen. (Erwartungshorizont: Jesus wollte sagen, dass in Gottes neuer Welt Gott jedem Menschen immer wieder neu verzeiht, dass alle das von Gott bekommen, was sie zum Leben brauchen, dass es kein »Unten« und »Oben« gibt …)
- Plakatgestaltung / Schreibgespräch mit dem Satzanfang: »Es ist für mich ein Wunder, wenn …«
- Schülerinnen und Schüler erhalten fünf »Wunder-Bilder« (**M 5**) und formulieren offene Fragen zum Thema Wunder.
- Foto-Protokoll des Gestaltungsprozesses der Mindmap.

Die Schülerinnen und Schüler wissen, welche Kompetenzen es zu erwerben gilt, und können ihren Lernweg mitgestalten

---

- Aus verschiedenen Perspektiven nacherzählen: Der barmherzige Samariter aus der Perspektive des Samariters, aus der Perspektive des Wirtes, des Überfallenen und des Priesters. Die neuen Geschichten werden erzählt. Es wird herausgearbeitet, wie sich die »Be-Deutung« durch die verschiedenen Perspektiven verändert. Dies kann durch Findung einer Überschrift zur jeweiligen Geschichte zugespitzt werden.
- Gleichnis vom Schalksknecht (Mt 18,21–35) wird gelesen bzw. erzählt bis V. 28a (»der war ihm 100 Silbergroschen schuldig«) oder bis V. 29 (»Hab Ge-

Die Schülerinnen und Schüler können sich an der Auslegung eines Gleichnisses beteiligen, indem sie es nacherzählen und interpretieren

duld mit mir, ich will dir's bezahlen!«) – Arbeitsauftrag: Wie könnte die Geschichte zu Ende gegangen sein? Verschiedene Schlusssequenzen entwickeln lassen.

- Variante: Lerngruppe wird in zwei Gruppen aufgeteilt, Gruppe »Knecht« und Gruppe »König«, die jeweils ihre Sicht der ganzen Gruppe erzählend darlegen. Streitlinie: Die Mitglieder der beiden Gruppen stehen sich gegenüber und verteidigen jeweils ihre Sicht bzw. ihre Handlungen. Alternative: Schülerinnen und Schüler, die die zugewiesene Position nicht übernehmen wollen, bilden die Gruppe der Mit-Knechte und treten als »Schiedsrichter« auf.
- Deuteworte Jesu am Ende mit den unterschiedlichen Erzähl-, Spiel-, und eigenen Deutepositionen vergleichen.
- Schülerinnen und Schüler lesen und vergleichen die beiden Fassungen des Gleichnisses vom verlorenen Schaf in Lk 15,1–7 und Mt 18,12–14. Die Schülerinnen und Schüler bestimmen die Gemeinsamkeiten und die Unterschiede in den Fassungen der beiden Evangelisten (vgl. die UE »Mit der Bibel arbeiten«, S. 147). Die Schülerinnen und Schüler vergleichen die beiden unterschiedlichen Schlusssätze und überlegen sich, inwiefern die beiden Schlusssätze die Erzählabsicht des jeweiligen Gleichnisses profilieren, z.B.: Über wen freut sich Gott mehr (bei Lukas und bei Matthäus)?

Die Schülerinnen und Schüler entdecken in einer Gleichniserzählung Jesu die Reich-Gottes-Symbolik	Beispiel: Gleichnis der **Arbeiter im Weinberg**
	
	- Erzählung, Lesen, Erschließen (wichtig bei der Erzählung: Sachklärung »Tagelöhner«; Verdienst eines »Silbergroschens« (nach Lutherbibel 1994) sichert Lebensunterhalt für genau einen Tag; Vereinbarung betonen: ein Silbergroschen für die ersten Arbeiter; weitere Arbeiter erhalten »was recht ist« (so Lutherbibel 1984).
	- Abstimmung: Handelt der Weinbergbesitzer gerecht?
	- GA; Arbeitsauftrag: »Ihr seid der Weinbergbesitzer – verteilt den Lohn so, dass es aus eurer Sicht gerecht ist«; Gruppen erhalten Silbergroschen (**M 6**); Groschen haben zwei angedeutete Teilungslinien, halbe und viertel Silbergroschen sind möglich); pro angenommenem Arbeiter erhalten die Gruppen einen Groschen; Gruppen stellen ihre Vorschläge vor (Tafel oder Bodenplakat).
	- UG: Auswertung der Vorschläge der Gruppen; Bedenken: Jeder Tagelöhner (Familie des Tagelöhners berücksichtigen) mit weniger als einem Silbergroschen hungert)
	  – Was bedeuten die einzelnen Vorschläge der Schülergruppen für die Tagelöhner?
	  – Was war das Ziel des Weinbergbesitzers?
	  – Warum hat er so gehandelt?
	- Überlegen: Nach welchen Kriterien wird heute Lohn / Lebensunterhalt verteilt?
	  – Jeder bekommt das Gleiche
	  – Lohn nach Leistung
	  – Jeder bekommt so viel, wie er braucht
	- Welches Prinzip der Entlohnung verfolgt der Weinbergbesitzer?
	- Auf welche Formen der Entlohnung trifft man heute in der Gesellschaft?
	- Perspektivübernahme: Die Frauen der Arbeiter im Weinberg treffen sich am Brunnen, um Wasser zu schöpfen. Wie könnte ein Gespräch zwischen ihnen verlaufen? (Alternativ: Gespräch der Kinder.)
	- Spiegelung des Gleichnisses: Familiensituation: Vater zieht um; seine Kinder kommen zu unterschiedlichen Zeiten, um ihm zu helfen; am Abend werden alle von ihm zu einem Essen eingeladen. Der Vater gibt dem, der am längsten gearbeitet hat, am meisten zu essen; der, der als letzter kam, bekommt ein Stück trockenes Brot. Das ist doch gerecht, oder?

- Schülerinnen und Schüler fotografieren Bilder aus der Natur zu den folgenden Gleichnisbildern: Unkraut unter dem Weizen (Mt 13,24–30); Vierfaches Ackerfeld (Mt 13,3–9); Selbstwachsende Saat (Mk 4,26–29); Senfkorn (Mk 4,30–32; Hinweis: klein – groß; Tod – Leben). Die Schülerinnen und Schüler präsentieren ihre Bilder und begründen ihre Motivwahl in Bezug auf das gewählte Gleichnis. Entsprechend ihrer Motivwahl vervollständigen sie den Satzanfang: »Das Reich Gottes ist wie … (mögliche Antworten: Wachstum, Leben, Vielfalt, Schönheit …).«
- Aus den Aussagen und Bildmotiven gestalten die Schülerinnen und Schüler ein Lernplakat.

Beispiel: Gleichnis vom **Senfkorn**
- Bild oder Foto eines Baums (**M 7**) in die Stuhlkreis-Mitte als stummen Impuls legen; daran entwickeln Schülerinnen und Schüler Assoziationen zum Symbol »Baum« (z. B. groß, stark, alt).
- Schülerinnen und Schüler nehmen Wachstum wahr: Lerngang durch den Wald; Aufnahmen von Bäumen verschiedener Größe und verschiedenen Alters (Digitalkamera); Ausstellung der Bilder.
- Bildersuche: Manches, was klein ist, kann groß und stark werden, z.B.: Bilder von Pflanzen, die durch den Asphalt drücken; von Samenkörnern und ausgewachsenem Baum, Interessantes aus dem Tierreich (kleiner Eisbär – ausgewachsener Bär …).
- Die Schülerinnen und Schüler lesen die Schülerinformation zu Gleichnissen (vgl. **M 8**). Schreibwerkstatt: Sie schreiben im Duktus der Gleichnisse anhand vorgegebener Gegensatzpaare »klein – groß«, »arm – reich«, »tot – lebendig«; »Schuld – Vergebung«, »gerecht – ungerecht« u.a. kleine Gleichnisgeschichten mit einem überraschenden Schluss. Was ist das Besondere an dem überraschenden Schluss? Inwiefern qualifiziert der unerwartete Schluss die Rede Jesu vom Reich Gottes?
- Transfer der Botschaft des Gleichnisses vom Senfkorn (kleine Ursache – große Wirkung) auf einen literarischen Text (G. Zwerenz: Nicht alles gefallen lassen ..., **M 9**), allerdings mit negativer Bedeutungskonnotation: Leben wächst – Gewalt wächst (Eskalation).
- Fragen zur Arbeit an der Geschichte: Wo hätte sich der »Prozess« noch stoppen lassen können? Wodurch?
- Weiterführung: Schülerinnen und Schüler entwerfen Ereignisketten, an deren Anfang ein eigentlich »harmloses« Ereignis steht.
- Anschaulichkeit, Wirkung und Handlungskonsequenzen eines Gleichnisses erarbeiten (z.B.: Nathan: 2. Sam 12,1–7, Schalksknecht, …). Warum hat Nathan König David diese Geschichte erzählt? Welche Wirkung hatte die Geschichte auf König David?
- Transfer der Gleichnisse Jesu: Wie wirken die Gleichnisse (durch ihre »Anschaulichkeit«) und welche Wirkung erzielen sie bei den Zuhörern? (Modell ethisch verantwortlichen Handelns, Nachfolge, …).
- Lehrerimpuls: Sachinformation (ohne Gleichnisrede) zum Reich Gottes: »Das Reich Gottes fängt klein an und wird dann groß!«; »Im Reich Gottes geht es gerecht zu!«; »Im Reich Gottes gibt es große Vergebung!«; »Im Reich Gottes kommt es auf jeden an!«; »Das Reich Gottes lässt sich schlecht vorhersehen!« Schülerinnen und Schüler ordnen die genannten Sachaussagen den entsprechenden Gleichnissen zu und beurteilen deren Anschaulichkeit und Wirkung.

Die Schülerinnen und Schüler können die Gemeinsamkeiten neu-testamentlicher Wunder-erzählungen darstellen	■ Schülerinnen und Schüler beschäftigen sich intensiv mit dem Text einer Wundererzählung und arbeiten deren Merkmale heraus. ■ Anhand von drei Bildern: Codex Aureus, Teich Bethesda (Joh 5), zehn Aussätzige (Lk 17), Heilung des Gelähmten (Mk 2). Gemeinsamkeiten und Unterschiede von Heilungsgeschichten Jesu erarbeiten (**M 15** bis **M 17**): Welche Personen sind beteiligt? Wer ist aktiv, wer ist passiv? Wie passiert das Wunder? Wie verhalten sich die Geheilten? ■ Heilungsgeschichte aus der Perspektive des Geheilten schriftlich nacherzählen (in Briefform an einen Freund, eine Freundin).

Die Schülerinnen und Schüler können eine Wundererzählung als Hoffnungsgeschichte differenziert wahrnehmen und kreativ gestalten	Beispiel: **Die gekrümmte Frau** (Lk 13,10–12)
	■ Schülerinnen und Schüler gehen gekrümmt:
	  → man geht im eigenen Schatten
	  → alle schauen auf mich herab
	  → ich kann den Himmel nicht sehen
	■ Standbild von »Belasteten«, »Beschwerten«
	■ Was belastet mich, was zieht mich runter, was krümmt mich?
	■ Papiersteine auf den Rücken kleben:
	  → Was kann belastend sein?
	  → Was kann mich aufrichten?
	■ Wie lange kann ein Stock gebogen werden, bis er bricht?
	■ Wie weit sind wir belastbar, bis wir (zusammen-) brechen?
	■ Woran erkenne ich Verkrümmungen? – Wie kann ich andere aufrichten?
	■ Wie werde ich aufgerichtet? Wie ist das Aufgerichtetwerden für mich?
	■ Dankgebet der gekrümmten Frau schreiben lassen.
	■ Bild vorher – nachher (Zuckerkreide auf schwarzem / weißem Tonkarton).
	■ Brief der gekrümmten Frau an eine Freundin (»Stell dir vor, was mir heute passiert ist …«)
	
	Vorschläge für die Weiterarbeit mit Wundergeschichten:
	■ Die gekrümmte Frau (s.o.)
	■ Die Heilung des Aussätzigen
	■ Heilung des Gelähmten: Gute Freunde (wem bin ich ein guter Freund?)
	■ Stillung des Sturms: Wie gehe ich mit meinem Ängsten um?
	
	Methodische Impulse:
	■ Den Textraum erkunden, vgl. Hartmut Rupp: Den Textraum erkunden, in: entwurf 4/2006 (siehe »Literatur«, S. 99).
	■ Eigene Bilder mit eigenen Motiven/Formulierungen gestalten.
	■ Ein Rollenspiel inszenieren.
	■ Drehbuch für einen Film zu einer Erzählung schreiben.
	
	Einsichten entwickeln und über offene Fragen sprechen:
	Was hat uns das gebracht? Für uns selbst, für unsere Beziehung zu anderen und/oder zu Gott? (Reflexion der erworbenen Kompetenzen)

Die Schülerinnen und Schüler können das Verhalten Jesu gegenüber Kranken und Hilflosen für das eigene Leben nutzbar machen. Sie können Beispiele für aktuelle Herausforderungen nennen	■ Schülerinnen und Schüler vergleichen Wunder Jesu mit eigenen »Wundergeschichten«. ■ UG: Wo sind Wunder heute nötig? ■ Jesus gibt Hoffnung, also geben auch wir anderen Hoffnung, wenn es ihnen schlecht geht. Eigene Geschichten aus dem Alltag in Schule, Familie, Freunde, Sportverein erzählen.

Vom Reich Gottes in Gleichnissen und Wundern erzählen

- Beispiel für eine aktuelle Herausforderung: Sensibilisierung der Schülerinnen und Schüler für Blindheit im weitesten Sinn: Was macht mich blind gegenüber anderen?
- Zugang über Sprichwörter:
  - Mt 7,3: Den Balken in deinen Augen aber nimmst du nicht wahr ...
  - Es fällt mir wie Schuppen von den Augen.
  - Liebe macht blind.
  - Blind für eigene Fehler.
  - Blinde Flecken.
- Lied: Der Blinde und der Lahme (Gellert/Ougenweide) **(M 12)**
- Pantomimische Darstellung
- Ggf. Exkursion zu einer Sehbehindertenschule

- Anhand von Bildkarten zu einzelnen Wundergeschichten (Beispiele **M 10**: Brote und Fische, Boot, Wasser, Teich) können Schülerinnen und Schüler diese mündlich nacherzählen, ein Hörspiel mit verteilten Rollen gestalten und schriftliche Zusammenfassungen erstellen (EA, PA oder GA möglich).	**Die Schülerinnen und Schüler können eine Wundergeschichte Jesu als Hinweisgeschichte auf das Reich Gottes nacherzählen**

- Bildworte deuten: Karten mit Begriffen austeilen: Fels, Bär, Adler, Stein, Turm, Wasserfall, Buch, Kaktus, Rose, ... Vorgabe: Das Wort auf deinem Kärtchen beschreibt einen Menschen, zum Beispiel: N.N. ist ein Mann wie ein Fels. Aufgabe: Was sagt dieser Satz über den Menschen N.N. aus? Hinweis: Die Schülerinnen und Schüler erkennen, dass ein Bildwort mehrere Beschreibungen zulässt, die am besten mit Adjektiven wiedergegeben werden können. (Beispiel: stark, kantig, unbeweglich, fest, unerschütterlich, ... wie ein Fels.). - Variante: Jeder wählt für sich ein Bildwort; diese werden eingesammelt; die Lerngruppe versucht eine Zuordnung. Lehrperson achtet hier besonders auf die soziale Situation in der Klasse, da manche Schülerinnen und Schüler unangemessene Bildworte wählen könnten. - Schülerinnen und Schüler erarbeiten in Gruppen verschiedene Auslegungsmöglichkeiten zu einer Wundergeschichte aus den Evangelien (siehe Leitmedium **M 1**). - Schülerinnen und Schüler präsentieren ihre Interpretationsform mithilfe eines Standbildes, eines kurzen Textes, eines eigenen Bildes ... - Schülerinnen und Schüler gestalten zu den einzelnen Elementen des Utopie-Plakates eine passende Wunder- oder/und Gleichnisgeschichte.	**Die Schülerinnen und Schüler können darstellen, was sie gelernt haben**

Schulbücher: Das Kursbuch Religion 2 (Klassen 7/8) Kursbuch Religion elementar 7/8 SpurenLesen 2 (Klassen 7/8) Religion entdecken – verstehen – gestalten (Klassen 7/8) **Unterrichtspraktisches:** Ulrich Bubenheimer: Spielen im Religionsunterricht. Zu einem Unterrichtsprojekt und zu einem Unterrichts-Mitschaufilm, in: entwurf 2/81, S. 6–20. Hartmut Rupp: Den Textraum erkunden. Eine Methode zur Erschließung von Wundergeschichten, in: entwurf 4/2006, S. 22–24.	**Literatur zur Unterrichtsgestaltung**

entwurf 4/2006, Thema »Wunder«, mit DVD zum Heft (Film: Wunderbare Tage; siehe ausführliche Arbeitshilfen unter: www.filmwerk.de; Bilder aus der Wunderkartei).

Weiteres Material für die Hand des Lehrers:

Stefan Alkier / Bernhard Dressler: Wundergeschichten als fremde Welten lesen lernen. Didaktische Überlegungen zu Mk 4,35–41, in: Religion zeigen. Religionspädagogik und Semiotik, hg. v. Bernhard Dressler und Michael Meyer-Blanck, Grundlegungen 4, Münster 1998, S. 163–187.

Stefan Alkier: Jenseits von Entmythologisierung und Rehistorisierung – Skizzen zu einer Semiotik des Wunderbaren im frühen Christentum, in: Religion zeigen. Religionspädagogik und Semiotik, hg. v. Bernhard Dressler und Michael Meyer-Blanck, Grundlegungen 4, Münster 1998, S. 27–60.

Klaus Berger: Darf man an Wunder glauben? Gütersloh 1999.

Bernd Kollmann: Neutestamentliche Wundergeschichten, Stuttgart 2002.

Peter Müller, Gerhard Büttner, Roman Heiligenthal und Jörg Thierfelder: Die Gleichnisse Jesu. Ein Studien- und Arbeitsbuch für den Unterricht, 2. Auflage, Stuttgart 2008.

Ruben Zimmermann: Kompendium der Gleichnisse, Gütersloh 2008.

© Sieger Köder

Karl Valentin: Wenn ich einmal der Herrgott wär'

Wenn ich einmal der Herrgott wär'
Mein erstes wäre das,
Ich schüfe alle Kriege ab,
Vorbei wär' Streit und Hass.
Doch weil ich nicht der Herrgott bin,
Hab' ich auch keine Macht;
Zum ew'gen Frieden kommt es nie,
Weil's immer wieder kracht.

Wenn ich einmal der Herrgott wär'
Mein zweites wäre dies'
Ich schüfe alle Technik ab,
's wär besser, ganz gewiss.
Dann gäb' es auch kein Flugzeug mehr,
Oh Gott! Wie wär das nett!
Und ohne Angst, da gingen wir
Allabendlich ins Bett.

Wenn ich einmal der Herrgott wär'
Ich gäbe in der Welt
Den Menschen alle die Vernunft,
Die, scheints, noch vielen fehlt.
Doch weil mir das nicht möglich ist,
Die Sache ist zu dumm,
Drum bringen sich die Menschen mit
Der Zeit noch alle um.

Wenn ich einmal der Herrgott wär'
Ich glaub, ich käm in Wut,
Weil diese Menschheit auf der Welt
Grad tut, was sie gern tut.
Ich schaute nicht mehr lange zu,
Wenn s' miteinander raufen;
Ich liesse eine Sintflut los
Und liess' sie all' ersaufen.

Ja, lieber Herrgott, tu das doch,
Du hast die Macht in Händen,
Du könntest diesen Wirrwarr doch
Mit einem Schlag beenden.
Die Welt, die Du erschaffen hast,
Die sollst auch Du regieren!
Wenn Du die Menschheit nicht ersäufst,
Dann lass sie halt erfrieren.

November 1942

Aus: Karl Valentin Sämtliche Werke. Band 2: Couplets, © 1994 Piper Verlag GmbH, München.

Was sind Gleichnisse?

In Gleichnissen erzählte Jesus seinen Zuhörern Geschichten aus deren Alltagsleben. Da geht es um Sauerteig, um einen Hirten der ein Schaf verliert, um eine Frau die ein Geldstück verliert, und um vieles mehr. Diese Geschichten haben oft ein ganz überraschendes Ende! Man kann sagen, dass es in den Gleichnissen um Wahrheiten geht, die in einer Geschichte, nämlich dem Gleichnis, versteckt sind.

Lies den Text und korrigiere die Fehler, indem du die entsprechenden Stellen unterstreichst!

Jesus sprach: Ein Mensch hatte Söhne. Der älteste von ihnen sprach zu dem Vater: Gib mir, Vater, das Erbteil, das mir zusteht. Und er teilte Hab und Gut unter sie. Und nicht
5 lange danach sammelte der andere Sohn alles zusammen und zog in ein fernes Land. Dort begann er eine ehrliche Arbeit. Es kam aber ein Krieg über das Land, und er musste immer mehr von seinem Geld aufwenden,
10 um zu überleben, denn die Leute kauften nichts mehr bei ihm, sie mussten alle sparen. Als er alles verbraucht hatte, kam eine große Hungersnot über jenes Land, und er fing an zu hungern. Er suchte nach Arbeit
15 und fand keine. Trotzdem gab er einem, der noch schlimmer dran war als er, Arbeit, er ließ ihn seine Schweine hüten. Als er schließlich gar nichts mehr hatte, da ging er in sich

und sprach: Wie viele Tagelöhner hat mein
20 Vater, die Brot in Fülle haben, und ich verderbe hier vor Hunger! Ich will mich aufmachen und zu meiner Familie, meinen Brüdern gehen und zu ihnen sagen: Brüder, ich habe gesündigt und ich hatte Pech. Ich bin
25 hinfort nicht mehr wert, dass ich euer Bruder bin, macht mich zu eurem Tagelöhner! So machte er sich auf die Reise nach Hause. Und als er noch weit entfernt war, sah ihn sein Vater, und es jammerte ihn; er lief und
30 fiel ihm um den Hals und küsste ihn. Der Sohn aber sprach zu ihm: Vater, ich habe gesündigt gegen den Himmel und vor dir; ich bin hinfort nicht mehr wert, dass ich dein Sohn heiße. Aber der Vater sprach zu seinen
35 jüngeren Brüdern: Bringt das gemästete Kalb und schlachtet es; lasst uns essen und fröhlich sein! Denn dieser mein Sohn war tot und ist wieder lebendig geworden; er war verloren und ist gefunden worden. Und sie
40 fingen an, fröhlich zu sein.

M 6

Silbergroschen

© Archiv

© Werner Kuhnle

© picture alliance/Design Pies

Vom Reich Gottes in Gleichnissen und Wundern erzählen

© picture alliance/Corey Hochachka

© picture alliance/abaca

Vom Reich Gottes in Gleichnissen und Wundern erzählen

M 8

© tutto62/pixelio.de

M 8   Siehe S. 104

Wir wohnten im dritten Stock mitten in der Stadt und haben uns nie etwas zuschulden kommen lassen, auch mit Dörfelts von gegenüber verband uns eine jahrelange Freundschaft, bis die Frau sich kurz vor dem Fest unsre Bratpfanne auslieh und nicht zurückbrachte. Als meine Mutter dreimal vergeblich gemahnt hatte, riss ihr eines Tages die Geduld und sie sagte auf der Treppe zu Frau Muschg, die im vierten Stock wohnt, Frau Dörfelt sei eine Schlampe.

Irgendwer muss das den Dörfelts hinterbracht haben, denn am nächsten Tag überfielen Klaus und Achim unsern Jüngsten, den Hans, und prügelten ihn windelweich. Ich stand grad im Hausflur, als Hans ankam und heulte. In diesem Moment trat Frau Dörfelt drüben aus der Haustür, ich lief über die Straße, packte ihre Einkaufstasche und stülpte sie ihr über den Kopf. Sie schrie aufgeregt um Hilfe, als sei sonst was los, dabei drückten sie nur die Glasscherben etwas auf den Kopf, weil sie ein paar Milchflaschen in der Tasche gehabt hatte.

Vielleicht wäre die Sache noch gut ausgegangen, aber es war just um die Mittagszeit, und da kam Herr Dörfelt mit dem Wagen angefahren. Ich zog mich sofort zurück, doch Elli, meine Schwester, die mittags zum Essen heimkommt, fiel Herrn Dörfelt in die Hände. Er schlug ihr ins Gesicht und zerriss dabei ihren Rock. Das Geschrei lockte unsere Mutter ans Fenster, und als sie sah, wie Herr Dörfelt mit Elli umging, warf unsere Mutter mit Blumentöpfen nach ihm. Von Stund an herrschte erbitterte Feindschaft zwischen den Familien. Weil wir nun den Dörfelts nicht über den Weg trauten, installierte Herbert, mein ältester Bruder, der bei einem Optiker in die Lehre geht, ein Scherenfernrohr am Küchenfenster. Da konnte unsere Mutter, waren wir andern alle unterwegs, die Dörfelts beobachten. Augenscheinlich verfügten diese über ein ähnliches Instrument, denn eines Tages schossen sie von drüben mit einem Luftgewehr herüber. Ich erledigte das feindliche Fernrohr dafür mit einer Kleinkaliberbüchse, an diesem Abend ging unser Volkswagen unten im Hof in die Luft.

Unser Vater, der als Oberkellner im hochrenommierten Café Imperial arbeitete, nicht schlecht verdiente und immer für den Ausgleich eintrat, meinte, wir sollten uns jetzt an die Polizei wenden. Aber unserer Mutter passte das nicht, denn Frau Dörfelt verbreitete in der ganzen Straße, wir, das heißt unsere gesamte Familie, seien derart schmutzig, dass wir mindestens zweimal jede Woche badeten und für das hohe Wassergeld, das die Mieter zu gleichen Teilen zahlen müssen,

verantwortlich wären. Wir beschlossen also, den Kampf aus eigener Kraft in aller Härte aufzunehmen, auch konnten wir nicht mehr zurück, verfolgte doch die ganze Nachbarschaft gebannt den Fortgang des Streites.

Am nächsten Morgen schon wurde die Straße durch ein mörderisches Geschrei geweckt. Wir lachten uns halbtot, Herr Dörfelt, der früh als erster das Haus verließ, war in eine tiefe Grube gefallen, die sich vor der Haustüre erstreckte. Er zappelte ganz schön in dem Stacheldraht, den wir gezogen hatten, nur mit dem linken Bein zappelte er nicht, das hielt er fein still, das hatte er sich gebrochen. Bei alledem konnte der Mann noch von Glück sagen – denn für den Fall, dass er die Grube bemerkt und umgangen hätte, war der Zünder einer Plastikbombe mit dem Anlasser seines Wagens verbunden.

Damit ging kurze Zeit später Klunker-Paul, ein Untermieter von Dörfelts hoch, der den Arzt holen wollte. Es ist bekannt, dass die Dörfelts leicht übelnehmen. So gegen zehn Uhr begannen sie unsre Hausfront mit einem Flakgeschütz zu bestreichen. Sie mussten sich erst einschießen, und die Einschläge befanden sich nicht alle in der Nähe unserer Fenster. Das konnte uns nur recht sein, denn jetzt fühlten sich auch die anderen Hausbewohner geärgert, und Herr Lehmann, der Hausbesitzer, begann um den Putz zu fürchten.

Eine Weile sah er die Sache noch an, als aber zwei Granaten in seiner guten Stube krepierten, wurde er nervös und übergab uns den Schlüssel zum Boden. Wir robbten sofort hinauf und rissen die Tarnung von der Atomkanone. Es lief alles wie am Schnürchen, wir hatten den Einsatz oft genug geübt, die werden sich jetzt ganz schön wundern, triumphierte unsre Mutter und kniff als Richtkanonier das rechte Auge fachmännisch zusammen. Als wir das Rohr genau auf Dörfelts Küche eingestellt hatten, sah ich drüben gegenüber im Bodenfenster ein gleiches Rohr blinzeln, das hatte freilich keine Chance mehr, Elli, unsre Schwester, die den Verlust ihres Rockes nicht verschmerzen konnte, hatte zornroten Gesichts das Kommando »Feuer!« erteilt.

Mit einem unvergeßlichen Fauchen verließ die Atomgranate das Rohr, zugleich fauchte es auch auf der Gegenseite. Die beiden Geschosse trafen sich genau in der Straßenmitte. Natürlich sind wir nun alle tot, die Straße ist hin und wo unsre Stadt früher stand, breitet sich jetzt ein graubrauner Fleck aus.

Aber eins muss man sagen, wir haben das Unsre getan, schließlich kann man sich nicht alles gefallen lassen. Die Nachbarn tanzen einem sonst auf der Nase herum.

© Archiv

© Archiv

© Archiv

© Tim Reinhart/pixelio.de

© Archiv

© Christine Braune/pixelio.de

© Berthold Brohm

Vom Reich Gottes in Gleichnissen und Wundern erzählen

Johannes 5

Die Heilung eines Kranken am Teich Betesda

[1]Danach war ein Fest der Juden, und Jesus zog hinauf nach Jerusalem.

[2] Es ist aber in Jerusalem beim (a) Schaftor ein Teich, der heißt auf hebräisch Betesda. Dort sind fünf Hallen;

[3]in denen lagen viele Kranke, Blinde, Lahme, Ausgezehrte. Sie warteten darauf, dass sich das Wasser bewegte.

[4]Denn der Engel des Herrn fuhr von Zeit zu Zeit herab in den Teich und bewegte das Wasser. Wer nun zuerst hineinstieg, nachdem sich das Wasser bewegt hatte, der wurde gesund, an welcher Krankheit er auch litt.

[5]Es war aber dort ein Mensch, der lag achtunddreißig Jahre krank.

[6] Als Jesus den liegen sah und vernahm, dass er schon so lange gelegen hatte, spricht er zu ihm: Willst du gesund werden?

[7]Der Kranke antwortete ihm: Herr, ich habe keinen Menschen, der mich in den Teich bringt, wenn das Wasser sich bewegt; wenn ich aber hinkomme, so steigt ein anderer vor mir hinein.

Codex Aureus von Echternach (10. Jh.), die zehn Aussätzigen, Germanisches Nationalmuseum, Nürnberg

[8]Jesus spricht zu ihm: Steh auf, nimm dein Bett und geh hin!

[9]Und sogleich wurde der Mensch gesund und nahm sein Bett und ging hin.

Lukas 17

Die zehn Aussätzigen

[11]Und es begab sich, als er nach Jerusalem wanderte, dass er durch Samarien und Galiläa hin zog.

[12]Und als er in ein Dorf kam, begegneten ihm zehn aussätzige Männer; die standen von ferne

[13]und erhoben ihre Stimme und sprachen: Jesus, lieber Meister, erbarme dich unser!

[14]Und als er sie sah, sprach er zu ihnen: Geht hin und zeigt euch den Priestern! Und es geschah, als sie hingingen, da wurden sie rein.

[15]Einer aber unter ihnen, als er sah, dass er gesund geworden war, kehrte er um und pries Gott mit lauter Stimme

[16]und fiel nieder auf sein Angesicht zu Jesu Füßen und dankte ihm. Und das war ein Samariter.

[17]Jesus aber antwortete und sprach: Sind nicht die zehn rein geworden? Wo sind aber die neun?

[18]Hat sich sonst keiner gefunden, der wieder umkehrte, um Gott die Ehre zu geben, als nur dieser Fremde?

[19]Und er sprach zu ihm: Steh auf, geh hin; dein Glaube hat dir geholfen.

Codex Aureus von Echternach (10. Jh.), die zehn Aussätzigen, Germanisches Nationalmuseum, Nürnberg

Markus 2

Die Heilung eines Gelähmten (»Der Gichtbrüchige«)

¹Und nach einigen Tagen ging er wieder nach Kapernaum; und es wurde bekannt, dass er im Hause war.

²Und es versammelten sich viele, sodass sie nicht Raum hatten, auch nicht draußen vor der Tür; und er sagte ihnen das Wort.

³Und es kamen einige zu ihm, die brachten einen Gelähmten, von vieren getragen.

⁴Und da sie ihn nicht zu ihm bringen konnten wegen der Menge, deckten sie das Dach auf, wo er war, machten ein Loch und ließen das Bett herunter, auf dem der Gelähmte lag.

⁵Als nun Jesus ihren Glauben sah, sprach er zu dem Gelähmten: Mein Sohn, deine Sünden sind dir vergeben.

⁶Es saßen da aber einige Schriftgelehrte und dachten in ihren Herzen:

⁷Wie redet der so? Er lästert Gott! Wer kann Sünden vergeben als Gott allein?

⁸Und Jesus erkannte sogleich in seinem Geist, dass sie so bei sich selbst dachten, und sprach zu ihnen: Was denkt ihr solches in euren Herzen?

⁹Was ist leichter, zu dem Gelähmten zu sagen: Dir sind deine Sünden vergeben, oder zu sagen: Steh auf, nimm dein Bett und geh umher?

¹⁰Damit ihr aber wisst, dass der Menschensohn Vollmacht hat, Sünden zu vergeben auf Erden – sprach er zu dem Gelähmten:

¹¹Ich sage dir, steh auf, nimm dein Bett und geh heim!

¹²Und er stand auf, nahm sein Bett und ging alsbald hinaus vor aller Augen, sodass sie sich alle entsetzten und Gott priesen und sprachen: Wir haben so etwas noch nie gesehen.

Codex Aureus von Echternach (10. Jh.), Die Heilung des Gelähmten, Germanisches Nationalmuseum, Nürnberg

Vom Reich Gottes in Gleichnissen und Wundern erzählen

Der Blinde und der Lahme

1 Von un-ge-fähr muss ei-nen Blin-den ein Lah-mer auf der Stras-se fin-den, und je-ner hofft schon freu-den-voll, dass ihn der an-dre lei-ten soll

Refrain

Dir, spricht der Lah-me, bei-zu-stehn? Ich ar-mer Mann kann selbst nicht gehn; doch scheints, dass du zu ei-ner Last noch sehr ge-sun-de Schul-tern hast. ——

Text: Christian Fürchtegott Gellert; Melodie: Ougenweide

Christian Fürchtegott Gellert
Der Blinde und der Lahme

1 Von ungefähr muss einen Blinden
Ein Lahmer auf der Straße finden,
Und jener hofft schon freudenvoll,
Dass ihn der andre leiten soll.

2 Dir, spricht der Lahme, beizustehn?
Ich armer Mann kann selbst nicht gehn;
Doch scheints, dass du zu einer Last
Noch sehr gesunde Schultern hast.

3 Entschließe dich, mich fortzutragen:
So will ich dir die Stege sagen:
So wird dein starker Fuß mein Bein,
Mein helles Auges deines sein.

4 Der Lahme hängt mit seiner Krücken
Sich auf des Blinden breiten Rücken.
Vereint wirkt also dieses Paar,
Was einzeln keinem möglich war.

5 Du hast das nicht, was andre haben,
Und andern mangeln deine Gaben;
Aus dieser Unvollkommenheit
Entspringet die Geselligkeit.

6 Wenn jenem nicht die Gabe fehlte,
Die die die Natur für mich erwählte:
So würd er nur für sich allein,
Und nicht für mich, bekümmert sein.

7 Beschwer die Götter nicht mit Klagen!
Der Vorteil, den sie dir versagen
Und jenem schenken, wird gemein,
Wir dürfen nur gesellig sein.

Beruf, Arbeit und Freizeit im eigenen Leben gestalten können

Bildungsstandards für die Hauptschule

Die Schülerinnen und Schüler

- **entwickeln Ideen zur Gestaltung ihres Lebens, schätzen ihre Möglichkeiten realistisch ein und sind sich der Veränderbarkeit ihrer Lebensentwürfe bewusst (HS 9.1.4)**
- wissen, dass Leib und Seele verletzbar sind, können Gefahren benennen und negative Folgen für ihr Leben abschätzen (HS 9.1.2)
- wissen, dass die Bibel von Gott und den Erfahrungen der Menschen mit Gott erzählt und deshalb für Menschen wichtig wurde, wie sie ihre Fragen und Erfahrungen dort immer wieder entdeckt haben (HS 9.3.1)

Mindeststandards

- Die Schülerinnen und Schüler klären Aspekte ihrer Lebensentwürfe und können diese darstellen.
- Die Schülerinnen und Schüler entdecken und beschreiben ihre eigenen Stärken und können Handlungsstrategien einer proaktiven Lebenseinstellung darstellen.
- Die Schülerinnen und Schüler können Gründe nennen, warum Menschen arbeiten und ihre Berufswünsche darstellen.
- Die Schülerinnen und Schüler können Möglichkeiten der Freizeitgestaltung darstellen und reflektieren

Themenfeld(er):

Meine Zukunft: Beruf, Arbeit, freie Zeit

Schwerpunktkompetenz und weitere Kompetenzen

Zur Lebensbedeutsamkeit

Arbeit ist eine anthropologische Konstante und gehört zum Wesen des Menschseins. Der Mensch erfährt sich in der Arbeit als wichtig und wertvoll.

Arbeit ist ein Selbstausdruck des Menschen und ein Ausdruck dessen, was es bedeutet, ein schöpferisches Wesen zu sein. Arbeiten ist eine Art, Ebenbild Gottes zu werden. Arbeit schafft einen sozialen Bezug, da wir dazu geschaffen sind, miteinander menschliches Leben durch gemeinsame Arbeit zu gestalten.

Der Abgleich und die Passung von beruflichen Anforderungsprofilen und eigenen Fähigkeiten, Könnenserfahrungen sowie die Erfahrung von Selbstwirksamkeit unterstützen die Identitätsentwicklung bei Jugendlichen und fördern ihr Selbstwertgefühl.

Das gesellschaftliche Problem der Arbeitslosigkeit hat die Schule und die Schüler – gerade auch der Hauptschule – persönlich und auch existentiell längst erreicht. Die angespannte Ausbildungs- und Lehrstellensituation, besonders im Bereich der Angebote für gering Qualifizierte, erhöht den Selektionsdruck und führt zu Resignation und Reduktion des Vertrauens in die eigenen Fähigkeiten und Möglichkeiten und kann sich auch in Gewalttätigkeiten auswirken. Die gesellschaftlichen Veränderungen in den Bereichen Wirtschafts- und Arbeitswelt hin zu einer Risikogesellschaft stellt die jungen Menschen vor große Herausforderungen. Ihre Arbeitsbiographien werden auch Phasen ohne Beschäftigung oder mit zeitlich begrenzter Beschäftigung auch in berufsfremden Sparten, Phasen der Umorientierung, Brüche, Berufswechsel, neue Aus- und Weiterbildung, Ortswechsel und anderes mehr aufweisen und somit unregelmäßiger, vielgestaltiger aber auch brüchiger als früher sein.

Da Menschen Gottes Liebe geschenkt bekommen, hängt ihre Würde nicht davon ab, was sie können, wissen und leisten. Die Würde des Menschen und seine Rechtfertigung sind ihm unabhängig von seiner Leistung von Gott geschenkt. Vielmehr gründet ihre Leistungsbereitschaft im Zuspruch ihrer bedingungslosen Anerkennung. Insofern ist der Wert des Menschen unermesslich und die Botschaft von einem Gott, der den Menschen Mut zum Leben machen möchte ungeachtet ihrer aktuellen Lebens- und Arbeitssituation, im Kontext dieser Thematik besonders wichtig. Biblisch wird der Lohn als Mittel zur Sicherung des Lebensunterhalts gesehen. Neben dem »Leistungsprinzip« gerät das »Bedarfsprinzip« (jeder Mensch soll das bekommen, was er zum Leben braucht; vgl. Mt 20) in den Blick! Arbeit an der Schöpfung ist Versöhnung mit der Natur, im Unterschied zur Ausbeutung der Natur. Indem wir Menschen bebauend und bewahrend an der Erde arbeiten, erfüllen wir den Schöpfungsauftrag Gottes.

Elementare Fragen	Warum müssen Menschen überhaupt arbeiten? / Werde ich überhaupt gebraucht? / Welcher Beruf passt zu mir? / Welche Lehrstelle passt zu mir / Zu welcher Lehrstelle passe ich? Wie sieht (m)ein Leben nach der Schule aus? / Welche Berufe stehen mir überhaupt als Wahlmöglichkeit zur Verfügung? / Bekomme ich eine Lehrstelle/eine Arbeit? / Was soll ich tun, wenn ich keinen Job finde und/oder arbeitslos werde? / Was fange ich mit meiner (vielen) Freizeit an?
Ein Blick auf katholische Bildungsstandards	Die Schülerinnen und Schüler ■ wissen, dass Menschen als Geschöpfe Gottes nach christlichem Verständnis zu einem verantwortlichen Umgang mit sich selbst und anderen berufen sind (HS 1.2) ■ lernen ihre Stärken und Schwächen wahrzunehmen, einzuschätzen und entwickeln Möglichkeiten, mit diesen verantwortlich umzugehen (HS 1.3) ■ können eine Haltung entwickeln, die die Geschöpflichkeit und Ebenbildlichkeit als Grundlage für Selbstwertgefühl und Ich-Stärke akzeptiert sowie zu respektvollem Umgang mit anderen motiviert (HS 2.4)
Leitmedien	■ Lebensentwürfe der Schülerinnen und Schüler werden als Mindmap (siehe **M 2a**) (mit digitalen Bildern und unterschiedlichen Werkstoffen/Materialien) gestaltet und im Laufe der Einheit an jeweils wichtigen Stellen erneut betrachtet, überprüft, weiterentwickelt und fortgeschrieben. (Alternativ: Gestaltung als Weg oder als Fluss; siehe **M 2b**). ■ Die Schülerinnen und Schüler gestalten eine Powerpoint-Präsentation über sich selbst, ihr bisheriges Leben und ihr zukünftiges Leben (mögliche Inhalte / Themen (**M 2a**); sie ergänzen ihre Präsentation Schritt für Schritt und stellen diese am Ende der Einheit vor.
Die Schülerinnen und Schüler können zeigen, was sie schon wissen und können	■ Sie erzählen von Highlights/Lieblingsaktivitäten aus dem eigenen Freizeitleben(-Bereich) und erstellen eine Art Hitparade (TOP 5/TOP 10). ■ Sie können Berufsbilder aus dem näheren familiären Umfeld darstellen und erstellen ebenfalls eine Hitparade (s.o.). (→ WAG) ■ Sie erzählen von Erfahrungen mit Arbeit und Lohn und dem daraus resultierenden persönlichen Gewinn. ■ Impuls: Die Lehrkraft zerbricht einen Stock, der mit dem Begriff »Arbeit« beschriftet ist. Die Schülerinnen und Schüler können über Risiken, Brüche des Er-

werbs-/Berufslebens; Zeiten der Arbeitslosigkeit; Hartz IV; über eventuell eigene Erfahrungen und/oder die Erfahrungen anderer erzählen.

- ■ Die Lehrkraft gibt verschiedene Kompetenzen vor:

  1. Ich kann meine eigenen Vorstellungen von meinem Leben darstellen, anderen erläutern und weiterentwickeln.
  2. Ich kann die eigene Berufswahl vorbereiten und entscheiden: Ich habe für meine Berufsplanung vier verschiedene Alternativen (Plan A – D).
  3. Ich kenne Möglichkeiten/Strategien Probleme, Stress, Frust, Aggressionen, … zu bewältigen.
  4. Ich kann Auskunft geben über die größten Gefahren von Jugendlichen in Bezug auf Alkohol, Drogen, Kriminalität, Perspektivlosigkeit, Unzuverlässigkeit, Gewalt, …
  5. Ich kenne eine, zwei, drei biblische Geschichten, die mir und anderen Menschen Mut machen!

- ■ Die Schülerinnen und Schüler sagen, was sie schon können und womit sie sich als Nächstes / als Erstes beschäftigen wollen.

Die Schülerinnen und Schüler wissen, welche Kompetenzen es zu erwerben gilt, und können ihren Lernweg mitgestalten

Variante 1:

- ■ Das Fundament, auf dem mein Leben, mein Lebenshaus steht, bestimmen: In der Kreismitte wird mit Filzstreifen der Umriss eines Hauses gestaltet (Quadrat und Dreieck), eine Kerze in den Umriss des Hauses gestellt und entzündet. Als nächstes gestaltet jeder Schüler vor seinem Platz den Umriss eines (kleinen) Hauses mit Filzstreifen.
- ■ Impuls und UG: Warum muss beim Bau eines Hauses als Erstes das Fundament grundgelegt werden?
- ■ Die Schülerinnen und Schüler vergleichen ihre Gesprächsergebnisse mit Mt 7,24, wo es heißt, man solle sein Haus nicht auf Sand, sondern auf felsigen Grund bauen; sie gestalten das Fundament des Hauses in der Kreismitte mit Tüchern, die zur Festigung des Fundamentes übereinander gelegt werden. Abschließend wird eine Bibel in das Fundament hingelegt und nach Grün-den für deren Platzierung im Lebensfundament gefragt.
- ■ Die Schülerinnen und Schüler denken über das »Fundament ihres Lebens« nach, benennen die Grundsteine ihres Lebensfundamentes und tragen die Bezeichnungen ihrer Grundsteine auf Kärtchen in Mauersteinform (und/oder in das Arbeitsblatt **M 1** ein); ihre Karten legen sie in das Fundament des Hauses in der Kreismitte.
- ■ Impuls: Was kann das helle Lebenshaus von innen wie von außen bedrohen und gefährden? Die Schülerinnen und Schüler gestalten am Lebenshaus (an den Seiten des Hauses und über dem Haus) in der Kreismitte mit verschiedenen Legematerialien, z.B. Dornen, Seile, Steine, Ringe, dunkle Tücher und Filzstreifen, Ketten … mögliche Bedrohungen und Gefährdungen des hellen Lebenshauses, z.B.: Krankheit, Tod, Streit, Arbeitslosigkeit, Ehescheidung, keine Zeit für einander, … und formulieren beim Ablegen des gewählten Materials die Qualität der möglichen Bedrohungen, Krisen und Gefährdungen des Lebenshauses. Alternativ hierzu kann auch mit Karten in der Form dunkler Wolken und Blitzzeichen gearbeitet werden, die von den Schülerinnen und Schülern beschriftet und erläuternd über dem Haus abgelegt werden.
- ■ Auf der Grundlage des erarbeiteten Fundaments, aber auch der möglichen Bedrohungen, Krisen und Gefährdungen des Lebenshauses formulieren die Schülerinnen und Schüler ihre Wünsche, Hoffnungen und Ziele für die Zukunft ihres Lebens und die Gestaltung ihres ganz persönlichen »Lebenshauses« (z.B.

Die Schülerinnen und Schüler können ihre eigenen Lebensentwürfe klären und darstellen

Schulabschluss, Ausbildung, Beruf, Freunde, Partner, Familie, …). Sie notieren diese Angaben auf Karten und legen diese in ihr »Haus des Lebens«. Eine Weiterführung und Vertiefung dieser Arbeit an den Zielen, Wünschen, … für das eigene Leben erfolgt dann über die Entwicklung und Gestaltung einer (Lebens-Ziele-Pyramide) auf einem Plakat. Die Schülerinnen und Schüler tragen die für sie sechs wichtigsten Ziele ihres (zukünftigen) Lebens in eine Lebens-Pyramide ein und tauschen sich über die Wertigkeit der einzelnen Ziele und ihre Platzierung in der Pyramide aus (Basis- oder Spitzenplatz).

Variante 2:
- Die Schülerinnen und Schüler gestalten eine Mindmap (**M 2a**) zum Thema »Wie ich mir meine Zukunft vorstelle«: Mögliche Äste der Schüler-Mindmaps: Erwartungen an das Leben, eigene Wert- und Sinnvorstellungen, Träume, Beruf, Freizeit, Freunde, Partner und Familie etc.
Alternativ zur Darstellung als Mindmap: Darstellung der verschiedenen Aspekte in einem Lebens-Fluss oder in einem Lebens-Weg (**M 2b**). Erstellung eines Fragebogen: Was ist mir wichtig/nicht wichtig in meinem zukünftigen Leben? Mindmaps als Dauerausstellung im Klassenzimmer aufhängen, um Prozesse im Laufe der UE sichtbar werden zu lassen und Fortschreibungen zu ermöglichen.

Variante 3:
- Einen eigenen Lebensentwurf (Lebensprogramm) mithilfe der Begriffe 1. Interessen, Leidenschaften, Vorstellungen vom Glück; 2. Andere Menschen, Wünsche; 3. Geld, Reichtum, Luxus; 4. Ausbildung, Beruf, Karriere; 5. Lebenswerte, Regeln, Gebote; 6. Vorbilder, Leitbilder, Persönlichkeiten, Helden, Idole; 7. Lebenssinn; 8. Weltverantwortung, Weltverbesserung, Visionen einer neuen Welt (Zukunft); 9. Umgang mit Krisen, Niederlagen, Krankheit; 10. Sterben, Tod und was dann? entwerfen und verschriftlichen. Die Entwürfe werden veröffentlicht (auf Freiwilligkeit achten!), auf Gemeinsamkeiten und Unterschiede untersucht, verglichen und gewürdigt.
- Mithilfe der erarbeiteten Lebensentwürfe gestalten die Schülerinnen und Schüler eine Powerpoint-Präsentation zum Thema »Eine Reise in die Zukunft gewonnen«, präsentieren diese und gewähren so einen Einblick in ihre persönliche Zukunft.
- Die formulierten Lebensentwürfe der Schülerinnen und Schüler werden nun auf ausgewählte Texte der Bergpredigt bezogen.
  1. Die Seligpreisungen (siehe die Punkte des Lebensentwurfs 1, 3 und 4)
  2. Vom Sorgen und Nichtsorgen (siehe die Punkte des Lebensentwurfs 4, 5 und 7) wie auch der »Klassiker« zum Thema von Dale Carnegy: Sorge dich nicht – lebe.
  3. Feindesliebe / Gewaltlosigkeit (siehe die Punkte des Lebensentwurfs 5 und 6)
  4. Das Vaterunser (siehe die Punkte des Lebensentwurfs 2, 8 und 9)
  Gemeinsamkeiten wie auch Unterschiede werden herausgearbeitet und in Bezug auf den eigenen Lebensentwurf reflektiert: Welche Aspekte der Bergpredigt finde ich in meinem Lebensentwurf wieder? Welche Aspekte würde ich gerne aufnehmen?
  Abschließend formulieren die Schülerinnen und Schüler ihre Einsichten und Schlussfolgerungen für das eigene Lebensprogramm.

Variante 4:
- Drei Fragen an meine Zukunft und drei Antworten, die ich mir auf meine Fragen gebe, z.B.: Bekomme ich einen Job, eine Frau, Kinder und verdiene ich genügend Geld?

Variante 5:

- Die Schüler gestalten in **M 3** drei Zielfotos, die ausdrücken, wie sie sich ihr Leben mit 20, 40 und mit 60 Jahren vorstellen.

- DVD-2011 Vergissmeinnicht. Briefe vom Ich

- »Zuwendungsdusche« (heißer Stuhl): Was ich an Marco bzw. Stefanie besonders schätze: Ein Schüler/eine Schülerin sitzt in der Kreismitte, jeder der Mitschüler/innen spricht diesem Schüler/dieser Schülerin eine positive Eigenschaft, eine Fähigkeit, einen positiven Satz zu: Ich mag an dir, … Ich finde es toll, dass du … – Reflexion: Eigene Empfindungen schildern; Möglichkeiten der Annahme bzw. Gründe für die Ablehnung des Gehörten klären und formulieren. Ziel der Übung: Ausgehend von einem stärkeorientierten Persönlichkeitsmodell soll eine konstruktive Feedback-Kultur aufgebaut werden. Alternativ: Die Schülerinnen und Schüler entdecken anhand einer Begabungen-Liste (M 4) ihre persönlichen Stärken.

- Situationen erinnern, in denen ich aktiv war, und die diesen Situationen korrespondierenden Gedanken und Gefühle beschreiben. Die Schülerinnen und Schüler formulieren ihre Erfahrungen in Ich-Sätzen: Ich kann etwas: …, und fühle mich deshalb … / Ich bin erfolgreich, ich … / Ich werde geschätzt, wenn … / Ich werde gebraucht, und … / Ich bin gerne aktiv, weil … / Es fällt mir leichter aktiv zu sein, wenn … / Arbeiten ist für mich wie …

- Die Schülerinnen und Schüler berichten von eigenen Flow-Erlebnissen (»Flow« steht für das »Aufgehen« [Involviertheit] in einer Tätigkeit) bei Aktivitäten in den Bereichen Schule, Sport, Kunst, Spiel, Schule und sonstigen Freizeitaktivitäten. Oder sie kennen Sportler, Künstler, die davon berichtet haben, aber auch die Mühe, die es kostet, bis man so gut ist, dass man ein Flow-Erlebnis hat.

- Partnergespräch über den Frustsatz: »Das kann ich (sowieso) nicht!« – »Ich traue mir das nicht zu!« – »Die anderen trauen mir das nicht zu!« und dazu passende Gegen-Sätze (Erlaubnis-Sätze wie z.B.: »Das kann ich!« – »Das traue ich mir zu!« – »Das schaffe ich!«) hierzu formulieren und sich gegenseitig zusprechen.

- Die Schülerinnen und Schüler unterscheiden und beschreiben Situationen und deren Umstände, in denen sie sich eher aktiv oder eher passiv verhalten haben, und kommentieren bzw. begründen dies.

- Was mir hilft bzw. helfen könnte, Eigeninitiative zu entwickeln, mir Ziele zu setzen und für ihre Umsetzung aktiv zu werden und somit das eigene Leben zunehmend selbst zu gestalten und zu verantworten (für mich lösbare Aufgaben, Unterstützung / Hilfestellung durch andere, Zutrauen der anderen, dass ich diese Aufgabe lösen kann …)

- Ein Fähigkeiten-Profil erstellen: Was ich gut kann! (siehe Klaus W. Vopel: Interaktionsspiele für Jugendliche, Teil 2, Iskopress, Salzhausen, Fähigkeiten und Stärken, S. 72–116)

- Mithilfe einer allgemeinen In-Out-Liste (**M 5a**) und einer persönlichen In-Out-Liste (**M 5b**) eigene Interessen, Ziele und Einstellungen (wieder-) entdecken und klären.

- In einem Auktions-Planspiel »Werte« und anhand einer Werteliste (**M 6**) klären die Schülerinnen und Schüler ihre eigenen Wertepräferenzen und begründen ihre Wahl. Die Auktion kann im Unterricht in folgenden Schritten realisiert werden: 1. Folien-Impuls und Information über die Werteliste. – 2. Alle erhalten ein Blatt mit den Werten und einer Spalte, in der mögliche Geldbeträge für einen Wert von den Schülerinnen und Schülern eingetragen werden können. – 3. Vor Beginn der Auktion überlegen sich die Schülerinnen und Schüler, wie sie

Die Schülerinnen und Schüler sind sich ihrer eigenen Fähigkeiten bewusst und gewinnen eine positive Einstellung zum eigenen Tun

den ihnen virtuell zur Verfügung stehenden Gesamtbetrag von 100 Euro auf die einzelnen Werte verteilen möchten, und tragen die jeweiligen Geldbeträge in die entsprechenden Spalten ein. Bei zehn Werten und 100 Euro Gesamtkapital könnten die Schülerinnen und Schüler rein theoretisch für jeden Wert 10 Euro investieren. – 4. Die Auktion beginnt. Der erste Wert wird mit einem Euro aufgerufen und die Schülerinnen und Schüler unterbreiten ihre Angebote für diesen Wert. Dieser Vorgang wiederholt sich für die restlichen neun Werte. – 5. Am Schluss der Auktion erfolgt die Auswertung der ersteigerten Werte in ihrer jeweiligen Platzierung und die Erstellung einer TOP-TEN-Liste der Werte.

- Auf was sich andere bei mir verlassen können: Aus einer Liste von Sekundärtugenden, die die Lehrkraft an der Tafel notiert (z.B. fleißig, sorgfältig, pünktlich, höflich, ordentlich, zuverlässig, ehrlich, hilfsbereit, freundlich … sein) die persönlich relevanten auswählen und auf Situationen des Schul-, Klassenlebens bzw. Arbeits-Alltags beziehen. Diese Sekundärtugenden sind Bestandteile zahlreicher Bewerbungstrainings.

Die Schülerinnen und Schüler können den Wert der Arbeit für die Würde und das Selbstwertgefühl des Menschen (für andere und sich selbst) bestimmen	- Eine Liste von fünf Satzanfängen: Ich arbeite, weil ich … (z.B.: viel Geld verdienen will, gut angesehen sein möchte, etwas können und leisten möchte, Erfolg haben möchte) vervollständigen und mit eigenen Beispielen ergänzen und/oder anhand des Arbeitsblatts (**M 7**) die möglichen Gründe, warum Menschen arbeiten, in einem Plakat zusammenstellen. - Aus einer Motive-Liste für den Wert/die Bedeutung der Arbeit Einzelner die für sich persönlich bedeutsamen auswählen und deren Wahl im Gespräch mit anderen begründen. - Ein Plakat zum Thema »Menschenwürde, Recht auf Ausbildung und Recht auf Arbeit« (Artikel 23–25 aus der Allgemeinen Erklärung der Menschenrechte) (**M 8**) gestalten und in der Schule präsentieren. - Theologisieren mit den Jugendlichen: Arbeitslos und nichts mehr wert? (Mögliche Gesprächspunkte: Menschenwürde, Menschenbild, biblisches Menschenbild, Umgang mit Menschen, die ohne Arbeit sind …) - Die Schülerinnen und Schüler erarbeiten den Text »Darstellung einer proaktiven Lebenseinstellung« (**M 9a**) und gestalten ein Plakat aus Text- und Bildelementen, das in einer Übersicht den Ansatz und den Nutzen einer proaktiven Lebenseinstellung zum Ausdruck bringt. In einem Selbst- und Fremdtest (**M 9b**) bestimmen die Schülerinnen und Schüler in einer ersten Annäherung ihren Anteil proaktiven Handelns. - Ausgehend von drei Fallbeispielen (**M 10**) erarbeiten die Schülerinnen und Schüler proaktive Strategien des Umgangs mit Arbeitslosigkeit, mit Scheitern, Misserfolg und daraus resultierenden Schuldgefühlen. Die Fallbeispiele werden von ihnen mit Erzählungen aus dem Bekannten- und Freundeskreis und der Familie über Ereignisse, Erfahrungen, … ergänzt und dabei erfolgreiche von weniger erfolgreichen Handlungsoptionen behutsam unterschieden, wie z.B.: Ignorieren, verleugnen, verschweigen, sich passiv verhalten, Hilfe annehmen, nach Lösungen bzw. Alternativen suchen, Neuanfänge wagen, Solidarität erfahren und solidarisch handeln, … - Mit der Parabel: Die Arbeiter im Weinberg (Mt 20,1–15) die irritierende Botschaft des Gleichnisses erarbeiten. Text lesen. Die Schüler drücken ihre Reaktionen auf die gleiche Entlohnung für alle in verschiedenen Formen aus: Spiel (Rollenspiel, Standbild, Streitlinie, …), Beschwerde- und Dankbriefe, … Die Schülerinnen und Schüler beurteilen das Verhalten des Weinbergbesitzers und begründen ihre Einschätzung. Zum Beispiel: Der Wert und die Würde des Menschen ist unermesslich und wird ihm von Gott unabhängig von seiner Leistung zugesprochen.

- Provokations-Impuls: »Ab dem 1. Januar des nächsten Jahres bekommen alle Menschen hierzulande das gleiche Grundeinkommen unabhängig davon, ob sie arbeiten oder nicht.« Die Schülerinnen und Schüler sammeln und diskutieren die Pro- und Contra-Argumente in Bezug auf ein nicht an eine Arbeitsleistung geknüpftes Grundeinkommen.

- UG zu der These (TA): Arbeit ist nicht nur Lohnarbeit! (enger und offener Begriff von Arbeit). Ergebnis: Arbeit ist mehr als Lohnarbeit!
- Die Schülerinnen und Schüler inszenieren kleinere Partner-Gesprächsszenen, wie z.B.: Eine berufstätige Frau wirft ihrem Ehe-Hausmann vor, der sich zuhause mit mehreren Kindern abmüht, dass er nicht arbeitet. Ein Mann ist darüber verärgert, dass seine Frau unentgeltlich in einem Altersheim aushilft. Wer hat recht?
- Typische Männerarbeit – typische Frauenarbeit? Impuls: Ich werde Kindergärtner – mein Kumpel wird Krankenbruder. Gedankenexperiment bewerten und mögliche Schlussfolgerungen bedenken mit der Zielsetzung, die in Frage kommenden »gegengeschlechtlichen« Berufe in den Horizont eigener Wunschberufe aufzunehmen und wenn möglich, z.B. in einem Praktikum, zu erproben.
- Die Schülerinnen und Schüler nennen Beispiele für unbezahlte Arbeit (Hausarbeit, Erziehungsarbeit, Freundschaftsdienste, soziales Engagement, Engagement in Vereinen, Beziehungsarbeit, Kunst und Kultur) und bestimmen den »Wert« dieser Arbeit. Möglicher Impuls für ein Streitgespräch: Sind diese Arbeiten reine Privatsache, gar nur ein Hobby, oder mehr?
- Geschlechtergerechte Arbeitsteilung in Partnerschaft und Familie? Die Schülerinnen und Schüler beschreiben eine ideale Verteilung der anfallenden Arbeiten (To-do-Liste erstellen) in der Familie an einem Wochentag: a) Beide Partner sind voll berufstätig; b) Einer der Partner ist nicht berufstätig bzw. teilzeitbeschäftigt. Problematisierung: Sollen auch die Kinder an der Hausarbeit beteiligt werden? Ergänzender Impuls: Papa arbeitet. Mama ist mit beiden Kindern zuhause und sorgt sich um den Haushalt. Frage: Wem gehört das Gehalt des Vaters?
- Die Schülerinnen und Schüler verständigen sich über den Ist- und Soll-Zustand einer geschlechtergerechten Wertschätzung und Bezahlung von Arbeit.
- Über Möglichkeiten und Grenzen der Verwirklichung einer Vereinbarkeit von Beruf und Familie diskutieren und einen Forderungskatalog erstellen: a) aus der Perspektive einer berufstätigen Frau; b) aus der Perspektive eines Hausmannes.
- Erneute Sichtung / Überprüfung der bereits erstellen Lebensentwürfe (Mindmaps): Was würde sich jetzt ändern? – Die möglichen Veränderungen können mit einer anderen Farbe in den Lebensentwurf (MindMap) eingetragen werden.

Die Schülerinnen und Schüler können die Vielfalt der Aspekte von Arbeit bestimmen, bewerten und einordnen

---

- Bild-Impuls (**M 11**): Gott arbeitet. Die Schülerinnen und Schüler betrachten die Bilder von Gott, geben ihnen Überschriften (z.B. Gott als Gärtner, als Schöpfer, …) und beschreiben, was Gott tut (z.B. er schenkt den Menschen das Leben, die Schöpfung, alles zum Leben Notwendige, Weisungen zum gelingenden Leben, Freiheit, …). Zu den Bildern siehe die Angaben auf S. 125.
- Die positive biblische Sicht von Arbeit anhand von Bibeltexten (Gen 2, auch Gott arbeitet!) erarbeiten, indem die Handlungsweisen Gottes (auf die Verben achten!) unterstrichen oder von den Schülerinnen und Schülern pantomimisch dargestellt werden. Hat Gott die (Schöpfungs-) Arbeit Spaß gemacht?
- Die Jugendlichen erzählen von Arbeiten, die sie gerne machen, und bestimmen Kriterien dieser Arbeit. UG: Gibt es Arbeiten, die nur positive Erfahrungs-Anteile beinhalten? Wenn »Nein«, warum nicht?

Die Schülerinnen und Schüler können die Bedeutung von »Arbeit« zwischen Lust und Last darstellen

---

Beruf, Arbeit und Freizeit im eigenen Leben gestalten können

- Von (eigenen) Ambivalenzerfahrungen mit Arbeit erzählen: Reiz der Technik, Frustration, Überforderung, unverhältnismäßige Anstrengung und Mühe, Entfremdung … Pervertierungen durch Arbeit und mit den Kernaussagen der Erzählung »Arbeiterehe« von Italo Calvinio (Unterrichtsideen Religion EXTRA: Arbeit und Freizeit, Stuttgart 1999, S. 52f.) vergleichen. Die Schülerinnen und Schüler klären die möglichen Auswirkungen von Arbeit auf den Lebensalltag von Menschen und deren Beziehungen anhand der Stichwörter: Schichtarbeit; Wochenendbeziehungen; Familienleben, Arbeitsverhältnisse mit wechselnden Einsatzorten (z.B. bei Lokführern, Monteuren, Matrosen, Soldaten …)
- Körperübung »Stühle im Kreis rasch weitergeben«: Die Schülerinnen und Schüler bilden einen Kreis und jeder steht dabei vor einem Stuhl. Auf ein vereinbartes Signal gibt jeder Schüler seinen Stuhl, ohne diesen abzusetzen, an seinen linken Nachbarn weiter. Treten bei den Schülerinnen und Schülern erste Ermüdungserscheinungen auf, kann die Übung abgebrochen und die Erfahrungen mit der Übung ausgewertet werden. Mögliche Einsichten: Arbeit braucht eine Grenze: Das Sabbatgebot schafft einen Ausgleich durch Ruhe, Erholung und Feier.
- Impuls: Arbeit grenzenlos: Wenn Arbeit zur Sucht wird? Die Schülerinnen und Schüler nennen in Frage kommende und somit gefährdete Berufsgruppen, z.B. Politiker, Manager, Lehrer, Sozialarbeiter, Pflegepersonal, … und Gründe für deren mögliche Gefährdung wie z.B. Geld, Macht, Einfluss, Erfolg, Karriere, … Die Schülerinnen und Schüler nennen Möglichkeiten, den Wendepunkt vom Nutzen der Arbeit zur Arbeitssucht nicht zu überschreiten: Familie, Freundschaften, Kinder, soziale Beziehungen, Hobbies, Gesundheit, … und konkretisieren diese an einzelnen Beispielen. Zeit für Familie, Freunde, …

Die Schülerinnen und Schüler können die eigenen Berufswünsche und die ersten Schritte auf dem Weg in die Arbeitswelt darstellen	- Wünsche in Werbeplakaten entdecken und auf ihren Realitätsgehalt überprüfen: »Wir machen den Weg frei!« (Volksbank), »Wir sorgen uns um ihr Fortkommen« (Hamsterrad).
	
	- Impuls: Bei einer Fee habt ihr drei Wünsche frei. Welche wären das für dich? Notiert diese drei Wünsche auf jeweils einen Zettel, vergleicht sie mit eurem Nachbarn, mit der Klasse und bringt die Wünsche in eine Rangfolge. Sollte der Wunsch nach einem Ausbildungsplatz bzw. nach einem sicheren Arbeitsplatz und einem guten Beruf nicht von den Schülerinnen und Schülern ge-nannt werden, kann dies mit ihnen thematisiert, problematisiert und reflektiert werden.
	
	- Beruferaten-Spiel: Schüler spielen pantomimisch vor, welchen Beruf sie erlernen möchten. Sie nennen Gründe für ihre Berufsauswahl: Mit meinem Beruf kann ich …
	
	- Dem Impuls »Meine Traumarbeit im Jahr 2020« nachspüren und gestalten, wie z.B.: Es ist der 23. März 2020. Ich blicke auf mein erfolgreiches Leben zurück. Ich bin zur Zeit … mein Arbeitstag beginnt … Und endet … Ein Großteil meiner Arbeit besteht aus … Ich habe … Mitarbeiter. Ich bin selbständiger … Als … bin ich alleine tätig und verantwortlich für … Mein monatliches Einkommen beträgt … zur Arbeit komme ich mit … Gesundheitlich geht es mir … Mein Anlageberater heißt … meine … Ehe ist … Ich bin total …
	
	- Den Weg in die Berufswelt aus Fußspuren der eigenen Hoffnungen, Wünsche, Ängste und Fragen legen:
	  – Fragezeichen und »Wegweiser in das Leben« basteln und beschriften: Was will ich? Wie soll ich mich entscheiden? Was will ich werden? Vom Traum- zum Wunschberuf.
	  – Wege-Sätze weiterschreiben: Die dicksten Steine auf meinem Weg sind … – Wenn ich auf meinem Weg Angst habe … – Wenn ich nicht mehr weiß, wo-

hin ich gehen soll ... – Wenn ich in eine Sackgasse geraten bin ... – Als Wegbegleiter wünsche ich mir ... – Wenn ich mich zwischen verschiedenen Wegen entscheiden muss ... – Für mich wichtige Weg-Weiser sind ...

- Lebensentwürfe / Mindmaps der Schülerinnen und Schüler überprüfen und ergänzen.
- Imaginationsübung: Mein Traumberuf: Die Schülerinnen und Schüler entdecken, dass Einzelelemente ihres Traumberufes auch in anderen Berufen verwirklicht werden können (handwerkliches Geschick, Kommunikation mit Kunden, Kreativität, Verhandlungsgeschick, ...).
- Die TOP-TEN der eigenen Berufswünsche erstellen, die mit dem eigenen (Wunsch-)Beruf verknüpften Erwartungen, Wünsche und Ziele benennen und mit den TOP-TEN der noch freien Lehrstellen in Baden-Württemberg im August 2008 (**M 12**) vergleichen.
- Die Schülerinnen und Schüler schreiben einen kurzen informativen Text über ihren ausgewählten Beruf, die ausgewählte Ausbildung und gestalten den Text anschaulich mit Bildern oder Grafiken. Sie klären zu ihrem ausgewählten Beruf, Ausbildung oder Schulabschluss folgende Fragen:
  1. Welche Fähigkeiten sind gefordert? – 2. Welche Vorkenntnisse und welche Zugangsvoraussetzungen sind erforderlich? – 3. Wer bietet diese Ausbildung an? – 4. Wie lange dauert die Ausbildung? – 5. Was sind die Inhalte der Ausbildung? – 6. Was verdient man? – 7. Wie sieht die Arbeitsmarktlage für diesen Beruf aus? 8. Welche Weiterbildungs-/Aufstiegsmöglichkeiten gibt es nach der Ausbildung in diesem Bereich? Sie stellen den ausgewählten Beruf in der Klasse vor.
- Schritte auf dem Weg zur Lehrstelle / einer weiterführenden Schule bestimmen und einüben: Informationen sammeln und zusammenstellen; Voraussetzungen erheben und konkretisieren, Termine und Fristen beachten; Bewerbungen schreiben und Vorstellungsgespräche führen.

- UG zum Impuls: »Arbeit ist das halbe Leben.« Und die andere Hälfte? Freizeit – was ist das?
  In eine Tagesuhr Zeiten der Arbeit und der Freizeit eintragen. Oder: In einem Körperumriss eines Menschen einzelnen Körperteilen Arbeit und Freizeit zuordnen.
- Assoziationen zum Thema Freizeit sammeln: Freizeit ist für mich wie ... In meiner Freizeit beschäftige ich mich ... Meine Freizeit verbringe ich am liebsten mit ...
- UG zum Impuls: »Wie viel Freizeit haben wir tatsächlich?« und den prozentualen Schätzwert für die Zeitanteile Arbeit (20%), Schlaf (33%) und Freizeit (47%) an der Gesamtzeit ermitteln.
- Anhand von Bildern aus einer Bildkartei, die Menschen bei ihrer Freizeitgestaltung bzw. bei ihren Freizeitaktivitäten zeigen, über die eigenen Neigungen, Vorlieben und Erfahrungen im Freizeitbereich miteinander ins Gespräch kommen – Präsentation von Fotos, Materialien, Gegenständen, Symbolen und Schülererzählungen. Sinnerfahrungen bei bestimmten Freizeitaktivitäten können so thematisiert werden.
- Über die eigenen schönsten Freizeiterlebnisse der letzten Zeit erzählen.
- Eine Freizeit-Collage aus unterschiedlichen Zeitschriften anfertigen und anhand der Leitfragen:
  1. Mit wem, mit welchen Aktivitäten und Dingen verbringe ich meine Freizeit? 2. Was brauche ich, damit mir meine Freizeit Spaß macht? 3. Wofür hätte ich gerne mehr Zeit? 4. Was kostet mich meine Freizeit? auswerten.
  Die Schülerinnen und Schüler stellen ihre Collagen einander vor. Im UG wird erarbeitet, was für die Freizeitgestaltung der Jugendlichen besonders wichtig bzw. attraktiv ist (z.B. Sport, Musik, Reisen etc.).

Die Schülerinnen und Schüler können den Wert der Freizeit für ihr Leben bestimmen und Möglichkeiten der Freizeitgestaltung reflektieren

- Die eigenen Freizeitaktivitäten anhand einer Liste verschiedener Freizeitaktivitäten (**M 13**) erheben, nach Mädchen und Jungen getrennt in eine TOP-TEN Liste eintragen und die geschlechtsspezifischen Präferenzen bei den Platzierungen einschätzen und miteinander diskutieren.
- Einen Fragebogen zum Thema »Freizeit« entwickeln, eine Fragebogenaktion durchführen und auswerten.
- Die Schülerinnen und Schüler erstellen einen Wochenplan ihrer Freizeit: Wie verbringe ich meine Freizeit in einer Woche? Was tue ich in meiner Freizeit? Was ist mir besonders wichtig? In Einzelarbeit tragen sie ihre Freizeitaktivitäten, ihre regelmäßigen Termine und ad hoc-Termine in den Wochenplan ein und unterscheiden dabei, was sie alleine tun und was sie gemeinsam mit anderen unternehmen. In einem weiteren Schritt stellen sie sich gegenseitig (in PA oder GA) ihre Wochenpläne vor und vergleichen sie miteinander. Sie entdecken, was ihnen Spaß macht, was ihnen wichtig ist, und überlegen die Gründe hierfür. Die Schülerinnen und Schüler bestimmen und markieren in ihrem Wochenplan fremdbestimmte und freie Zeit (nur etwa 1/6 ihrer Zeit ist Freizeit).
- Einen Zeitkuchen erstellen: In Einzelarbeit teilen die Schülerinnen und Schüler den Kuchen in unterschiedlich große Segmente ein – je nach Art der Freizeitbeschäftigung. Dazu werden vorab verschiedene Kriterien benannt: Freizeit, die ich alleine, mit anderen, mit Medien, draußen oder drinnen verbringe. Sie vergleichen dann ihre Zeitkuchen, finden im Gespräch Gemeinsamkeiten und Unterschiede heraus und überlegen, was ihnen wirklich Spaß macht.
- Vom Real-Tagesablauf zum Wunsch-Tagesablauf: Die Gestaltung zweier Tagesuhren. UG: Wofür ich mir Zeit nehme und wofür ich (noch) mehr Zeit haben möchte? Gibt es bei mir auch »vertane« Zeit?
- Überprüfung der Mindmap zum Aspekt »Freizeit« und gegebenenfalls Ergänzungen und Korrekturen eintragen.
- Unsere Freizeittreffs im Dorf bzw. in der Stadt: Die Schülerinnen und Schüler markieren ihre Treffpunkte, z.B. an bestimmten Orten, Kneipen, Bistros oder Discos, auf einem Stadtplan und beschreiben diese kurz. Der Stadtplan kann auch mit Hilfe von Fotografien dieser Treffs, Postkarten, Bildern aus Infobroschüren, Stadtführern von den Schülern selbst erstellt werden.
- Freizeitmöglichkeiten und Programmangebote für den Wohn- bzw. den Schulort für eine Woche aus den Stadtmagazinen, Tageszeitungen, Wochen- bzw. Amtsblättern, Werbebroschüren, Plakaten, Anzeigeblättern oder vergleichbaren Publikationen zusammenstellen, als Plakat gestalten und anhand der folgenden Leitfrage untersuchen: Welche Vereine, Gruppen in unserem Ort bieten welche Freizeitaktivitäten für wen an?
- Einen Freizeitprospekt in Form eines Flyers gestalten. Nur die besten Angebote werden im Flyer dargestellt.
- Eine Hitparade (TOP-TEN) der Freizeitangebote vor Ort zusammenstellen.
- Einen Videofilm im Dokumentarstil über die bestehenden Freizeitangebote vor Ort drehen oder einen Flyer gestalten: z.B. Kinder- und Jugendtheater, Jugendzentrum, kirchliche Jugendverbände, Feuerwehrjugend, Sportvereine, Schulfeste etc.
- Kirchliche Angebote der Freizeitgestaltung im Rahmen der örtlichen Kinder- und Jugendarbeit recherchieren und entdecken:
  - Ein Gespräch mit einer kirchlichen Mitarbeiterin, z.B. einer Diakonin zu folgenden Fragen vorbereiten, durchführen und auswerten:
    Wie sieht die Kirche bzw. wie sehen Sie persönlich Freizeit? 2. Ist ehrenamtliches Engagement eine »sinnvolle« Freizeittätigkeit? 3. Welche kirchlichen Freizeitangebote für Jugendliche bestehen vor Ort?

- Prospektmaterial der Kirchen sowie deren Freizeitangebote auch in kirchlichen Veranstaltungskalendern untersuchen und auswerten.
- Besuch in der Kirchengemeinde und/oder Rallye durch die Kirchengemeinde bei der die Schülerinnen und Schüler wichtige Orte, Mitarbeiter und Aufgabenfelder der Gemeinde erleben.

- ■ Über die eigenen Erfahrungen mit den bestehenden Freizeitangeboten von Vereinen und Gruppen sprechen und die eigenen Erwartungen an ein lokales Freizeitangebot vor Ort (z.B. an das Freizeitangebot des örtlichen Jugendhauses) in einer Anzeige formulieren (z.B. »Suche eine Gruppe und einen geeigneten Raum zum ...)
- ■ Eigene Vorschläge und Initiativen zur Verbesserung bzw. Erweiterung des bestehenden Freizeitangebotes entwickeln.
- ■ Freizeit gestalten in und mit der Clique: Eine gemeinsame Freizeitaktion planen (Klassenfete, Klassenfahrt, Ausflug, Wochenendfreizeit, Theater-/Musikprojekt, Fest für junge Leute aus verschiedenen Ländern, Jugendgottesdienst).
- ■ »My home is my castle« / »Daheim ist's doch am schönsten!« / »Outdoor hin, Events her – zu viel Fun und Action verträgt auf Dauer niemand!«
  - Gespräch: Was macht ihr zu Hause am liebsten?
  - Eine Hausparty planen.
  - Die Planung einer gemeinsamen Silvesterparty für das Jahr 201X.
- ■ Urlaub ist die schönste Zeit des Jahres
  - Die Schülerinnen und Schüler erzählen von »ihrem Traumurlaub!«: von Urlaubsträumen, Urlaubsarten, Urlaubszielen und vergleichen ihre Träume mit den Urlaubsträumen und Zielen anderer (**M 14**)
  - Die Schülerinnen und Schüler informieren sich über alternative Möglichkeiten, Urlaub zu machen und/oder im Urlaub sich für andere zu engagieren: z.B. in sog. Workcamps zu arbeiten, an Kinder- und Jugendfreizeiten als Betreuerin und Betreuer mitzuwirken, für den Verein für Kriegsgräberfürsorge e.V zu arbeiten, …
- ■ In Plakaten, Bildern und Transparenten der Werbung Sportlichkeit und Fitness als gesellschaftliche Leitbilder entdecken.
- ■ »Ich brauche meinen Kick«: Die Schülerinnen und Schüler erzählen von Erlebnissen, die ihnen dieses besondere Gefühl ermöglicht, z.B. von Extremsportarten, die sie schon selbst ausprobiert haben.
- ■ Faszination und Grenzen der Extremsportarten Bungee Jumping, Paragliding, Rafting oder Freeclimbing anhand von Videoeinspielungen, Bildern, Transparenten, Graphiken, z.B. **M 15** kennen lernen.
  Die Schülerinnen und Schüler recherchieren arbeitsteilig zu den einzelnen Extremsportarten (s. Graphik **M 15**) und stellen ihre Ergebnisse in der Klasse vor. Anhand des Textes (**M 15**) erarbeiten sie die möglichen Beweggründe für die Lust am Risiko (Fun, Kick, Thrill) im Jugendalter, stellen eine Rangfolge der Ursachen für riskantes Verhalten auf und stellen diese in einem Zehn-Punkte-Katalog zusammen, z.B.:

das Gefühl der Beherrschung von Körper und Material	jetzt schon so handeln wie ein Erwachsener	aufbegehren gegen die Kontrolle der Eltern
Protest gegen die gängigen gesellschaftlichen Normen und Wertvorstellungen	Frust aufgrund von Leistungsversagen kompensieren	ein skurriles Image aufbauen, als abgedrehter Typ erscheinen

Mangel an Selbstkontrolle	Langeweile kompensieren	Entspannung schaffen
Anerkennung im Freundeskreis gewinnen	Ausflucht aus Spannungen und Konflikten suchen	Bewusstseins-erweiterung
Grenzen überschreiten	Abenteuerlust	sich intensiv spüren

Die Schülerinnen und Schüler können darstellen, was neu gelernt wurde	■ UG zum Impuls: Sollten wir neben dem Bodybuilding auch Soul-Building treiben? ■ Die Schülerinnen und Schüler stellen den Begriff »Balance« mit Armen und Händen gestisch dar. Sie »legen« in die linke Hand den Bereich Beruf / Arbeit, in die rechte Hand den Bereich Freizeit. Nun wird das Kräfteverhältnis ausbalanciert. Gegenseitiges Vorstellen / Wahrnehmen der jeweils gefundenen Balancen. Stichwort: Work-Life-Balance. ■ Diskussion und Definition einer Lebens- bzw. Glücksformel: Leben = x-% Arbeit + y-% Freizeit (**M 16**) ■ Mindmap präsentieren: Veränderungen / Ergänzungen den Schülerinnen und Schülern vorstellen und begründen, welche Aspekte zu diesen Veränderungen geführt haben. ■ Die Schülerinnen und Schüler beschreiben mögliche Entwicklungspotentiale ihrer Lebensentwürfe (»Ich habe das Gefühl …Ich glaube, hier werde ich … In Zukunft werde ich …) ■ In einem Brief formulieren die Schülerinnen und Schüler drei Ziele, die sie bezüglich der Thematik Beruf, Arbeit und Freizeit im eigenen Leben gestalten und erreichen wollen. Die Briefe werden verschlossen und dem Lehrer zur Aufbewahrung gegeben. Zu einem gemeinsam festgelegten Zeitpunkt werden die Briefe geöffnet und die Zielerreichung überprüft. Leitfragen hierfür: Welche Ziele wurden erreicht / nicht erreicht / teilweise erreicht? Warum? Überprüfung der Zielniveaus. Mögliche Mittel und Wege, das (neu formulierte) Ziel zu erreichen werden schriftlich festgehalten. Auf die Wichtigkeit realistischer Zielformulierungen bezüglich der Berufswahl wird hingewiesen.
Literatur und Medien zur Unterrichtsgestaltung	Stephan Bernhard / Melanie Schönthier: No limits – Extremsport: Die letzten Abenteurer dieser Erde, Stuttgart 2006. Peter Ebner / Sabine Fritz: Berufswahl. Das will ich. Das kann ich. Das mach ich. Lebensplanung spielerisch ausprobieren, Mülheim/Ruhr 2005. Stephan Ernst / Ägidius Engel: Sozialethik konkret. Werkbuch für Schule, Gemeinde und Erwachsenenbildung, München 2006. Werner Gross: … aber nicht um jeden Preis. Karriere und Lebensglück, Freiburg 2010 Eckhart Marggraf / Martin Polster (Hg.): Unterrichtsideen Religion Extra: Arbeit und Freizeit. Arbeitshilfen für den Evangelischen Religionsunterricht in Hauptschule, Realschule und Gymnasium. Erarbeitet von Heinz-Günter Kübler im Auftrag der Religionspädagogischen Projektentwicklung in Baden und Württemberg (RPE), Stuttgart 1999. Horst W. Opaschowski: Xtrem: Der kalkulierte Wahnsinn. Extremsport als Zeitphänomen, Hamburg 2000, BAT Freizeit-Forschungsinstitut, www.bat.de. Heribert Prantl: Kein schöner Land. Die Zerstörung der sozialen Gerechtigkeit, München 2005.

Bewerbungstraining: Eigene Wünsche und Stärken, Stellensuche, Vorstellungsge-
    spräch, Check-liste, Umgang mit Absagen. 12 Module mit Lehrerinfos, Mate-
    rialien und Arbeitsblättern zum Ausdrucken. http://www.jugend-und-bildung.
    de/webcom/show_jubsl.php/_c-279/i.html.
Die Broschüre »Vom Traum zum Beruf« will Schülerinnen und Schülern eine Re-
    flexion der eigenen Entscheidungsprozesse ermöglichen. Sie sollen lernen,
    ihre eigenen Handlungsstrategien zu erweitern und Ursachen für gesellschaft-
    liche Veränderungen in der Berufs- und Lebensplanung herauszuarbeiten.
    Die Beschaffung von Informationen, Auswertung von Erfahrungen sowie die
    Vorbereitung einer erfolgversprechenden Bewerbung stehen im Mittelpunkt.
http://www.jugend-und-bildung.de/files/315/heft1.pdf
http://jobboerse.arbeitsagentur.de/ http://www.planet-beruf.de/

DVD: Security, Kurzspielfim, Deutschland 2006, www.filmwerk.de/ → Arbeitshil-
    fen »Security«.
DVD: Auf der Strecke, Kurzspielfilm, kfw, 30 Min., 2007
DVD: Neuland, Kurzspielfilm, kfw, 17 Min., 2004
DVD: Vergissmeinnicht. Briefe vom Ich, 104 Min., 2011

Quellenangaben zu den Abbildungen auf M 11 („Gott arbeitet"):
Oben links: Aus der Koberger Bibel (eine der ersten deutschen Bibelübersetzun-
gen), 1483
Oben Mitte: Bible Morelisee, Codex Vindobonensis 2554, um das Jahr 1200
Oben rechts: Julius Schnor von Carolsfeld, Gott übergibt Mose die Zehn Gebote,
1860
Mitte: Michelangelo Buonarroti, Die Erschaffung Adams, Rom, Sixtinische Kapel-
le, 1508-1512
Untern links: Oskar Kokoschka, Christus hilft den hungernden Kindern, Lithogra-
phie, 1945, © VG Bild-Kunst, Bonn 2011
Unten rechts: Quelle unbekannt.

Ein kluger Mensch baut sein Haus auf felsigen Grund; nur ein Dummkopf baut es auf Sand. *Matthäus 7,24*

Aufgabe:

Denke zurück an deine Kindheit und die ersten Jugendjahre, an Menschen, die für die wichtig waren, und die Begegnungen und Erfahrungen mit ihnen. Überlege dir, was dich und dein Leben ausmacht und trägt und was dir die Kraft gibt, die »Stürme« (Krisen) des Lebens zu bestehen? Denke also darüber nach, was dich und dein Lebensfundament ausmacht, und beschrifte die Bausteine (Grundsteine) des Fundamentes deines Lebenshauses.

Folgende Stichwörter können dir dabei behilflich sein:

Eltern, Geschwister, Familie, Freunde, Clique, Liebe, Geborgenheit, Sicherheit, Glück, Vertrauen zu Menschen, Vertrauen zu sich selbst, Vertrauen zu Gott, Schulabschluss und Berufsausbildung, Heimat, Religion und Glaube, Persönlichkeit, Zufriedenheit, Beziehungs- und Liebesfähigkeit, Gesundheit, Begabungen, Fähigkeiten, Aussehen, Sozialverhalten, Einfühlungsvermögen, Teamfähigkeit.

Mögliche Lösung: Das Fundament meines Lebens, für mein Lebenshaus

Ein kluger Mensch baut sein Haus auf felsigen Grund; nur ein Dummkopf baut es auf Sand. *Matthäus 7,24*

Wenn das Fundament fehlt, bekommt das Haus Risse und stürzt ein.

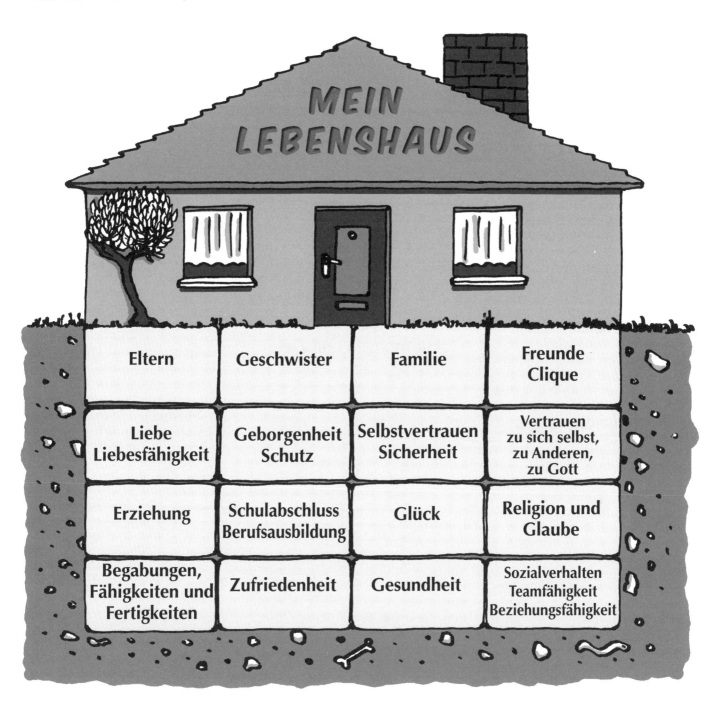

Mindmap

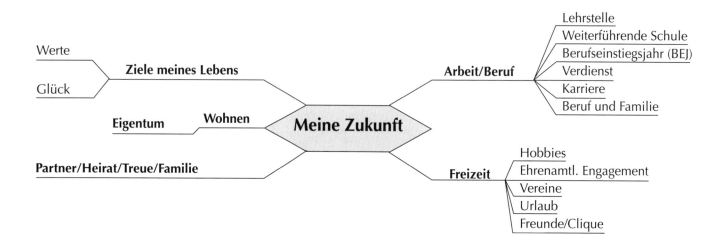

Werte
Glück
Ziele meines Lebens

Eigentum — Wohnen

Partner/Heirat/Treue/Familie

Meine Zukunft

Arbeit/Beruf
- Lehrstelle
- Weiterführende Schule
- Berufseinstiegsjahr (BEJ)
- Verdienst
- Karriere
- Beruf und Familie

Freizeit
- Hobbies
- Ehrenamtl. Engagement
- Vereine
- Urlaub
- Freunde/Clique

Hoffnungen und Ziele

Meine
Zukunftshoffnungen

Meine
Lebensziele

Aufgabe:

1. Schau dir die Figur im Vordergrund an – einiges hat sie schon erlebt, vieles liegt noch vor ihr.
2. Stell dir vor, du wärst diese Person: Benenne Stationen auf deinem Lebensweg und trage sie in das Bild ein. Vielleicht hast du Lust, manches von dem, was dich dein Leben lang begleiten wird, in den »Nebel« hinter der Person zu malen.
3. Fülle die beiden Felder (Lebensziele / Zukunftshoffnungen) aus.

Zielfoto, wie ich lebe, wenn ich 20, 40 und 60 Jahre alt sein werde

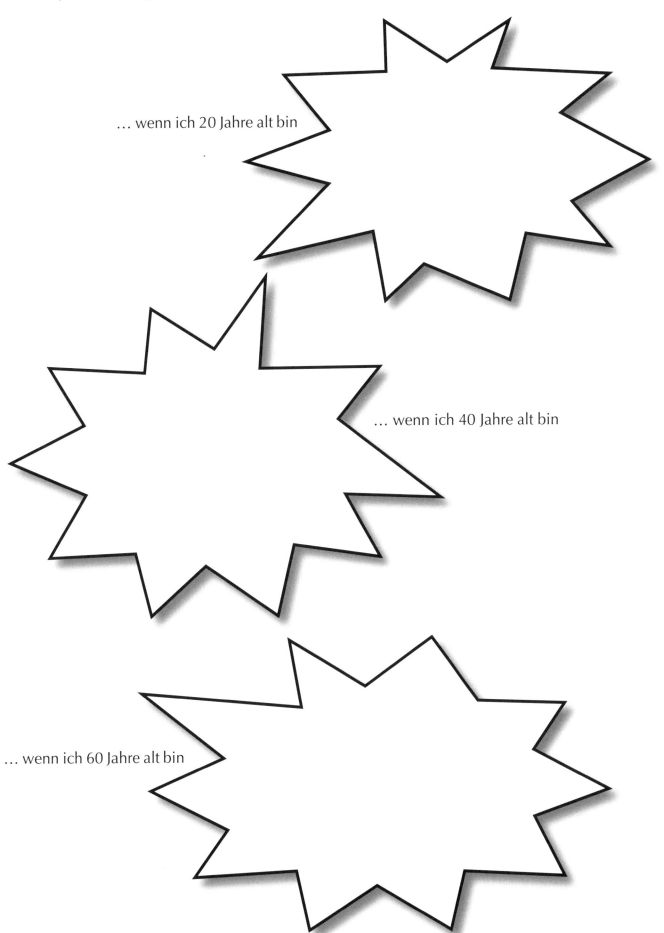

… wenn ich 20 Jahre alt bin

… wenn ich 40 Jahre alt bin

… wenn ich 60 Jahre alt bin

Talentsuche – Meine Talente herausfinden

Viele junge Menschen suchen Anregungen, die ihnen helfen, ihre Stärken und Talente zu entdecken. Solche Talente sind wie ein Kompass in unserem Inneren und zeigen die Richtung an. Mit Hilfe der folgenden Aussagen über den Einsatz eigener Stärken und Talente kannst du deinen eigenen Stärken und Talenten auf die Spur kommen.

© U. Herbert/pixelio.de

© picture alliance

Meine Erfahrungen mit meinen Stärken und Talenten:

1. Kreuze an, ob die Aussage für dich stimmt ++, eher stimmt +, eher nicht stimmt – nicht stimmt – –

		++	+	–	– –
1.	Ich kann mich in andere Menschen gut einfühlen.				
2.	Ich setze mich gern für andere ein.				
3.	Ich bin gern mit anderen Menschen zusammen.				
4.	Ich kann mit Kritik gut umgehen.				
5.	Ich traue mir einiges an Belastungen zu.				
6.	Ich suche das Gespräch in der Familie und in der Clique.				
7.	Ich arbeite gerne mit anderen in einem Team zusammen.				
8.	Ich kann anderen gut zuhören.				
9.	Ich kann meine Gefühle ausdrücken, ohne andere dadurch zu verletzen.				
10.	Ich bringe gerne meine Ideen und persönliche Stärken in Gruppen ein.				
11.	Ich leite gerne eine Gruppe.				
12.	Ich kann Leute ansprechen und überzeugen.				
13.	Ich helfe gerne mit, Konflikte zu lösen.				
14.	Ich interessiere mich dafür, wie andere denken, und respektiere andere Meinungen.				

2. Welche Stärken und Talente sind in deinem Wunschberuf gefordert?

M 5a   Was bei Jugendlichen »in« oder »out« ist

	IN				OUT
	1	2	3	4	5
• toll aussehen					
• Karriere machen					
• Begeisterung für Technik					
• Markenkleidung tragen					
• treu sein					
• einen Beruf erlernen und auch ausüben können / Erfolg im Beruf					
• Verantwortung für sich selbst übernehmen					
• sich selbständig machen					
• an etwas glauben					
• heiraten					
• sich engagieren (in Vereinen, Bürgerinitiativen, Umweltorganisationen, …)					

M 5b   Werteorientierungen für die *eigene* Lebensgestaltung

	IN				OUT
	1	2	3	4	5
• Freunde					
• Partner					
• Familienleben					
• Verantwortung für sich selbst					
• viele Kontakte und Begegnungen					
• unabhängig sein und bleiben					
• Kreativität					
• sich an Gesetze und Ordnungen halten					
• fleißig und ehrgeizig sein					
• auf Sicherheit aus sein					
• auf die eigene Gesundheit achten					
• das Leben genießen					
• Gefühle zulassen und zeigen					
• einen möglichst hohen Lebensstandard haben					
• tolerant sein					
• sich für den Erhalt der Umwelt einsetzen					
• sich und die eigenen Interessen durchsetzen					
• sich sozial engagieren					
• Macht und Einfluss ausüben					
• an Gott glauben					
• am Althergebrachten festhalten					
• angepasst sein / sich anpassen					

Werte-Liste für eine Werteauktion

Wert	Geldbetrag in €
Familie	
Freunde haben	
Erfolgreich sein	
Die Umwelt schützen / die Schöpfung bewahren	
In Frieden leben / Frieden	
Glücklich sein / Glück	
In Freiheit leben / Freiheit	
Vertrauen	
Lieben und geliebt werden / Liebe	
Gerechtigkeit	
Gesund sein / Gesundheit	

© picture alliance

Aufgaben:

1. Ergänzt Werte, die euch wichtig sind.
2. Überlegt euch, welcher Wert euch weshalb und wie wichtig ist, und tragt den Geldbetrag, den euch der Wert »wert ist«, neben dem Wert in die Tabelle ein.
3. Während der Auktion könnt ihr die Geldbeträge für die Werte noch verändern; die euch insgesamt zur Verfügung stehende Gesamtsumme (z.B. 1.000–5.000 Euro) bleibt aber unverändert.
4. Stellt nach der Versteigerung eine TOP10-Liste der Werte zusammen.

Auf dieser Seite werden mögliche Gründe genannt, warum Menschen arbeiten.

Ich will einen Beruf erlernen und dann arbeiten …

1. **… um davon leben zu können.** Ich möchte so viel Geld verdienen, dass ich meinen Lebensunterhalt davon bestreiten kann und nicht in Not gerate.

2. **… um das Gefühl zu haben, dass ich ein Leben wie alle anderen auch führen kann.** Es gehört nach meinem Empfinden dazu, dass man einer geregelten Arbeit nachgeht. Wenn ich das schaffe, kann ich spüren, dass ich in unserer Gesellschaft »dazu gehöre«.

3. **… um etwas zu tun zu haben.** Es wäre doch langweilig, immer nur frei zu haben. Ein Arbeitsplatz bringt Abwechslung. Man wird gebraucht. Man spürt, dass die Zeit im Job einem gut tut. Man fühlt sich lebendig.

4. **… um mit anderen Leuten Kontakt zu haben.** Ich fühle mich wohl in Gesellschaft. Die Stimmung ist ganz anders, wenn man in einem Team mit netten Kollegen arbeitet oder mit Kunden zu tun hat.

5. **… um bewundert zu werden.** Es tut mir sicher gut, wenn ich zeigen kann, was ich drauf habe. Ich möchte schon erreichen, dass die Menschen mit meinem Namen etwas Positives verbinden.

6. **… um mir einen angenehmen Lebensstandard zu sichern.** Es reicht mir nicht, einfach Geld zu verdienen. Ich brauche einen Beruf, der schon etwas mehr Kohle abwirft, damit ich es mir gut gehen lassen kann. Dafür wäre ich auch bereit, zu schwitzen und mich reinzuknien.

7. **… um eine feste Ordnung in meinem Leben zu haben.** Ich kenne mich gut genug, um zu wissen, dass ich ohne Aufgaben nur rumhängen würde. Pflichten und Vorgaben geben mir auch Halt.

8. **… um Spaß zu haben.** Ich würde nur eine Arbeit übernehmen können, die attraktiv ist und Spaß bringt.

9. **… um etwas Neues zu erfinden oder zu erforschen, zu entdecken oder aufzubauen.** Stillstand ist schrecklich, wir brauchen Fortschritt und ich will daran mitwirken. Ein Arbeitsplatz kann mir – wenn er gut ist – die Möglichkeit bieten, etwas voranzubringen.

10. **… um Einfluss zu haben.** Es ist angenehm, wenn man etwas zu sagen hat. Ich will nicht nur Handlanger sein oder ausführen müssen, was andere sich ausgedacht haben. Ich will so weit kommen, selbst Entscheidungen fällen zu können.

11. **… um bei den Gewinnern zu sein.** Konkurrenz ist ein wichtiger Motor des Arbeitslebens, und ich gestehe: das reizt mich. Ich will den Wettkampf und ich will zu denen gehören, die die Besseren sind.

12. **… um meine Begabung auch praktisch anwenden zu können.** Ich will mich weiterentwickeln, immer besser werden, Erfahrungen sammeln. Man soll etwas aus sich machen und es für andere einsetzen.

13. **… um etwas Schönes erschaffen zu können.** Es macht mich glücklich und zufrieden, wenn ich tätig war und dann sehe, dass etwas Schönes dabei entstanden ist.

14. **… um meine Pflichten abzuarbeiten. Das Leben ist kein Zuckerschlecken.** Wenn ich fleißig arbeite, brauche ich mir nichts vorzuwerfen. Man muss sich auch anstrengen können.

15. **… um anderen Menschen helfen zu können und an einer gerechten Welt mitzuwirken.** Mir geht es nicht in erster Linie ums Geld, sondern darum, etwas Gutes zu tun. Ich will konstruktiv wirken.

Aufgaben:
1. Stelle eine Rangfolge der Gründe auf, warum es deiner Meinung nach wichtig ist zu arbeiten. Stelle diese Gründe in einem Säulendiagramm dar.
2. Welche Gründe überzeugen dich, welche nicht so sehr und warum?
3. Mit welchen Berufen könntest du dir die Verwirklichung deiner Ziele, die du mit deiner zukünftigen Berufsausübung verbindest, vorstellen?

© picture alliance

Menschenwürde – Recht auf Arbeit

Aus der Allgemeinen Erklärung der Menschenrechte
Resolution 217 A (III) der Generalversammlung der Vereinten Nationen (UN)
vom 10. Dezember 1948

Artikel 23

1. Jeder hat das Recht auf Arbeit, auf freie Berufswahl, auf gerechte und befriedigende Arbeitsbedingungen sowie auf Schutz vor Arbeitslosigkeit.

2. Jeder, ohne Unterschied, hat das Recht auf gleichen Lohn für gleiche Arbeit.

3. Jeder, der arbeitet, hat das Recht auf gerechte und befriedigende Entlohnung, die ihm und seiner Familie eine der menschlichen Würde entsprechende Existenz sichert, gegebenenfalls ergänzt durch andere soziale Schutzmaßnahmen.

4. Jeder hat das Recht, zum Schutze seiner Interessen Gewerkschaften zu bilden und solchen beizutreten.

Artikel 24

Jeder hat das Recht auf Erholung und Freizeit und insbesondere auf eine vernünftige Begrenzung der Arbeitszeit und regelmäßigen bezahlten Urlaub.

Artikel 25

1. Jeder hat das Recht auf einen Lebensstandard, der seine und seiner Familie Gesundheit und Wohl gewährleistet, einschließlich Nahrung, Kleidung, Wohnung, ärztliche Versorgung und notwendige soziale Leistungen, sowie das Recht auf Sicherheit im Falle von Arbeitslosigkeit, Krankheit, Invalidität oder Verwitwung, im Alter sowie bei anderweitigem Verlust seiner Unterhaltsmittel durch unverschuldete Umstände.

2. Mütter und Kinder haben Anspruch auf besondere Fürsorge und Unterstützung. Alle Kinder, eheliche wie außereheliche, genießen den gleichen sozialen Schutz.

Aufgabe:

Gestaltet Plakate zu den Themen »Menschenwürde«, »Recht auf Arbeit« und »Recht auf Ausbildung«.

Proaktive Lebenseinstellung

Proaktive Menschen handeln aus eigenem Antrieb, weil sie Ziele haben, weil sie etwas Bestimmtes erreichen möchten. Sie haushalten bewusst und effektiv mit Zeit und Kräften und können häufig stolz und zufrieden auf den erfolgreichen Abschluss von Vorhaben zurückblicken. Ihre Einstellung ist es zu fragen: Wie könnte es sein? Was kann man besser machen? Was wäre optimal und wünschenswert? Durch diese Art zu denken kommen ihnen auch leicht die »guten Ideen«, und sie finden eher optimale Lösungswege.

Eine proaktive Lebenseinstellung bezeichnet die Bereitschaft und Fähigkeit, in positiver, zielorientierter und produktiver Weise zu denken und zu handeln. Sie drückt sich darin aus, in schwierigen Situationen nicht über Probleme zu lamentieren, sondern Lösungen zu suchen und anzustoßen und in Problemen und Konflikten auch Vorteile und Chancen zu sehen, um etwas zu verbessern und etwas zu lernen.

Menschen mit einer proaktiven Lebenseinstellung sehen die Dinge nicht nur positiv, sondern handeln auch aus dieser Perspektive, um Probleme und Chancen aktiv anzugehen und zu nutzen. Begriffe wie z.B. Zuversicht, Lebensfreude, Positives Denken, Macher-Qualitäten, Selbstverantwortung, Eigeninitiative sowie Ziel- und Lösungsorientierung sind für die Charakterisierung einer »proaktiven Lebenseinstellung« von zentraler Bedeutung.

Selbst- und Fremdtest zur proaktiven Lebenseinstellung

Aufgaben:

1. Kreuze an, ob die Aussage für dich stimmt ++, eher stimmt +, eher nicht stimmt –, nicht stimmt – –

	++	+	–	– –
Ich bin grundsätzlich optimistisch und erkenne und ergreife die vielen Möglichkeiten in meinem Leben.				
Ich sorge dafür, dass Konflikte und Probleme aktiv gelöst werden, statt mich eher passiv zu verhalten und die Dinge geschehen zu lassen.				
Ich bin tendenziell proaktiv statt reaktiv, ergreife häufig die Initiative und verfüge über ein hohes Maß an Ausdauer.				
Ich verfüge über viel Energie, bin tatkräftig, selbstbestimmt und selbstbewusst.				
Ich habe den Mut und nehme mir die Freiheit, Entscheidungen selbständig zu treffen und auch umzusetzen.				
Wenn ich ein Problem habe, nehme ich es zur Kenntnis, weiß um seine Bedeutung und bin mir sicher, dass ich das Problem auch lösen kann.				

2. Ein Mitschüler, ein Freund, ein Elternteil füllt den Fragebogen für dich aus. Vergleiche deine Einschätzung mit der Einschätzung des/der anderen.
3. Was hältst du von der Empfehlung »Mehr als auf alles andere achte auf deine Gedanken, denn sie entscheiden über dein Leben« (Sprüche 4,23) und inwieweit kann die Berücksichtigung dieser Aussage zum Aufbau einer proaktiven Lebenseinstellung hilfreich sein?
4. Was »bringt« eine proaktive Lebenseinstellung für die eigene Lebensgestaltung?

Der 17-jährige Tim S. erzählt: »Anderthalb Jahre lang habe ich eine Lehrstelle als Kfz-Mechatroniker gesucht und nur Absagen bekommen, rund 50 an der Zahl. Mit jeder Absage ist mein Selbstbewusstsein geringer geworden. Nun wünsche ich mir die Möglichkeit ein Bewerbungstraining zu bekommen, um Vorstellungsgespräche ganz konkret durchspielen zu können und eine persönliche Begleitung zu Vorstellungsgesprächen.

Nach fünfjähriger Tätigkeit in einem Jugendprojekt ist Sabine M. wieder arbeitslos. Ihre Stelle wurde gestrichen – kein Geld mehr, so heißt es. Sabine M. hat junge Menschen betreut, sich ihre Probleme angehört, mit ihnen die Freizeit gestaltet. Mit nahezu allen Jugendszenen, so erzählt sie, habe sie zu tun gehabt. Jetzt steht nicht nur sie auf der Straße, auch für die Jugendlichen gibt es keine Perspektive. »Es ist mehr als ein Gefühl der Traurigkeit, auch Wut ist dabei. Man hat sich bemüht, gute Arbeit zu machen, und es ist trotzdem zu Ende«, beschreibt sie ihre Situation. »Ich bin eigentlich kein depressiver Typ, aber da fällst du erstmal in ein tiefes Loch.«

Der Maurer Tobias P. war in den letzten Jahren bereits mehrere Male ohne Beschäftigung. »Arbeitslos bin ich meistens in den Wintermonaten geworden«, erzählt er. Das sei aber normal auf dem Bau. »Das erste Mal habe ich es noch locker genommen. Wir haben gerade unser Haus umgebaut, da kam mir das sogar entgegen«, erzählt er. Beim zweiten Mal bin ich auch über den Sommer arbeitslos gewesen, weil meine Firma pleite ging. »Das war eine schwere Zeit, auch für die Familie. Wir müssen den Kredit abzahlen, den Kindern möchte man auch was bieten. Da kam es schon mal zu Spannungen. Mit 36 Jahren kann ich doch noch nicht zu alt für einen neuen Job sein? Aber vom Arbeitsamt bekam ich kaum Angebote.« In der Baubranche ist es besonders schwer, wieder Fuß zu fassen.

© picture alliance

Aufgaben:

1. Sprecht über die Situationen von Tim, Sabine und Tobias
2. Was haltet ihr von der Behauptung: »Arbeitslos zu sein bedeutet: Ausgrenzung, Leere, Armut«? Schreibt in einer Pro und Contra-Tabelle, was für, aber auch was gegen diese Behauptung spricht.

Meine Meiung zu dieser Behauptung ist …

Für die Behauptung spricht	Gegen die Behauptung spricht

3. Welche Strategien sehen die Betroffenen selbst, mit ihrer Situation produktiv umzugehen?

Tim	
Sabine	
Tobias	

4. Welche Strategien würdet ihr Tim, Sabine und Tobias empfehlen, um eine Lehrstelle bzw. wieder eine Arbeit zu finden?

Tim	
Sabine	
Tobias	

5. Nehmt Stellung zu der Forderung: »Lasst die jungen Leute zeigen, was sie können, und stellt sie nicht gleich in die ›Looser-Ecke‹« und überlegt euch Möglichkeiten, was für Menschen ohne Arbeit getan werden könnte.

Beruf, Arbeit und Freizeit im eigenen Leben gestalten können

Gott arbeitet

Gott begleitet, beschützt, vergibt, tröstet, befreit, …

Aufgaben:

1. Betrachtet die Bilder, gebt ihnen eine passende Überschrift und beschreibt, was Gott jeweils tut.
2. Hat Gott Spaß bei seiner Arbeit?

Die Top 10 der freien Lehrstellen

Ausbildungsplätze im August 2008, die in Baden-Württemberg noch zu haben waren:

1. Kaufmann/frau im Einzelhandel	709
2. Koch/Köchin	528
3. Restaurantfachmann/frau	430
4. Fleischerei-Fachverkäufer/in	317
5. Bäckerei-Fachverkäufer/in	312
6. Hotelfachmann/frau	276
7. Bürokaufmann/frau	263
8. Bäcker/in	247
9. Zahnmedizin. Fachangestellte/r	227
10. Verkäufer/in	213

Stand: 28.08.2008

© picture alliance

© macman/photocase.de

Aufgaben:

1. Erstellt eine TOP10 der eigenen Berufswünsche und benennt die mit dem eigenen (Wunsch-)Beruf verknüpften Erwartungen, Wünsche und Ziele.
2. Vergleicht die Top10 eurer Berufswünsche mit der TOP10 der noch freien Lehrstellen in Baden-Württemberg im August 2008.
3. Informiert euch über den aktuellen Stand der Zahlen für freie Ausbildungsplätze in Baden-Württemberg.
4. Was würdet ihr einer Mitschülerin / einem Mitschüler raten, wenn die Zahl der angebotenen Ausbildungsplätze in ihrem / in seinem Wunschberuf sehr gering ist?

TOP 10 der Freizeitaktivitäten

Freizeitaktivitäten der Mädchen	Freizeitaktivitäten der Jungen
1	1
2	2
3	3
4	4
5	5
6	6
7	7
8	8
9	9
10	10

Shopping, Schaufensterbummel	Musik hören	Ins Kino gehen
Magazine, Fachzeitschriften lesen	Mit Freundinnen, Freunden, der Clique treffen	Fernsehen, Video schauen
Sportveranstaltungen besuchen	Spielautomaten, Spielkasino	Funktechnik, Radiotechnik
In Jugendorganisationen /Verbänden mitarbeiten	Bücher lesen, Bibliotheken besuchen	Längere Reisen
Sport, sportliche Betätigung	In die Disco gehen	Fahrrad, Moped, Motorrad, Auto
Konzerte besuchen	Nichts tun, »Abhängen«	Tanzen
Kosmetik, Styling	Kochen	Theaterspielen
Spazierengehen, Wandern, kurze Ausflüge	Billard, Kegeln, Bowling, Dart, Tischfußball	Diskutieren über …
Sprachen lernen	In Kneipen, Cafes gehen	Tiere, Tierschutz
Brett- u. Kartenspiele	Am Computer arbeiten, spielen	Basteln, Heimwerken
In Jugendclubs, Jugendzentren gehen	Musik machen, Musikschule	Malen, Modellieren, Töpfern
Fotografieren, Videos produzieren	Theater, Museen, Galerien besuchen	Auf Spielplätze, Abenteuerspielplätze gehen
Pflanzen, Biologie, Gartenarbeit	Sprayen, Graffiti, Airbrush	Mit Religion beschäftigen
Naturschutz, Umweltgruppe, Ökologie	Modellbahn, Flugzeug-, Schiffbau	Sonstiges (offene Nennungen)

Aufgaben:

1. Stellt eine TOP 10 eurer Freizeitaktivitäten zusammen und tragt eure Ergebnisse nach Mädchen und Jungen getrennt in die beiden Tabellenspalten ein.
2. Vergleicht eure Platzierungen von 1 bis 10 und beschreibt die Unterschiede bei den Platzierungen zwischen Mädchen und Jungen.

TOP 5 der Urlaubsziele der Deutschen

Top 1 Spanien: Mallorca und die »Kanarischen Inseln«

© Andreas Hermsdorft/pixelio.de

Mallorca: Die spanische Insel Mallorca liegt im westlichen Mittelmeer. Sehenswürdigkeiten gibt es hier in Hülle und Fülle. Schönes Wetter und weiße Strände machen Mallorca sehr beliebt.
Die Kanaren: Lanzarote, Fuerteventura, Gran Canaria, Teneriffa, La Gomera, La Palma, El Hierro

Top 2 Ägypten: Zu den Göttern reisen

© Wieland Müller/pixelio.de

Auch heute, mehr als 3000 Jahre nach den Pharaonen und dem ägyptischen Götterkult, sind ihre Spuren allgegenwärtig. Das Land der Pharaonen und Götter am Nil zieht Menschen aus aller Welt an. Nicht nur die alten ägyptischen Götter selbst, z.B. Isis, Osiris und Horus, sind für Menschen aus aller Welt attraktiv. Auch die rätselhafte Sphinx und die Pyramiden locken.

Top 3 Türkei: Die türkische Riviera – Antalya

© Rainer Sturm/pixelio.de

Antalya: gehört zu den attraktivsten Urlaubsorten der Türkei. Das Klima ist sehr mild. Das Taurusgebirge im Rücken der Küste verleiht der Landschaft geheimnisvolle Tiefe. Kulturliebhaber können zahlreiche gut erhaltene historische Stätten aus der römischen und griechischen Zeit entdecken. Die Türkei wird als Urlaubsort immer beliebter.

Top 4 Tunesien: Atlasgebirge und die Ruinen von Karthargo

© Dieter Schütz/pixelio.de

Tunesien ist ein verlockendes Reiseland geworden. So kann der Reisende gerade in Karthago erfahren, wie nah Afrika unserer europäischen Geschichte ist. In Karthago trafen sich, so erzählt Vergil, die beiden Gründerhelden von Rom und Karthago: Der trojanische Prinz Aeneas und Königin Dido von Karthago.

Top 5 Deutschland: In der Heimat bleiben ist erholsam

© Rainer Sturm/pixelio.de

Und zu Hause ist es doch am schönsten! Sagen sich viele Deutsche. Sie machen bei Eltern, Freunden oder Bekannten Urlaub. Ostsee, Nordsee, Harz, Thüringen, Schwarzwald und Alpen, Deutschland ist im Kommen!

Aufgaben:
1. Erzählt euch zunächst zu zweit und dann zu viert von »eurem Traumurlaub!«: Von euren Urlaubszielen, Urlaubsarten, Urlaubsträumen … und vergleicht eure Träume mit den Urlaubsträumen und Zielen anderer.
2. Informiert euch über alternative Möglichkeiten, Urlaub zu gestalten, z.B. sich für andere zu engagieren: in Kinder-und Jugendfreizeiten, in sog. Workcamps, im Verein für Kriegsgräberfürsorge e.V. …

»Xtrem«: Jugend zwischen Fun, Kick und Thrill
Extremsport als Zeitphänomen

Höher, härter – und riskanter. Immer mehr Jugendliche suchen das Risiko und lieben das Extreme. Sieben Prozent der Jugendlichen in Deutschland haben bereits Bungee Jumping-Erfahrung beim Sprung von der Brücke oder dem Fernsehturm. Dreimal so viele (21%) wollen den Sturzflug noch ausprobieren. Am meisten können sich die Jugendlichen derzeit für das Fallschirmspringen begeistern; fast ein Viertel aller Jugendlichen (23%) will in der nächsten Zeit den Fallschirmsprung noch wagen. Dies geht aus Repräsentativbefragungen von 3.000 Personen ab 14 Jahren hervor [...]. »Extreme Langeweileverhinderung ist das Hauptmotiv von Jugendlichen auf der Flucht vor der Erlebnisarmut des Alltags«, so Prof. Dr. Horst W. Opaschowski, der Leiter des Instituts. »Die Jugendlichen haben mehr Angst vor der Langeweile als vor dem Risiko. Und wenn sie bei körperlichen Herausforderungen den ultimativen Kick erleben, haben sie auch den größten Spaß dabei.« Spaß heißt für sie: Freude am kalkulierten Risiko. Bungee Jumping (75%), Canyoning (71%), River Rafting (70%) und Freeclimbing (62%) zählen nach Meinung der Befragten zu den riskantesten und wagnisreichsten Sportarten.

Mit dem Nervenkitzel wächst der Spaß

Die spezielle Befragung von 217 Risikosportlern in Deutschland erbringt den Nachweis, dass es ihnen zunächst mehr um Lust und Leistung als um Nervenkitzel geht: »Just for fun« und im Leben auch »einmal« etwas Verrücktes tun, ist das Hauptmotiv dieser Erlebnisgeneration, die im Hier und Jetzt lebt und das Leben aktiv erleben und intensiv genießen will. [...] Der Reiz und die Lust am Risiko wird aus der jeweiligen Sicht der Bevölkerung und der Extremsportler ganz unterschiedlich eingeschätzt. Für die überwiegende Mehrheit der Bevölkerung ist klar: Risikosportler fliehen doch nur vor der Langeweile ihres eigenen Lebens (63%) und wollen dabei ihren ultimativen Kick erleben (59%). Die Extremsportler setzen einen ganz anderen Akzent: Sie wollen in erster Linie Spaß haben (66%), alle anderen Motive sind nachgeordnet. Wer also den Risikosport als Zeitphänomen verstehen und erklären will, kann sich mit einfachen Erklärungen nicht mehr zufrieden geben. Verantwortlich dafür ist ein vielfältiges Motivbündel zwischen Lust und Langeweile. Wenn es den Risikosportlern wirklich nur um Spaß ginge, dann könnten sie auch ins Kino, in die Disco oder in den nächsten Freizeitpark gehen. Sie wollen mehr: Spaß plus Kick plus Abenteuer plus gemeinsame Erlebnisse.

»Lote deine Grenzen aus!« – Risikosportler als Grenzgänger

Risikosportler bewegen sich in Grenzsituationen, die aus freien Stücken Grenzen berühren, nicht aber überschreiten. Sie wollen Grenzgänger und keine Aussteiger sein.

Die B.A.T-Befragung der Risiko- und Extremsportler weist nach, dass sie mehrheitlich eher jung, ledig und höher gebildet sind. Sie fühlen sich frei und weitgehend unabhängig, brauchen auf Familie und Kinder keine Rücksicht zu nehmen und können daher auch mehr wagen. [...] Risikosport ist nicht nur Männersache. Insbesondere an Freeclimbing, Tiefseetauchen und Survival Training sind Frauen gleichermaßen interessiert. Hingegen erweisen sich Trekking, Canyoning, Bungee Jumping und Fallschirmspringen als Domänen männlicher Sportinteressen. Und so sehr sich auch Risikosportarten weltweit ausbreiten – ihr Anteil am Unfallgeschehen ist nach den Erfahrungswerten von Versicherungen äußerst gering: Bei den Schadensfällen im Sport steht Fußball noch immer an erster Stelle.

Jugend zwischen Kick und Kult
Extremsport als Zeitphänomen

Von je 100 befragten Jugendlichen im Alter von 14 bis 29 Jahren „wollen als Sportart ausprobieren":

Fallschirmspringen	23
Bungee Jumping	21
Paragliding	18
Tiefseetauchen	16
River Rafting	16
Mountainbiking	11
Canyoning	9
Survival Training	6
Free Climbing	5

Risikosport als Hilfsmittel gegen das »Gewaltpotential Langeweile«

Die Psychologie weist nach: Langeweile kommt auf, wenn man sich im Leben unterfordert fühlt. Und wer bestimmte Fähigkeiten besitzt, aber keine Möglichkeiten hat, sie anzuwenden (z.B. bei zeitweiliger Arbeitslosigkeit), droht in den Zustand chronischer Langeweile zu geraten. Das einfachste Hilfsmittel gegen Langeweile und Erlebnisarmut des Lebens ist körperliche Bewegung. Das Defizit muss irgendwie »abgearbeitet« werden, weil es sonst in Aggression, Gewalt oder Vandalismus umzuschlagen droht. Opaschowski: »Langeweile, nicht krimineller Geist steckt hinter vielen jugendlichen Straftaten.« Und die meisten Gewaltaktionen passieren nicht aus Lust und Leidenschaft, sondern aus Frust und Langeweile.

So gesehen kann die Ausübung von Risikosportarten Schlimmeres im Bereich von Aggressivität und Gewalt verhüten und zugleich Erlebnis- und Sinndefizite des Alltagslebens ausgleichen helfen. Risikosport wird zum sinnvollen Ventil. Das zeitweilige Eingehen von Risiken sollte insbesondere bei Jugendlichen akzeptiert werden, solange Mitmenschen und Gesellschaft dadurch nicht bedroht oder geschädigt werden – frei nach Boris Becker: »Mein einziger Konkurrent? Ich selbst.«

Aus: Die neue B.A.T-Studie »Xtrem. Der kalkulierte Wahnsinn. Extremsport als Zeitphänomen« von Prof. Dr. Horst W. Opaschowski, Hamburg 2000, Germa-Press Verlag. Bild: Repräsentativbefragung von 3.000 Personen ab 14 Jahren in Deutschland, British American Tobacco/Freizeit-Forschungsinstitut 2000.

Aufgaben:

1. Wähle eine Extremsportart aus, informiere dich über diese Sportart und stelle deine Ergebnisse (Plakat, Bilder, ppt, ...) in der Klasse vor.
2. Aus welchen Gründen würdest du diese Extremsportart eher empfehlen bzw. eher nicht empfehlen?

| Die eigene »Lebensformel« bestimmen | Die eigene Balance zwischen Arbeit und Freizeit finden |

Leben   =   Arbeit   +   Freizeit

Fotos: picture alliance

Sein ganzes Leben war Arbeit – er hat eigentlich nur halb gelebt.

© M. Fröhlich/pixelio.de

Ohne Arbeit, wird einem Menschen das Recht auf die andere Hälfte des Lebens verweigert.

© picture alliance

Arbeit ist das halbe Leben!
oder mehr?
oder weniger?
Nur ein halbes oder ein ganzes Leben führen?

Aufgabe:
Bestimme das (Real- u. Wunsch-) Verhältnis von Arbeit und Freizeit in deinem Leben und begründe deine Verhältnisbestimmung

Mit der Bibel arbeiten

Bildungsstandards für die Realschule

Die Schülerinnen und Schüler
- **können sich mit biblischen Geschichten auf vielfältige Weise auseinandersetzen (zum Beispiel durch kreatives Schreiben und Malen, Rollenspiele) (3.3)**
- **sind in der Lage, die Erschließungshilfen der Bibel anzuwenden und mit weiteren Hilfsmitteln zur Bibel umzugehen; (3.2)**
- haben einen Überblick über ein Evangelium (5.1)

Themenfelder:
Unterscheidung verschiedener Textformen in der Bibel; Synoptischer Vergleich; Verwendung von Erschließungshilfen (Lexika, Internet, Konkordanz usw.)

Schwerpunktkompetenzen und weitere Kompetenzen

Die Bibel als historisch gewordene Sammlung von Glaubenszeugnissen Israels und der frühen Christenheit galt es in der Orientierungsstufe (5./6. Klassenstufe) in ihrer Vielfalt und in ihrer Funktion als lebendiges Glaubenszeugnis zu entdecken. Dabei richtete sich der Blick sowohl auf einzelne Überlieferungen als auch auf den Gesamtzusammenhang. Waren die Zugänge bei den 10- bis 11-jährigen Kindern vor allem narrativer und spielerischer Art, gilt es nun zu entdecken, dass die biblischen Zeugnisse ins gegenwärtige, persönliche und gemeinsame Leben hineinsprechen und angeeignet werden wollen. Diese Umschreibung verbirgt sich hinter dem Titel »Mit der Bibel arbeiten«. Dies gilt es zu unterscheiden von einem Arbeiten an der Bibel im Sinne einer Bearbeitung der Bibel selbst. Vielmehr soll deutlich werden, dass die Bibel selbst im besten Sinne ihre erste Interpretin ist (Martin Luther), das heißt: Biblische Überlieferungen wollen immer wieder neu verstanden, ausgelegt und auf das Leben der Menschen bezogen werden. Vertrautheit mit der Bibel und das Zutrauen zu ihren Zeugnissen versuchte bereits der Unterricht der Unterstufe herzustellen. Nun kommt ein sprachlich-analytischer Blick hinzu: Die Bibel gibt in ganz unterschiedlichen Formen Auskunft über Erfahrungen mit Gott. Solche Zusammenhänge von Form und Inhalt, auch in unserem Lebensalltag, aber eben auch innerhalb der Bibel, können Jugendliche selbst entdecken. Auch dies hat einen spielerischen Zug, doch soll dieses Ziel bestimmten Kriterien und Regeln genügen, die der Bibel selbst abzuspüren sind.
Dass die Bibel bis heute ein kulturgeschichtliches Dokument ersten Ranges ist, verdankt sich der Eigenart ihrer Texte, sich immer wieder selbst einen neuen ›Sitz im Leben‹ zu verschaffen. Biblische Zitate, biblische Motive und Sprachformen haben sich kulturell und spirituell als »Sprachschule des Glaubens« (Gerhard Ebeling) bewährt. Die Motivation, an der Bibel zu arbeiten, kann so immer wieder inspiriert werden von der Motivation, an sich selbst und den eigenen Ausdrucksmöglichkeiten zu arbeiten.

Zur Lebensbedeutsamkeit

Warum ist die Bibel so verwirrend? – Wie kann man in die Bibel hineinfinden? – Gehen mich die biblischen Texte etwas an? – Kann man die Bibel lesen wie andere Bücher auch?

Elementare Fragen

Ein Blick auf katholische Bildungsstandards	Die Schülerinnen und Schüler ■ können die Botschaft wichtiger biblischer Texte erfassen (3.3) ■ sind bereit, sich mit den ethischen Weisungen der Bibel auseinanderzusetzen (3.4)
Leitmedien	■ Lerntagebuch (zur kursorischen Bibellektüre)
Die Schülerinnen und Schüler können zeigen, was sie schon können und kennen	■ Alle schreiben einen Brief an einen biblischen Autor (Evangelist, Paulus, ...) bzw. an eine biblische Person (David, Josef, Jesus, Gott (!) ...). Mögliche Hilfestellungen: – ein Briefanfang (**M 1**) – ein äußerer Anlass (ein Zeitungsbericht, wie jemand ›unter die Räuber gefallen ist‹; eine astronomische Entdeckung und Fragen an Gottes Schöpfungsbericht ...) ■ Bibelquiz: Was wissen wir eigentlich? ■ Wissenssammlung »Alles Wichtige über die Bibel « mit Hilfe einer durch den Lehrer/die Lehrerin gelenkten Mindmap. Im Mittelpunkt steht die Bibel. Für Schüleräußerungen werden Gliederungs- bzw. Zuordnungsvorschläge angeboten (Altes / Neues Testament; Leben Jesu/erste Christenmenschen; wohin gehört der Begriff »Gleichnisse (Jesu)«? usw.). Zu erwägen ist: Haben auch Erfahrungen und Eindrücke der Schülerinnen und Schüler einen Ort? ■ Zum Auffinden von Bibelstellen: Bibelfußball, Bibelstellenquiz. Entweder auf Zeit oder unter Einbeziehung unterschiedlicher Hilfsmittel: Inhaltsverzeichnis einer Bibel. Warum hilft dies nur begrenzt? Was leistet dafür eine Bibel-CD-ROM, eine Konkordanz? ■ Ein gemeinsam erstelltes Tafelbild zu Aufbau und Entstehung der Bibel (Mindmap, **M 2**). ■ Die Schülerinnen und Schüler können ein ›Bibelregal‹ einräumen. Varianten: entweder als Bastelarbeit aus der 5./6. Klasse (beklebte Streichholzschachteln o.Ä. für die biblischen Bücher) oder mit Hilfe eines Arbeitsblattes, auf dem ein Regal abgebildet ist (je nach erwarteten Vorkenntnissen mit Hilfestellungen, etwa durch bereits ›eingeräumte‹ Bücher, Beschriftungen der Abteilungen Gesetz, Propheten, Schriften, Evangelien usw.). ■ Was steht in der Bibel – und wo? Die Schülerinnen und Schüler erhalten bekannte Redewendungen, Zitate, Sprichwörter, deren (nicht-)biblischen Ursprung sie recherchieren (**M 5**).
Die Schülerinnen und Schüler wissen, welche Kompetenzen es zu erwerben gilt, und können ihren Lernweg mitgestalten	■ Kursorische Lektüre eines biblischen Buches zu Beginn der Einheit, z.B. das Hiobbuch in Auszügen, das Buch Jona, das Markusevangelium oder Psalmen in Auswahl (Ps 8; 19; 104; 139 [Schöpfung]; Ps 22; 23 [Anfechtung und Trost]; alternativ: Ps 42; 43; 73; Ps 105; 106 [Heilsgeschichte]; Ps 117 [der kürzeste Psalm]). Die Schülerinnen und Schüler formulieren Fragen und erproben Deutungen: Was man genauer wissen müsste / was mir der Text zu denken gibt / wenn ich Gott fragen könnte, dann wollte ich gerne wissen ... ■ Kursorische Lektüre über die ganze Einheit verteilt, begleitet durch ein Lernjournal (**M 6**) und eigene Fragen und Reflexionen der Schülerinnen und Schüler. ■ »Kompetenz-Dialog«: (a) Schülerinnen und Schüler vervollständigen den Satzanfang: »Bevor ich mich intensiver mit der Bibel beschäftige, möchte ich gerne wissen ...« – die Lehrkraft bietet Satzergänzungen an: – ... wie die biblischen Texte entstanden sind; – ... wie man die biblischen Texte heute verstehen kann;

– ... wie man sich einen möglichst schnellen Überblick über die Bibel verschafft;

– ... ob man alles glauben muss, was in der Bibel steht;

– ...

(b) Schülerinnen und Schüler vervollständigen den Satzanfang: »Am Ende unserer Beschäftigung mit biblischen Texten erwarte ich, dass ich ... «

Mögliche Satzergänzungen, die die Lehrkraft anbieten könnte:

– ... mich besser auskenne in der Bibel;

– ... endlich etwas mehr verstehe;

– ... verstehe, was die biblischen Texte mit mir zu tun haben;

– ... biblische Texte auf mein Leben / auf die heutige Zeit beziehen kann;

– ... vielleicht mehr Lust habe, selber in der Bibel zu lesen;

– ...

■ Die Lehrkraft bietet Kompetenzziele an, die die Schülerinnen und Schüler diskutieren (**M 7**).

Bibeltexte in Auswahl werden ausgeteilt (**M 3**). Schülerinnen und Schüler stellen einander die Texte vor. Sie spekulieren über Alter, Zusammenhang, Fundstelle, ... und/oder geben persönliche Deutungen wieder (**M 4**).

Schülerinnen und Schüler können verschiedene Textformen (Gattungen) in biblischen Texten wahrnehmen und benennen

---

■ Verschiedene Suchaufträge:

– Begriffe, Orte, Geschichten (z.B. »David und Goliath«) – Mit welchen Verfahren findet man, was man sucht? Was leistet eine Konkordanz, eine Bibel-CD-ROM, das Internet?

– Sprichwörtliche Redensarten (siehe oben **M 5**).

– Eigennamen: Welche Namen sind biblischen Ursprungs? Welche sind kirchlich-christlichen Ursprungs (Heiligennamen)? Welche stammen aus anderen Wurzeln? Welche Namen haben sich verändert (Maria/Mirjam; Peter/Petrus; Joscha/Jehoschuah).

■ Verschiedene Stufen der Interpretation:

– Ps 22 im Zusammenhang der Hebräischen Bibel, der Passion Jesu und als Gebet des christlichen (evangelischen) Gottesdienstes.

– 5. Mose 6,4 (Sch'ma Israel), 3. Mose 19,18, das Doppelgebot der Liebe (Mk 12,29ff.par.) und im heutigen Verständnis.

– Der Aaronitische Segen 4. Mose 6,22–27 und im christlichen Gottesdienst.

– Fragestellung: Aus welchem biblischen/historischen Kontext stammt diese Tradition (Was bedeutete dieser Text an der Stelle, als er zum ersten Mal in der Bibel auftaucht? Lest die dazugehörige Geschichte und erläutert den Zusammenhang!)

– Wie verändert sich derselbe Text in eurem Zusammenhang (im Munde Jesu, in gegenwärtiger Gottesdienstpraxis)? – Wie deuten wir heute diesen Text? Derselbe Weg kann auch in umgekehrter Reihenfolge beschritten werden: 1. Wir nähern uns dem Text (liturgisch, durch gemeinsames lautes Lesen, durch eigene Deuteversuche); 2. Wir finden denselben Text im Munde Jesu; 3. Wir stoßen im Alten Testament auf die Wurzeln.

Die Schülerinnen und Schüler können mit Hilfe von Erschließungshilfen ein eigenes Verständnis biblischer Texte erarbeiten

---

■ Wahrnehmen, dass es in den Evangelien Parallel-Überlieferungen gibt: Gemeinsamkeiten und Unterschiede. Textbeispiel: Das Gleichnis vom verlorenen Schaf (**M 8**). Die Schülerinnen und Schüler notieren ihre Beobachtungen.

Schülerinnen und Schüler entdecken die synoptische Frage und erarbeiten eine strukturelle Lösung

- Arbeit mit einer Synopse: Was wird parallel dargestellt? Wodurch entstehen Auslassungen?
- Synoptische Texte vergleichen nach Pointe, Aussageabsicht.
- Theologisieren: Welche Geschichte ist die ›wahre‹? Warum erinnern sich Menschen auch in Glaubensfragen unterschiedlich?
- Ein gemeinsames Ausgangsmedium (Kurzfilm; Vorlesegeschichte, z.B. Gerhard Zwerenz: Nicht alles gefallen lassen, in: siehe in diesem Materialband S. 110, eine Schüler- oder Lehrererzählung): nach bestimmten Vorgaben nacherzählen. Zum Beispiel schriftlich auf einer Heftseite (sehr knapp!) oder in Partnerarbeit, evtl. mit ›Protokoll‹ der/des Zuhörenden; oder: mit einem bestimmten formalen Auftrag, z.B. als Zeitungsnotiz, als persönlicher Brief, als SMS. – Anschließend die Versionen vergleichen. Welche Unterschiede sind zu beobachten und wodurch sind sie zu erklären? (Unterschiedliche Merkfähigkeit, Kontext, persönlicher Stil, Erzählabsicht, beispielsweise: Satire, Bericht, Sensationsdarstellung usw.)
- Aus unterschiedlichen synoptischen Texten eine Harmonie herstellen (**M 9**).

Die Schülerinnen und Schüler entdecken verschiedene literarische Gattungen und können sie in ihren Eigenschaften beschreiben und kreativ damit umgehen	(jeweils AT/NT): **M 10**: Briefe **M 11**: Schöpfungslob (Ps 19/Kol) **M 12**: Christus in der Mandorla **M 13**: Gleichnis (Jotam/vierfache Saat) **M 14**: Wunderbericht (Elisa/Töchterlein des Jairus) **M 15**: Psalmen: (Klagen, Bitten, Zuversicht, Gotteslob)
Die Schülerinnen und Schüler können zeigen, was sie neu gelernt haben	<ul><li>Die Schülerinnen und Schüler erarbeiten eine Kurzpräsentation (max. 5 Min., mündlich möglichst frei vorzutragen) entweder mit gleichen Vorgaben für alle oder unter wahlweise unterschiedlichen Fragestellungen: Ein Text, der mich beeindruckt hat. / Etwas, das mir jetzt an der Bibel besonders einleuchtet. / Eine erstaunliche Entdeckung. / Was nach meiner Meinung jeder von der Bibel wissen muss. / Die schönste Geschichte von Gott. / Eine ärgerliche Geschichte.</li><li>Sie stellen einen selbst gewählten biblischen Überliefungszusammenhang mit eigenen Worten dar (z.B.: Auszug aus Ägypten – Erstes Gebot des Dekalogs – Doppelgebot der Liebe (Mk 12,28ff; oder: Exodus / Abendmahl; oder: Thema Schöpfung; oder: messianische Verheißungstexte und Weihnachtsevangelium). Übergeordnete Fragestellung: Was haben die genannten Traditionsstücke miteinander zu tun? Welche Rolle spielen sie für unser (mein/dein) Verständnis der Bibel?</li><li>Die Schülerinnen und Schüler stellen mit Hilfe selbst gewählter Darstellungsformen Gattungen biblischer Überlieferung dar (z.B.: Gleichnisse; Wunder; Schöpfungslob). Sie präsentieren eine Mindmap / eine Grafik / eine bildnerische Darstellung für Reich-Gottes-Gleichnisse, für Wundererzählungen, für Hymnen usw.</li><li>Die Schülerinnen und Schüler können einen biblischen Text selbständig und deutend bearbeiten: Sie äußern sich vor dem Hintergrund biblischer Kenntnisse, aber auch eigener Erfahrungen und Fragen zu einem (ihnen unbekannten) biblischen Text. Sie verfassen eine ›Besinnung‹ (Andacht) beispielsweise zu einer neutestamentlichen Gleichnisgeschichte, einer Wundererzählung oder zum Philipperhymnus (Phil 2,6–10) o.Ä.</li><li>Die Schülerinnen und Schüler vergleichen eine dem Koran entnommene Darstellung der Person Jesu mit einem neutestamentlichen Text bzw. mit eigenen Kenntnissen über biblische Auskünfte über Jesus.</li></ul>

■ Sie erarbeiten einen synoptischen Vergleich; sie benennen und deuten Gemeinsamkeiten und Unterschiede.

Für die Hand der Schüler/innen:

Die Bibel elementar. Erzählt und erklärt von Michael Landgraf, Calwer Verlag / Deutsche Bibelgesellschaft / Diesterweg, Stuttgart/Braunschweig 2010.

Kursbuch Bibel. Das Einsteigerbuch für Jugendliche, Calwer Verlag / Deutsche Bibelgesellschaft / Diesterweg, Stuttgart/Braunschweig 2009.

Für die Unterrichtsvorbereitung:

Michael Landgraf: Bibel – Einführung – Materialien – Kreativideen (ReliBausteine 3), Calwer Verlag / Evangelischer Presse Verlag / RPE, Stuttgart / Speyer 2006.

Michael Landgraf: Bibel kreativ erkunden. Lernwege für die Praxis, Calwer Verlag / RPE, Stuttgart 2010.

Michael Landgraf / Paul Metzger: Bibel unterrichten. Basiswissen – Bibeldidaktische Grundlagen – Elementare Bibeltexte, Calwer Verlag / RPE, Stuttgart 2011.

Paul Metzger / Markus Risch: Bibel auslegen. Exegese für Einsteiger, Calwer Verlag / RPE, Stuttgart 2010.

Peter Müller: Schlüssel zur Bibel. Eine Einführung in die Bibeldidaktik, Calwer Verlag, Stuttgart 2009.

Literatur und Medien zur Unterrichtsgestaltung

Ein Brief an eine biblische Person

Ein Brief an David

_____, den _____
Ort,   Datum

Lieber David!
Wir sind im Religionsunterricht der Klasse _____ auf die Geschichte gestoßen, wie Du den mächtigen Goliat mit einer einfachen Schleuder besiegt hast.
Da müssen wir Dich doch dringend einmal fragen:

_____

Wir denken nämlich: _____

_____

Ein Brief an Jesus

_____, den _____
Ort,   Datum

Lieber Jesus!
Immer wieder hören wir im Religionsunterricht Geschichten von Dir, zum Beispiel von Wundern, die wir uns gar nicht so richtig vorstellen können. Zum Beispiel, wie Du damals

_____

_____

Wir haben versucht, uns in _____ hineinzuversetzen, und wollten nun gerne wissen

_____

Was wir Dir gerne noch sagen wollen: _____

_____

Ein Brief an Gott

_____, den _____
Ort,   Datum

Lieber Gott!
Wir sind im Religionsunterricht der Klasse _____ auf die Geschichte gestoßen, wie Du

_____

Dazu möchten wir Dir folgende Frage stellen: _____

_____

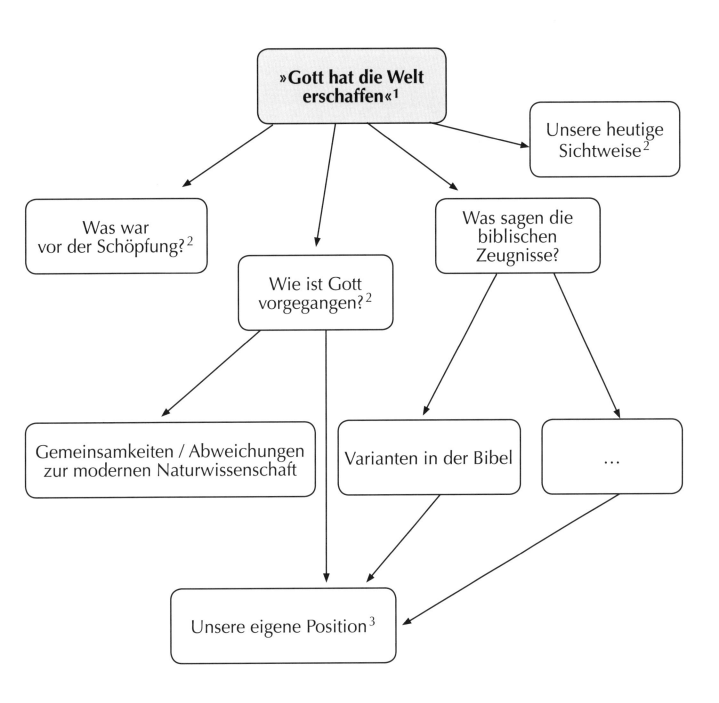

Anmerkungen

1 Impuls, hier am Beispiel der Rekonstruktion von Schöpfungstexten (1. Mose 1 und 2)

2 Die Fragen in den angrenzenden Feldern können insgesamt oder teilweise vorformuliert sein; sie können aber auch frei bleiben.

3 An dieser Stelle wird ein Übergang von der Rekonstruktion biblischer Zeugnisse zur eigenen Deutung angeboten.

1.	1. Mose 6,1–4
2.	4. Mose 21,4–9
3.	4. Mose 25,1–13
4.	5. Mose 20,1–9
5.	Richter 3,15–30
6.	Richter 9,7–21
7.	Richter 12,4–7
8.	1. Samuel 2,10
9.	2. Samuel 23,1–7
10.	2. Könige 6,24–30
11.	Hiob 14,1–12
12.	Psalm 82
13.	Sprüche 7,6–25
14.	Sprüche 23,29–35
15.	Prediger 8,10–17
16.	Hesekiel 17,1–10
17.	Jona 2,3–10
18.	Sacharja 8,20–23

Sämtliche Texte stammen aus: Die Bibel nach der Übersetzung Martin Luthers. Bibeltext in der revidierten Fassung von 1984. Herausgegeben von der Evangelischen Kirche in Deutschlang, © Deutsche Bibelgesellschaft, Stuttgart

1

Gottessöhne und Menschentöchter

1 Als aber die Menschen sich zu mehren begannen auf Erden und ihnen Töchter geboren wurden, 2 da sahen die Gottessöhne, wie schön die Töchter der Menschen waren, und nahmen sich zu Frauen, welche sie wollten. 3 Da sprach der HERR: Mein Geist soll nicht immerdar im Menschen walten, denn auch der Mensch ist Fleisch. Ich will ihm als Lebenszeit geben hundertundzwanzig Jahre. 4 Zu der Zeit und auch später noch, als die Gottessöhne zu den Töchtern der Menschen eingingen und sie ihnen Kinder gebaren, wurden daraus die Riesen auf Erden. Das sind die Helden der Vorzeit, die hochberühmten.

2

4 Da brachen sie auf von dem Berge Hor in Richtung auf das Schilfmeer, um das Land der Edomiter zu umgehen. Und das Volk wurde verdrossen auf dem Wege 5 und redete wider Gott und wider Mose: Warum hast du uns aus Ägypten geführt, dass wir sterben in der Wüste? Denn es ist kein Brot noch Wasser hier und uns ekelt vor dieser mageren Speise. 6 Da sandte der HERR feurige Schlangen unter das Volk; die bissen das Volk, dass viele aus Israel starben. 7 Da kamen sie zu Mose und sprachen: Wir haben gesündigt, dass wir wider den HERRN und wider dich geredet haben. Bitte den HERRN, dass er die Schlangen von uns nehme. Und Mose bat für das Volk. 8 *Da sprach der HERR zu Mose: Mache dir eine eherne Schlange und richte sie an einer Stange hoch auf. Wer gebissen ist und sieht sie an, der soll leben.* 9 Da machte Mose eine eherne Schlange und richtete sie hoch auf. Und wenn jemanden eine Schlange biss, so sah er die eherne Schlange an und blieb leben.

3

1 Und Israel lagerte in Schittim. Da fing das Volk an zu huren mit den Töchtern der Moabiter; ... 6 Und siehe, ein Mann aus Israel kam und brachte unter seine Brüder eine Midianiterin vor den Augen des Mose und der ganzen Gemeinde der Israeliten, die da weinten vor der Tür der Stiftshütte. 7 Als das Pinhas sah, der Sohn Eleasars, des Sohnes des Priesters Aaron, stand er auf aus der Gemeinde und nahm einen Spieß in seine Hand 8 und ging dem israelitischen Mann nach in die Kammer und durchstach sie beide, den israelitischen Mann und die Frau, durch ihren Leib. Da hörte die Plage auf unter den Israeliten. 9 Es waren aber durch die Plage getötet worden vierundzwanzigtausend. 10 Und der HERR redete mit Mose und sprach: 11 Pinhas, der Sohn Eleasars, des Sohnes des Priesters Aaron, hat meinen Grimm von den Israeliten gewendet durch seinen Eifer um mich, dass ich nicht in meinem Eifer die Israeliten vertilgte. 12 Darum sage: Siehe, ich gebe ihm meinen Bund des Friedens, 13 und dieser Bund soll ihm und seinen Nachkommen das ewige Priestertum zuteilen, weil er für seinen Gott geeifert und für die Israeliten Sühne geschafft hat.

4

1 Wenn du in einen Krieg ziehst gegen deine Feinde und siehst Rosse und Wagen eines Heeres, das größer ist als du, so fürchte dich nicht vor ihnen; denn der HERR, dein Gott, der dich aus Ägyptenland geführt hat, ist mit dir. 2 Wenn ihr nun auszieht zum Kampf, so soll der Priester herzutreten und mit dem Volk reden 3 und zu ihnen sprechen: Israel, höre zu! Ihr zieht heute in den Kampf gegen eure Feinde. Euer Herz verzage nicht, fürchtet euch nicht und erschreckt nicht und lasst euch nicht grauen vor ihnen; 4 denn der HERR, euer Gott, geht mit euch, dass er für euch streite mit euren Feinden, um euch zu helfen. 5 Und die Amtleute sollen mit dem Volk reden und sagen: Wer ein neues Haus gebaut hat und hat's noch nicht eingeweiht, der mache sich auf und kehre heim, auf dass er nicht sterbe im Krieg und ein anderer es einweihe. 6 Wer einen Weinberg gepflanzt hat und hat seine Früchte noch nicht genossen, der mache sich auf und kehre heim, dass er nicht im Kriege sterbe und ein anderer seine Früchte genieße. 7 Wer mit einem Mädchen verlobt ist und hat es noch nicht heimgeholt, der mache sich auf und kehre heim, dass er nicht im Krieg sterbe und ein anderer hole es heim. 8 Und die Amtleute sollen weiter mit dem Volk reden und sprechen: Wer sich fürchtet und ein verzagtes Herz hat, der mache sich auf und kehre heim, auf dass er nicht auch das Herz seiner Brüder feige mache, wie sein Herz ist. 9 Und wenn die Amtleute dies alles zu dem Volk geredet haben, so sollen sie Heerführer an die Spitze des Volks stellen.

5

15 Da schrien sie zu dem HERRN, und der HERR erweckte ihnen einen Retter, Ehud, den Sohn Geras, den Benjaminiter; der war linkshändig.

Und als die Israeliten durch ihn Tribut sandten an Eglon, den König der Moabiter, 16 machte sich Ehud einen zweischneidigen Dolch, eine Hand lang, und gürtete ihn unter sein Kleid auf seine rechte Hüfte 17 und brachte Eglon, dem König der Moabiter, den Tribut. Eglon aber war ein sehr fetter Mann.

18 Und als er den Tribut übergeben hatte, entließ er die Leute, die den Tribut getragen hatten. 19 Er selbst aber kehrte um bei den Steinbildern zu Gilgal und ließ sagen: Ich habe, o König, dir heimlich etwas zu sagen. Der aber gebot: Hinaus! Da gingen hinaus von ihm alle, die um ihn standen. 20 Und Ehud kam zu ihm hinein. Er aber saß in dem kühlen Obergemach, das für ihn allein bestimmt war. Und Ehud sprach: Ich habe ein Wort von Gott an dich. Da stand er auf von seinem Thron. 21 Ehud aber streckte seine linke Hand aus und nahm den Dolch von seiner rechten Hüfte und stieß ihm den in den Bauch, 22 dass nach der Schneide noch der Griff hineinfuhr und das Fett die Schneide umschloss; denn er zog den Dolch nicht aus seinem Bauch. 23 Aber Ehud ging zum Nebenraum hinaus, machte die Tür des Obergemachs hinter sich zu und verschloss sie. 24 Als er nun hinausgegangen war, kamen die Leute des Königs und sahen, dass die Tür verschlossen war, und sprachen: Er ist vielleicht austreten gegangen in die Kammer am Obergemach. 25 Als sie aber allzu lange gewartet hatten und niemand die Tür des Gemachs auftat, nahmen sie den Schlüssel und schlossen auf. Siehe, da lag ihr Herr auf der Erde tot. 26 Ehud aber war entronnen, während sie gewartet hatten, und ging an den Steinbildern vorüber und entkam bis nach Seïra … 30 So wurden die Moabiter zu jener Zeit unter die Hand Israels gedemütigt. Und das Land hatte Ruhe achtzig Jahre.

6

7 Als das dem Jotam angesagt wurde, ging er hin und stellte sich auf den Gipfel des Berges Garizim, erhob seine Stimme, rief und sprach zu ihnen: Höret mich, ihr Männer von Sichem, dass euch Gott auch höre. 8 Die Bäume gingen hin, um einen König über sich zu salben, und sprachen zum Ölbaum: Sei unser König! 9 Aber der Ölbaum antwortete ihnen: Soll ich meine Fettigkeit lassen, die Götter und Menschen an mir preisen, und hingehen, über den Bäumen zu schweben? 10 Da sprachen die Bäume zum Feigenbaum: Komm du und sei unser König! 11 Aber der Feigenbaum sprach zu ihnen: Soll ich meine Süßigkeit und meine gute Frucht lassen und hingehen, über den Bäumen zu schweben? 12 Da sprachen die Bäume zum Weinstock: Komm du und sei unser König! 13 Aber der Weinstock sprach zu ihnen: Soll ich meinen Wein lassen, der Götter und Menschen fröhlich macht, und hingehen, über den Bäumen zu schweben? 14 Da sprachen alle Bäume zum Dornbusch: Komm du und sei unser König! 15 Und der Dornbusch sprach zu den Bäumen: Ist's wahr, dass ihr mich zum König über euch salben wollt, so kommt und bergt euch in meinem Schatten; wenn nicht, so gehe Feuer vom Dornbusch aus und verzehre die Zedern Libanons. 16 Habt ihr nun recht und redlich getan, dass ihr Abimelech zum König gemacht habt? … 19 Habt ihr nun heute recht und redlich gehandelt an Jerubbaal und an seinem Hause, so seid fröhlich über Abimelech und er sei fröhlich über euch. 20 Wenn nicht, so gehe Feuer aus von Abimelech und verzehre die Männer von Sichem und die Bewohner des Millo, und gehe auch Feuer aus von den Männern von Sichem und von den Bewohnern des Millo und verzehre Abimelech. 21 Und Jotam floh vor seinem Bruder Abimelech und entwich und ging nach Beer und wohnte dort.

7

4 Und Jeftah sammelte alle Männer von Gilead und kämpfte gegen Ephraim. Und die Männer von Gilead schlugen Ephraim – denn diese hatten gesagt: Ihr seid Flüchtlinge aus Ephraim; denn Gilead liegt mitten in Ephraim und Manasse –; 5 und die Gileaditer besetzten die Furten des Jordans vor Ephraim. Wenn nun einer von den Flüchtlingen Ephraims sprach: Lass mich hinübergehen!, so sprachen die Männer von Gilead zu ihm: Bist du ein Ephraimiter? Wenn er dann antwortete: Nein!, 6 ließen sie ihn sprechen: Schibbolet. Sprach er aber: Sibbolet, weil er's nicht richtig aussprechen konnte, dann ergriffen sie ihn und erschlugen ihn an den Furten des Jordans, sodass zu der Zeit von Ephraim fielen zweiundvierzigtausend. 7 Jeftah aber richtete Israel sechs Jahre. Und Jeftah, der Gileaditer, starb und wurde begraben in seiner Stadt in Gilead.

8

1 ...

Mein Herz ist fröhlich in dem HERRN,

mein Haupt ist erhöht in dem HERRN.

Mein Mund hat sich weit aufgetan wider meine Feinde,

denn ich freue mich deines Heils.

2 Es ist niemand heilig wie der HERR,

außer dir ist keiner,

und ist kein Fels, wie unser Gott ist.

3 Lasst euer großes Rühmen und Trotzen,

freches Reden gehe nicht aus eurem Munde;

denn der HERR ist ein Gott, der es merkt,

und von ihm werden Taten gewogen.

4 Der Bogen der Starken ist zerbrochen,

und die Schwachen sind umgürtet mit Stärke.

5 Die da satt waren, müssen um Brot dienen,

und die Hunger litten, hungert nicht mehr.

Die Unfruchtbare hat sieben geboren,

und die viele Kinder hatte, welkt dahin.

6 Der HERR tötet und macht lebendig,

führt hinab zu den Toten und wieder herauf.

7 Der HERR macht arm und macht reich;

er erniedrigt und erhöht.

8 Er hebt auf den Dürftigen aus dem Staub

und erhöht den Armen aus der Asche,

dass er ihn setze unter die Fürsten und den Thron der Ehre erben lasse.

Denn der Welt Grundfesten sind des HERRN, und er hat die Erde darauf gesetzt.

9 Er wird behüten die Füße seiner Heiligen,

aber die Gottlosen sollen zunichte werden in Finsternis;

denn viel Macht hilft doch niemand.

10 Die mit dem HERRN hadern, sollen zugrunde gehen. Der Höchste im Himmel wird sie zerschmettern,

der HERR wird richten der Welt Enden. Er wird Macht geben seinem Könige und erhöhen das Haupt seines Gesalbten.

9

1 Dies sind die letzten Worte Davids.

Es spricht David, der Sohn Isais, es spricht der Mann, der hoch erhoben ist, der Gesalbte des Gottes Jakobs, der Liebling der Lieder Israels:

2 Der Geist des HERRN hat durch mich geredet, und sein Wort ist auf meiner Zunge. 3 Es hat der Gott Israels zu mir gesprochen, der Fels Israels hat geredet: Wer gerecht herrscht unter den Menschen, wer herrscht in der Furcht Gottes, 4 der ist wie das Licht des Morgens, wenn die Sonne aufgeht, am Morgen ohne Wolken. Und wie das Gras nach dem Regen aus der Erde bricht, 5 so ist mein Haus fest bei Gott; denn er hat mir einen ewigen Bund gesetzt, in allem wohl geordnet und gesichert. All mein Heil und all mein Begehren wird er gedeihen lassen. 6 Aber die nichtswürdigen Leute sind allesamt wie verwehte Disteln, die man nicht mit der Hand fassen kann; 7 sondern wer sie angreifen will, muss Eisen und Spieß in der Hand haben; sie werden mit Feuer verbrannt an ihrer Stätte.

Belagerung Samarias

24 Danach begab es sich, dass Ben-Hadad, der König von Aram, sein ganzes Heer versammelte und heraufzog und Samaria belagerte. 25 Und es war eine große Hungersnot in Samaria. Sie aber belagerten die Stadt, bis ein Eselskopf achtzig Silberstücke und eine Hand voll Taubenmist fünf Silberstücke galt. 26 Und als der König von Israel auf der Mauer einherging, schrie ihn eine Frau an und sprach: Hilf mir, mein Herr und König! 27 Er sprach: Hilft dir der HERR nicht, woher soll ich dir helfen? Von der Tenne oder von der Kelter? 28 Und der König sprach zu ihr: Was ist dir? Sie sprach: Diese Frau da sprach zu mir: Gib deinen Sohn her, dass wir ihn heute essen; morgen wollen wir meinen Sohn essen. 29 So haben wir meinen Sohn gekocht und gegessen. Und ich sprach zu ihr am nächsten Tage: Gib deinen Sohn her und lass uns ihn essen! Aber sie hat ihren Sohn versteckt. 30 Als der König die Worte der Frau hörte, zerriss er seine Kleider, während er auf der Mauer ging. Da sah alles Volk, dass er darunter ein härenes Tuch um seinen Leib geschlungen hatte.

11

1 Der Mensch, vom Weibe geboren, lebt kurze Zeit und ist voll Unruhe, 2 geht auf wie eine Blume und fällt ab, flieht wie ein Schatten und bleibt nicht.
3 Doch du tust deine Augen über einen solchen auf, dass du mich vor dir ins Gericht ziehst.
4 Kann wohl ein Reiner kommen von Unreinen? Auch nicht einer! 5 Sind seine Tage bestimmt, steht die Zahl seiner Monde bei dir und hast du ein Ziel gesetzt, das er nicht überschreiten kann: 6 so blicke doch weg von ihm, damit er Ruhe hat, bis sein Tag kommt, auf den er sich wie ein Tagelöhner freut.
7 Denn ein Baum hat Hoffnung, auch wenn er abgehauen ist; er kann wieder ausschlagen, und seine Schösslinge bleiben nicht aus. 8 Ob seine Wurzel in der Erde alt wird und sein Stumpf im Boden erstirbt, 9 so grünt er doch wieder vom Geruch des Wassers und treibt Zweige wie eine junge Pflanze. 10 Stirbt aber ein Mann, so ist er dahin; kommt ein Mensch um – wo ist er? 11 Wie Wasser ausläuft aus dem See, und wie ein Strom versiegt und vertrocknet, 12 so ist ein Mensch, wenn er sich niederlegt, er wird nicht wieder aufstehen; er wird nicht aufwachen, solange der Himmel bleibt, noch von seinem Schlaf erweckt werden.

Der höchste Richter

1 Gott steht in der Gottesgemeinde und ist Richter unter den Göttern.
2 »Wie lange wollt ihr unrecht richten
und die Gottlosen vorziehen? SELA.
3 Schaffet Recht dem Armen und der Waise
und helft dem Elenden und Bedürftigen zum Recht.
4 Errettet den Geringen und Armen
und erlöst ihn aus der Gewalt der Gottlosen.«
5 Sie lassen sich nichts sagen und sehen nichts ein, / sie tappen dahin im Finstern.
Darum wanken alle Grundfesten der Erde.
6 »Wohl habe ich gesagt: Ihr seid Götter
und allzumal Söhne des Höchsten;
7 aber ihr werdet sterben wie Menschen
und wie ein Tyrann zugrunde gehen.«
8 Gott, mache dich auf und richte die Erde;
denn du bist Erbherr über alle Heiden!

Mit der Bibel arbeiten

13

6 Am Fenster meines Hauses guckte ich durchs Gitter 7 und sah einen unter den Unverständigen und erblickte unter den jungen Leuten einen törichten Jüngling. 8 Der ging über die Gasse zu ihrer Ecke und schritt daher auf dem Wege zu ihrem Hause 9 in der Dämmerung, am Abend des Tages, als es Nacht wurde und dunkel war. 10 Und siehe, da begegnete ihm eine Frau im Hurengewand, listig, 11 wild und unbändig, dass ihre Füße nicht in ihrem Hause bleiben können. 12 Jetzt ist sie draußen, jetzt auf der Gasse und lauert an allen Ecken. 13 Und sie erwischt ihn und küsst ihn, wird dreist und spricht: 14 »Ich hatte Dankopfer zu bringen, heute habe ich meine Gelübde erfüllt. 15 Darum bin ich ausgegangen, dir entgegen, um nach dir zu suchen, und habe dich gefunden. 16 Ich habe mein Bett schön geschmückt mit bunten Decken aus Ägypten. ... 18 Komm, lass uns kosen bis an den Morgen und lass uns die Liebe genießen. 19 Denn der Mann ist nicht daheim, er ist auf eine weite Reise gegangen. 20 Er hat den Geldbeutel mit sich genommen; er wird erst zum Vollmond wieder heimkommen.«
21 Sie überredet ihn mit vielen Worten und gewinnt ihn mit ihrem glatten Munde. 22 Er folgt ihr alsbald nach, wie ein Stier zur Schlachtbank geführt wird, und wie ein Hirsch, der ins Netz rennt, 23 bis ihm der Pfeil die Leber spaltet; wie ein Vogel zur Schlinge eilt und weiß nicht, dass es das Leben gilt. 24 So hört nun auf mich, meine Söhne, und merkt auf die Rede meines Mundes. 25 Lass dein Herz nicht abweichen auf ihren Weg und irre nicht ab auf ihre Bahn.

14

29 Wo ist Weh? Wo ist Leid? Wo ist Zank? Wo ist Klagen? Wo sind Wunden ohne jeden Grund? Wo sind trübe Augen? 30 Wo man lange beim Wein sitzt und kommt, auszusaufen, was eingeschenkt ist. 31 Sieh den Wein nicht an, wie er so rot ist und im Glase so schön steht: Er geht glatt ein, 32 aber danach beißt er wie eine Schlange und sticht wie eine Otter. 33 Da werden deine Augen seltsame Dinge sehen, und dein Herz wird Verkehrtes reden, 34 und du wirst sein wie einer, der auf hoher See sich schlafen legt, und wie einer, der oben im Mastkorb liegt. 35 »Sie schlugen mich, aber es tat mir nicht weh; sie prügelten mich, aber ich fühlte es nicht. Wann werde ich aufwachen? Dann will ich's wieder so treiben.«

15

10 Und weiter sah ich Gottlose, die begraben wurden und zur Ruhe kamen; aber die recht getan hatten, mussten hinweg von heiliger Stätte und wurden vergessen in der Stadt. Das ist auch eitel. 11 Weil das Urteil über böses Tun nicht sogleich ergeht, wird das Herz der Menschen voll Begier, Böses zu tun.
12 Wenn ein Sünder auch hundertmal Böses tut und lange lebt, so weiß ich doch, dass es wohlgehen wird denen, die Gott fürchten, die sein Angesicht scheuen. 13 Aber dem Gottlosen wird es nicht wohlgehen, und wie ein Schatten werden nicht lange leben, die sich vor Gott nicht fürchten. 14 Es ist eitel, was auf Erden geschieht: Es gibt Gerechte, denen geht es, als hätten sie Werke der Gottlosen getan, und es gibt Gottlose, denen geht es, als hätten sie Werke der Gerechten getan. Ich sprach: Das ist auch eitel. 15 Darum pries ich die Freude, dass der Mensch nichts Besseres hat unter der Sonne, als zu essen und zu trinken und fröhlich zu sein. Das bleibt ihm bei seinem Mühen sein Leben lang, das Gott ihm gibt unter der Sonne. ... 17 Und ich sah alles Tun Gottes, dass ein Mensch das Tun nicht ergründen kann, das unter der Sonne geschieht. Und je mehr der Mensch sich müht zu suchen, desto weniger findet er. Und auch wenn der Weise meint: »Ich weiß es«, so kann er's doch nicht finden.

16

1 Und des HERRN Wort geschah zu mir: 2 Du Menschenkind, lege dem Hause Israel ein Rätsel vor und ein Gleichnis 3 und sprich: So spricht Gott der HERR: Ein großer Adler mit großen Flügeln und langen Fittichen und vollen Schwingen, die bunt waren, kam auf den Libanon und nahm hinweg den Wipfel einer Zeder 4 und brach die Spitze ab und führte sie ins Krämerland und setzte sie in die Händlerstadt. 5 Dann nahm er ein Gewächs des Landes und pflanzte es in gutes Land, wo viel Wasser war, und setzte es am Ufer ein. 6 Und es wuchs und wurde ein ausgebreiteter Weinstock mit niedrigem Stamm; denn seine Ranken bogen sich zu ihm und seine Wurzeln blieben unter ihm; und so wurde es ein Weinstock, der Schösslinge hervortrieb und Zweige.

7 Da kam ein anderer großer Adler mit großen Flügeln und starken Schwingen. Und siehe, der Weinstock bog seine Wurzeln zu diesem Adler hin und streckte seine Ranken ihm entgegen; der Adler sollte ihm mehr Wasser geben als das Beet, in das er gepflanzt war. 8 Und er war doch auf guten Boden an viel Wasser gepflanzt, sodass er wohl hätte Zweige bringen können, Früchte tragen und ein herrlicher Weinstock werden.

9 So sage nun: So spricht Gott der HERR: Sollte der geraten? Wird man nicht seine Wurzeln ausreißen, dass seine Früchte verderben? Und er wird verdorren; alle Blätter, die ihm gewachsen sind, werden verwelken. Ohne große Kraft und ohne viel Volk wird man ihn mit seinen Wurzeln ausreißen. 10 Siehe, er ist zwar gepflanzt; aber sollte er geraten? Sobald der Ostwind über ihn kommt, wird er verdorren auf dem Beet, auf dem er gewachsen ist.

17

Ich rief zu dem HERRN in meiner Angst
und er antwortete mir.
Ich schrie aus dem Rachen des Todes
und du hörtest meine Stimme.
4 Du warfst mich in die Tiefe, mitten ins Meer,
dass die Fluten mich umgaben.
Alle deine Wogen und Wellen gingen über mich,
5 dass ich dachte, ich wäre von deinen Augen verstoßen,
ich würde deinen heiligen Tempel nicht mehr sehen.
6 Wasser umgaben mich und gingen mir ans Leben,
die Tiefe umringte mich, Schilf bedeckte mein Haupt.
7 Ich sank hinunter zu der Berge Gründen,
der Erde Riegel schlossen sich hinter mir ewiglich.
Aber du hast mein Leben aus dem Verderben geführt, HERR, mein Gott!
8 Als meine Seele in mir verzagte, gedachte ich an den HERRN, und mein Gebet kam zu dir in deinen heiligen Tempel.
9 Die sich halten an das Nichtige, verlassen ihre Gnade.
10 Ich aber will mit Dank dir Opfer bringen.
Meine Gelübde will ich erfüllen dem HERRN, der mir geholfen hat.

18

Das künftige Heil für die Völker

20 So spricht der HERR Zebaoth: Es werden noch viele Völker kommen und Bürger vieler Städte, 21 und die Bürger einer Stadt werden zur andern gehen und sagen: Lasst uns gehen, den HERRN anzuflehen und zu suchen den HERRN Zebaoth; wir selber wollen hingehen. 22 So werden viele Völker, Heiden in Scharen, kommen, den HERRN Zebaoth in Jerusalem zu suchen und den HERRN anzuflehen. 23 So spricht der HERR Zebaoth: Zu der Zeit werden zehn Männer aus allen Sprachen der Heiden »einen« jüdischen Mann beim Zipfel seines Gewandes ergreifen und sagen: Wir wollen mit euch gehen, denn wir hören, dass Gott mit euch ist.

Mit der Bibel arbeiten

Mein erster Eindruck

_____

_____

_____

_____

_____

_____

Dieser Text erinnert mich an (mit Begrüßung!)

_____

_____

_____

_____

_____

Bibeltext:

Wo könnte man den Text
in der Bibel finden?

_____

_____

In welchem Zusammenhang könnte der Text in der
Bibel stehen? Von welcher Zeit erzählt er? Welche
Personen kommen vor? Welche Geschichte? ...

_____

_____

_____

_____

Mein Kommentar:

_____

_____

_____

_____

_____

Sprichwort / Redensart	Vermutung	Quelle[1]
Wer andern eine Grube gräbt, fällt selbst hinein![2]		
Jeder ist sich selbst der Nächste.[3]		
Sogleich fiel es von seinen Augen wie Schuppen.[4]		
Seht, da kommt der Träumer![5]		
Du sollst nicht lügen!		
Ein Mensch sieht, was vor Augen ist, der Herr aber sieht das Herz an.[6]		
Ohne Fleiß kein Preis		
Einen fröhlichen Geber hat Gott lieb.[7]		
Es ist leichter, dass ein Kamel durch ein Nadelöhr gehe, als dass ein Reicher ins Reich Gottes komme.[8]		
Selig sind die geistlich Armen![9]		
Es ist noch kein Meister vom Himmel gefallen		
Alles hat seine Zeit[10]		
Man muss Gott mehr gehorchen als den Menschen[11]		
Das Eigentliche ist unsichtbar.		
Hilf dir selbst, dann hilft dir Gott		

Weitere Beispiele:

»Was du nicht willst, was man dir tu, das füg auch keinem andern zu« (in Unterscheidung zu: Alles nun, was ihr wollt, dass euch die Leute tun sollen, das tut ihnen auch! Mt 7,12) – Wenn dich jemand auf deine rechte Backe schlägt, dem biete die andere (linke) auch dar, Mt 5,39 – Dem Seinen (den Seinen) gibt's der Herr im Schlaf, Ps 127,2 – Hier stehe ich, ich kann nicht anders (Martin Luther) – Wes Brot ich ess, des Lied ich sing.

Hinweise für den Lehrer / die Lehrerin:

1 U.U. zu ergänzen um einen Hinweis, wie die Quelle gesucht bzw. gefunden wurde.

2 Pred 10,18

3 Bei den nicht biblischen Zitaten handelt es sich zumeist um Volksgut ohne Quellenangabe.

4 Apg 9,18 (Petrus)

5 1. Mose 37,19 (Josef)

6 1. Sam 16,7

7 2. Kor 9,7

8 Mt 19,24; Mk 10,25; Lk 18,25

9 Mt 5,3

10 Pred 3,1

11 Apg 5,29

Lerntagebuch (Lernjournal)
zur kursorischen Lektüre eines biblischen Buches

Lesejournal zum	Datum	Seite
_____		

Der heutige Leseabschnitt: _____

Überschrift

Inhalt mit eigenen Worten:

_____

_____

_____

Eine Entdeckung, die ich beim Lesen gemacht habe:

_____

_____

_____

Eine Frage, die mir beim Lesen gekommen ist:

_____

_____

_____

Was ich sonst noch sagen muss:

_____

_____

_____

Rand zum Einheften

Ziele unserer Einheit über die Bibel

Ich kann und weiß schon einiges über die Bibel. Zum Beispiel kann ich ...	das kann ich	da bin ich mir unsicher	das kann ich (noch) nicht	da habe ich meine Fragen
• mir selbst einen Lieblingsvers oder eine Lieblingsgeschichte aus der Bibel aussuchen und meine Auswahl vor der Klasse begründen;				
• mit einem biblischen Text selbständig etwas anfangen und ihn deuten;				
• mit Hilfsmitteln in der Bibel etwas finden;				
• mir einen Überblick über ein Evangelium verschaffen;				
• über dieses Evangelium mit eigenen Worten Auskunft geben;				
• mit eigenen Worten von meinen Erfahrungen beim Lesen von biblischen Texten berichten;				
• auf die Erfahrungen von Mitschüler/innen eingehen und sie mit meinen Eindrücken vergleichen				
• ...				

Was ich darüber hinaus (oder: eigentlich) besser können würde :

_____

_____

_____

Anmerkungen:

- Das Formular kann an die Schüler/innen auch ohne Formulierungsangebote ausgeteilt werden. Dann lautet der Arbeitsauftrag:
  Formuliert eigene Interessen an die Beschäftigung mit der Bibel. Jede(r) formuliert wenigstens einen (zwei, drei ...) Satz bzw. Sätze; verwendet die Wörter ›wissen‹, ›können‹, ›sich auskennen‹; ›Auskunft geben‹ o.Ä.
- Das Formular kann ergänzt werden durch ein vergleichendes Gespräch unter der Frage: Was stelle ich mir unter den hier genannten Formulierungen (Kompetenzen) vor: Wie zeigt es sich, wenn man das kann? Zum Beispiel: Rollenspiel zu einem Taufgespräch: Wählt einen Taufspruch (Konfirmationsdenkspruch) [für »euer« Kind] aus und erläutert mir eure Wahl!
- Mit der Lerngruppe kann erörtert werden, in welcher Form die Lernkontrolle stattfindet: Durch ein Interview zu einem biblischen Buch, durch eine Präsentation usw.

Das Gleichnis vom verlorenen Schaf in zwei Versionen

aus Matthäus 18:

Vom verlorenen Schaf

10–11 Seht zu, dass ihr nicht einen von diesen Kleinen verachtet. Denn ich sage euch: Ihre Engel im Himmel sehen allezeit das Angesicht meines Vaters im Himmel.

12 Was meint ihr? Wenn ein Mensch hundert Schafe hätte und eins unter ihnen sich verirrte: lässt er nicht die neunundneunzig auf den Bergen, geht hin und sucht das verirrte? 13 Und wenn es geschieht, dass er's findet, wahrlich, ich sage euch: Er freut sich darüber mehr als über die neunundneunzig, die sich nicht verirrt haben. 14 So ist's auch nicht der Wille bei eurem Vater im Himmel, dass auch nur eines von diesen Kleinen verloren werde.

aus Lukas 15:

Vom verlorenen Schaf

1 Es nahten sich ihm aber allerlei Zöllner und Sünder, um ihn zu hören. 2 Und die Pharisäer und Schriftgelehrten murrten und sprachen: Dieser nimmt die Sünder an und isst mit ihnen.

3 Er sagte aber zu ihnen dies Gleichnis und sprach: 4 Welcher Mensch ist unter euch, der hundert Schafe hat und, wenn er »eins« von ihnen verliert, nicht die neunundneunzig in der Wüste lässt und geht dem verlorenen nach, bis er's findet? 5 Und wenn er's gefunden hat, so legt er sich's auf die Schultern voller Freude. 6 Und wenn er heimkommt, ruft er seine Freunde und Nachbarn und spricht zu ihnen: Freut euch mit mir; denn ich habe mein Schaf gefunden, das verloren war. 7 Ich sage euch: So wird auch Freude im Himmel sein über »einen« Sünder, der Buße tut, mehr als über neunundneunzig Gerechte, die der Buße nicht bedürfen.

Arbeitsblatt zum synoptischen Vergleich

Vers	Vom verlorenen Schaf Matthäus 18,10–14
10–11	
12	
13	
14	

Vers	Vom verlorenen Schaf Lukas 15,1–7
1–2	
12	
13	
14	

Schreibt zuerst die einzelnen Verse aus dem Matthäusevangelium in die linke Tabelle! Sucht dann Entsprechungen oder Abweichungen in Lk 15,1–5 und tragt sie in die Felder ein.
Wie viele Übereinstimmungen und wie viele Abweichungen entdeckt ihr?

Briefe

1

Im Jahr 587 v.Chr. wurde das Land Israel vom babylonischen König Nebukadnezzar überfallen und besiegt, ein großer Teil der Bevölkerung wurde, wie es damals üblich war, in das Land der Sieger entführt. Es begann das »Babylonische Exil« des Volkes Israel, das über 50 Jahre dauerte. Wenige Israeliten blieben in Jerusalem zurück. Einer davon war der Prophet Jeremia. Aus dem fernen Israel schreibt er einen Brief an seine Landsleute in Babylon.

Aus Jeremia 29,1–10

1 Und dies sind die Worte des Briefs, den Jeremia, der Prophet, aus Jerusalem gesandt hat an der Rest der Ältesten der Verbannten und an die Priester und an die Propheten und an alles Volk, das Nebukadnezzar in die Verbannung geführt hatte von Jerusalem nach Babel. [...] 4 So spricht der HERR der Heerscharen, der Gott Israels, zu allen Verbannten, die ich in die Verbannung geführt habe, von Jerusalem nach Babel: 5 Baut Häuser und wohnt darin, pflanzt Gärten und esst ihre Frucht, 6 nehmt Frauen und zeugt Söhne und Töchter, und nehmt Frauen für eure Söhne und gebt eure Töchter Männern, damit sie Söhne und Töchter gebären, damit ihr dort zahlreicher werdet und nicht weniger. 7 Und sucht das Wohl der Stadt, in die ich euch in die Verbannung geführt habe, und betet für die zum HERRN, denn in ihrem Wort wird euer Wohl liegen. 8 So spricht der HERR der Heerscharen, der Gott Israels: Eure Propheten, die in eurer Mitte sind, und eure Wahrsager sollen euch nicht täuschen; und hört nicht auf die Träume, die ihr euch von ihnen träumen lasst. 9 Denn verlogen weissagen sie euch in meinem Namen. Ich habe sie nicht gesandt! Spruch des HERRN. 10 Denn so spricht der HERR: Erst wenn siebzig Jahre erfüllt sind für Babel, werde ich mich um euch kümmern. Dann werde ich mein gutes Wort an euch einlösen und euch zurückbringen an diese Stätte.

Zürcher Bibel, © 2007 Theologischer Verlag Zürich

Aufgaben:
1. Wie spricht der Prophet die Menschen in seinem Brief an?
2. Wie lautet die Botschaft des Propheten? Findet eigene Worte!
3. Vergleicht diesen Brief mit dem nächsten (aus Esra 4)!

2

Nachdem das Volk Israel durch den persischen König Kyros die Erlaubnis erhalten hatte, aus dem babylonischen Exil wieder nach Israel heimzukehren, begannen die Israeliten, den zuvor zerstörten Tempel in Jerusalem wieder aufzubauen. Inzwischen herrschte der König Artaxerxes (464–424 v.Chr.) über das ganze Land. Doch die Israeliten hatten selbst in ihrer Alten Hauptstadt Jerusalem Feinde unter der persischen Bevölkerung. Die schrieben an den König folgenden Brief (aus Esra 4,11–16):

11 Dies ist der Wortlaut des Briefs, den sie ihm sandten:
»An Artaxerxes, den König; deine Diener, die Leute jenseits des Stroms. Und nun: 12 Es sei dem König zur Kenntnis gebracht, dass die Judäer, die von dir heraufzogen, zu uns nach Jerusalem gekommen sind. Sie bauen die aufrührerische und böse Stadt wieder auf, und sie vollenden die Mauern und bessern die Fundamente aus. 13 Nun sei dem König zur Kenntnis gebracht: Wenn diese Stadt aufgebaut wird und die Mauern vollendet sind, werden sie keine Steuern und keine Abgaben [...] entrichten, und ganz gewiss wird das den Königen schaden. [...] 15 Und im Buch der Denkwürdigkeiten wirst du finden und erfahren, dass jene Stadt eine aufrührerische Stadt ist, die Schaden verursacht hat für Könige und Provinzen und in deren Mitte man schon immer Aufruhr gestiftet hat. [...] 16 So bringen wir dem König zur Kenntnis: Wenn diese Stadt aufgebaut wird und die Mauern vollendet werden, wirst du in der Folge am Gebiet jenseits des Stroms keinen Anteil mehr haben.«

Zürcher Bibel, © 2007 Theologischer Verlag Zürich

Aufgaben:

1. Findet diesen Textabschnitt in eurer Bibel und lest das gesamte 4. Kapitel des Esra-Buches. Wie hat der König geantwortet?
2. Wie hat man in dieser frühen Zeit vor über 2000 Jahren einen Brief an den König geschrieben? Sammelt Beobachtungen!
3. Was erfahrt ihr über die Menschen, die diesen Brief geschrieben haben? Welche Absichten verfolgen sie?
4. Wie würden wir heute einen Brief an die Regierenden schreiben? Denkt euch ein Anliegen aus – zum Beispiel: Einrichtung eines besonderen Klassenzimmers für den Religionsunterricht!
5. Vergleicht den Brief aus Esra 4 mit dem unten stehenden Brief des Apostels Paulus!

3

Die Stadt Philippi, im Norden des heutigen Griechenland gelegen, wurde im Jahr 42 v.Chr. als römische Kolonie gegründet. Die Stadt lag an einer wichtigen Handelsstraße (Via Egnatia) in der Provinz Makedonien. Dort gründete der Apostel Paulus auf seiner zweiten Missionsreise im Jahr 49 n.Chr. eine christliche Gemeinde; es ist seine erste Gemeinde auf dem europäischen Festland. Seither hatte er einen engen Kontakt zu der Gemeinde, die ihn immer wieder auch mit Spendensammlungen unterstützte. Während Paulus diesen Brief schreibt (wahrscheinlich um das Jahr 60 n.Chr.), sitzt er im Gefängnis. Dorthin war er gekommen, weil er römische Beamte durch sein Auftreten immer wieder gegen sich aufgebracht hat.

Aus dem Brief des Paulus an die Gemeinde in Philippi (Phil 1,1–8.12–14; 4,10–13.21f):

1 Paulus und Timotheus, Knecht Christi Jesu, an alle Heiligen in Christus Jesus, die in Philippi sind, und an ihre Bischöfe und Diakone: 2 Gnade sei mit euch und Friede von Gott, unserem Vater, und dem Herrn Jesus Christus. 3 Ich danke meinem Gott, so oft ich an euch denke, 4 wenn immer ich für euch bitte und voller Freude für euch eintrete im Gebet: 5 Ich danke dafür, dass ihr am Evangelium teilhabt, vom ersten Tag an bis heute, 6 und ich bin dessen gewiss, dass er, der das gute Werk in euch angefangen hat, es bis zum Tag Jesu Christi auch vollendet haben wird.

7 Es ist auch nichts als recht, dass ich so von euch allen denke. Denn ihr wohnt in meinem Herzen, und an der Gnade, die ich im Gefängnis und vor Gericht bei der Verteidigung und Bekräftigung des Evangeliums erfahren habe, habt ihr alle teil. 8 Gott ist mein Zeuge: Ich sehne mich nach euch allen, so wie auch Christus Jesus herzlich nach euch verlangt. […]

12 Ihr sollt aber wissen, liebe Brüder und Schwestern, dass alles, was mir widerfahren ist, nur der Förderung des Evangeliums dient. 13 So hat sich im ganzen Prätorium und weit darüber hinaus die Kunde verbreitet, dass ich um Christi willen in Fesseln liege, 14 und die Mehrzahl der Brüder und Schwestern ist durch meine Gefangenschaft in ihrem Vertrauen zum Herrn gestärkt worden und wagt nun immer entschiedener, das Wort ohne Furcht weiterzusagen. […] (4, 10–13.21f) Ich habe mich im Herrn sehr gefreut, dass ihr eure Fürsorge für mich endlich wieder entfalten konntet; ihr habt ja stets daran gedacht, hattet aber keine Gelegenheit dazu. 11 Ich sage das nicht, weil mir etwas fehlt; ich habe nämlich gelernt, in allen Lagen unabhängig zu sein. 12 Ich kann bescheiden leben, ich kann aber auch im Überfluss leben; in alles und jedes bin ich eingeweiht: satt zu werden und Hunger zu leiden, Überfluss zu haben und Mangel zu leiden. 13 Alles vermag ich durch den, der mir die Kraft dazu gibt. […] 21 Grüßt alle Heiligen in Christus Jesus. Es grüßen euch die Brüder und Schwestern, die bei mir sind. 22 Es grüßen euch alle Heiligen, insbesondere die aus dem kaiserlichen Haus. 23 Die Gnade des Herrn Jesus Christus sei mit eurem Geist.

Zürcher Bibel, © 2007 Theologischer Verlag Zürich

Aufgaben:

1. Aus dem Brief erhaltet Ihr Informationen darüber, wie man damals offenbar Briefe begonnen hat. Sammelt eure Beobachtungen: Wie stellt sich der Briefschreiber vor? Wie spricht er die Empfängerinnen und Empfänger an?
2. Verfasst eine Regel: Was ein Brief zu biblischen Zeiten alles enthalten muss ...
3. Versucht diesen Brief nachzuahmen, indem ihr einen eigenen Brief schreibt (zum Beispiel: an die Parallelklasse, an die Religionslehrerin oder den Religionslehrer).

1

Die ersten Verse und Kapitel der Bibel erzählen, wie die ganze Welt aus Gottes Willen und aus Gottes Macht entstanden ist. Doch auch an anderen Stellen der Bibel beschreiben Menschen ihr Staunen und ihre Freude an der Welt und loben dafür Gott.

Aus Psalm 19

2 Der Himmel erzählt die Herrlichkeit Gottes
und das Firmament verkündet das Werk seiner Hände.

3 Ein Tag sagt es dem andern,
und eine Nacht tut es der anderen kund,

4 ohne Sprache, ohne Worte,
mit unhörbarer Stimme.

5 In alle Länder hinaus geht ihr Schall,
bis zum Ende der Welt ihr Reden.
Der Sonne hat er am Himmel ein Zelt errichtet:

6 Wie ein Bräutigam kommt sie hervor aus ihrer Kammer,
läuft freudig wie ein Held die Bahn.

7 Am einen Ende des Himmels geht sie auf
und läuft bis zum anderen Ende,
und nichts bleibt ihrer Glut verborgen.

8 Die Weisung des HERRN ist vollkommen,
sie gibt neues Leben. […]

9 Die Befehle des HERRN sind gerecht,
sie erfreuen das Herz.
Das Gebot des HERRN ist lauter,
es erleuchtet die Augen.

Aufgaben:
1. In diesen Psalmversen wird Gott gelobt für ein besonderes Schöpfungswerk: Die Sonne. – Notiert euch die bildhaften Beschreibungen des ›Weges der Sonne‹ und vergleicht sie mit dem, was wir heute über den ›Kreislauf der Sonne‹ wissen!
2. In den Versen 8, 9 und 10 kommt scheinbar ein neues Thema in den Blick: Gottes Weisungen, seine Befehle und sein Gebot. Wie könnte das mit den Versen 2–7 zusammenpassen? Äußert Vermutungen!
3. Der Psalmbeter staunt und freut sich am ›Weg der Sonne‹. Auch über den Kreislauf des Wassers oder den Kreislauf des Sauerstoffs oder des Kohlenstoffs kann man staunen. Versucht mit eigenen Worten, solches Staunen bildhaft zum Ausdruck zu bringen!

Schöpfungslob

2

In Kolossä in der heutigen Türkei ist schon zu Lebzeiten des Apostels Paulus eine christliche Gemeinde entstanden, die Paulus aber nie besucht hat. In dem neutestamentlichen Brief an die Kolosser kann man lesen, wie Christen ihr Staunen über die Welt ausdrücken können.

aus Kolosser 1 und 2

1 15 Er, Jesus Christus, ist das Ebenbild des unsichtbaren Gottes,

der Erstgeborene vor aller Schöpfung.

16 Denn in ihm wurde alles geschaffen

im Himmel und auf Erden,

das Sichtbare und das Unsichtbare,

ob Throne oder Herrschaften,

ob Mächte oder Gewalten;

alles ist durch ihn und auf ihn hin geschaffen.

17 Und er ist vor allem

und alles hat in ihm seinen Bestand.

18 Er ist das Haupt der Kirche,

2 3 Christus, in dem alle Schätze der Weisheit und der Erkenntnis verborgen sind.

Zürcher Bibel, © 2007 Theologischer Verlag Zürich

Aufgaben:

1. Lest zuerst den ganzen Abschnitt und schreibt danach nur die erste und die letzte Zeile hintereinander auf ein Blatt Papier. Was steht nun auf dem Papier? Führt ein ›Schreibgespräch‹!
2. Gott hat »das Sichtbare und das Unsichtbare« geschaffen. Was könnte mit dem Sichtbaren gemeint sein, was könnte mit dem Unsichtbaren gemeint sein? Formuliert eigene Ideen und Einfälle für beides.
3. Auf der Abbildung M12 findet ihr eine Darstellung von Jesus Christus als Herrscher der Welt. Das Bild könnt ihr als Auslegung des Abschnitts aus dem Kolosserbrief deuten. Stellt Zusammenhänge her!
4. Paust die wichtigsten Umrisse des Bildes in euer Heft ab. Ergänzt euer Bild mit Wörtern aus dem Bibeltext, mit Farben oder eigenen bildlichen Darstellungen, so dass Text und Bild zusammenpassen.

Maiestas Domini (Christus in der Mandorla mit den vier Evangelistensymbolen); Gewölbefresko, 2. Hälfte 12. Jh., León (Spanien), Colegiata de San Isidoro, Panteón de los Reyes (Grablege der Könige), 1075, © akg-images / Erich Lessing

1.

Der erste König des Volkes Israel war König Saul, der etwa um das Jahr 1000 v.Chr. regierte. Davor gab es in Israel keine Könige. Jedoch die Nachbarvölker wurden bereits von Königen regiert. Im Volk Israel hatte man Zweifel: Brauchen wir auch einen König? Und was gewinnen wir durch ihn? Sind wir mit einem König besser gerüstet gegen unsere Feinde? Gilt das auch für einen ungerechten König, oder wird ein ungerechter König am Ende zum Feind seines eigenen Volkes? In dieser Situation machte sich Abimelech, der Sohn Jerubbaals, mit Hilfe eines grausamen Mordes an den eigenen Brüdern zum König. Jotam, sein jüngster Bruder, den er übersehen hatte, warnt mit einer Fabel vor seinem Bruder Abimelech.

Richter 9,7–21:

⁷Und man berichtete Jotam davon, und er ging, stellte sich auf den Gipfel des Bergs Garizim, erhob seine Stimme, rief und sprach zu ihnen:
Hört auf mich, Herren von Schechem, damit Gott auf euch hört.
⁸Die Bäume gingen hin, um einen König über sich zu salben. Und sie sprachen zum Ölbaum: Sei du König über uns!
⁹Der Ölbaum aber sprach zu ihnen: Soll ich mein Fett aufgeben, mit dem man Götter und Menschen ehrt, und hingehen, um mich über den Bäumen zu wiegen?

¹⁰Da sprachen die Bäume zum Feigenbaum:
Komm du, werde du König über uns!
¹¹Der Feigenbaum aber sprach zu ihnen: Soll ich meine Süße aufgeben und meine köstliche Frucht und hingehen, um mich über den Bäumen zu wiegen?
¹²Da sprachen die Bäume zum Weinstock:
Komm du, werde du König über uns!
¹³Der Weinstock aber sprach zu ihnen: Soll ich meinen Wein aufgeben, der Götter und Menschen fröhlich macht, und hingehen, um mich über den Bäumen zu wiegen?
¹⁴Da sprachen alle Bäume zum Dornbusch:
Komm du, werde du König über uns!
¹⁵Und der Dornbusch sprach zu den Bäumen: Wenn ihr wirklich mich salben wollt, damit ich König über euch bin, kommt und sucht Zuflucht in meinem Schatten! Wenn aber nicht, wird Feuer ausgehen vom Dornbusch und die Zedern des Libanon verzehren.

aus den Versen Richter 9,16–21:
¹Wenn ihr nun treu und aufrichtig gehandelt habt, als ihr Abimelech zum König gemacht habt […], ihr habt euch heute erhoben gegen das Haus meines Vaters, und ihr habt seine Söhne erschlagen […], dann werdet glücklich mit Abimelech, und auch er soll glücklich werden mit euch. Wenn aber nicht, so soll Feuer ausgehen von Abimelech und [euch] und Abimelech verzehren. Dann floh Jotam und flüchtete vor Abimelech, seinem Bruder […].

Zürcher Bibel, © 2007 Theologischer Verlag Zürich

Aufgaben:

1. Warum kann man sagen: Der Ölbaum, der Feigenbaum, der Weinstock und der Dornbusch waren klüger als die übrigen Bäume? Wovor warnen die vier Bäume die übrigen Bäume?
2. Formuliert mit eigenen Worten: Warum hat Jotam für seine Botschaft die Form einer Fabel gewählt?
3. Lest den Ausgang der Geschichte in Richter 9,22–57.

2.

Jesus erzählt folgendes Gleichnis:

Matthäus 13,3–9:
³Seht, der Sämann ging aus, um zu säen. ⁴Und beim Säen fiel etliches auf den Weg; und die Vögel kamen und fraßen es auf. ⁵Anderes fiel auf felsigen Boden, wo es nicht viel Erde fand, und ging sogleich auf, weil die Erde nicht tief genug war. ⁶Als aber die Sonne aufging, wurde es versengt, und weil es keine Wurzeln hatte, verdorrte es. ⁷Anderes fiel unter die Dornen, und die Dornen schossen auf und erstickten es. ⁸Wieder anderes fiel auf guten Boden und brachte Frucht: das eine hundertfach, das andere sechzigfach, das dritte dreissigfach. ⁹Wer Ohren hat, der höre!

Aufgaben:

1. Versetzt euch in das Bild, das Jesus anbietet. Versucht euch vorzustellen, wie das Ackerland damals ausgesehen haben muss, wenn so viele Samen gar nicht auf dem eigentlichen Ackerboden landen. Versucht, auf diesem Acker ›spazieren zu gehen‹. Wer oder was wird euch da alles begegnen?
2. Vergleicht eure eigenen Deutungen mit Matthäus 13,18–23.
3. Warum hat Jesus für seine Botschaft die Form des Gleichnisses gewählt? Vergleicht Jesu Gleichnis mit der Jotam-Fabel. Gibt es Gemeinsamkeiten, gibt es Unterschiede?

Elisa war ein Prophet Israels. Von ihm sind in der Bibel besondere Wundergeschichten überliefert. Bei einer der Geschichten war er zu Gast bei einer reichen Bewohnerin in der Stadt Schunem. Diese Frau und ihr Mann hatten keine Kinder, der Ehemann war schon alt. Doch beide ahnten, dass Elisa eine besondere Nähe zu Gott hat. Als Elisa der Frau ankündigt, sie werde im nächsten Jahr ein Kind gebären, zweifelt sie. Doch das Kind kommt zur Welt.

2. Könige 4,18–37:

[18]Und das Kind wuchs heran, und eines Tages ging es hinaus zu seinem Vater, zu den Schnittern.[19]Und zu seinem Vater sagte es: Mein Kopf, mein Kopf! Der Vater aber sagte zum Diener: Trag das Kind zu seiner Mutter! [20]Und dieser hob es auf und brachte es zu seiner Mutter. Und bis zum Mittag saß es auf ihren Knien, dann aber starb es. [21]Da ging sie hinauf, legte es auf das Bett des Gottesmannes, schloss hinter ihm zu und ging hinaus. [22]Dann rief sie ihren Mann und sagte: Bitte schick mir einen von den Dienern mit einer der Eselinnen, ich will zu dem Gottesmann eilen und dann zurückkehren. [23]Er aber sagte: Warum willst du gerade heute zu ihm gehen? Es ist weder Neumond noch Sabbat. Sie aber sagte: Schon gut! [24]Und sie sattelte die Eselin und sagte zu ihrem Diener: Treibe immerzu an und halte mich nicht auf beim Reiten, es sei denn, ich sage es dir. [25]Und so zog sie hin und kam zu dem Gottesmann auf den Berg Karmel. Und als der Gottesmann sie von ferne sah, sprach er zu Gechasi, seinem Diener: Sieh, da ist die Schunammitin. [26]Nun lauf ihr entgegen und sage zu ihr: Geht es dir gut? Geht es deinem Mann gut? Geht es dem Kind gut? Und sie sagte: Es ist alles in Ordnung. [27]Dann aber kam sie zu dem Gottesmann, zu dem Berg, und sie ergriff seine Füße, und Gechasi trat heran, um sie wegzustoßen. Der Got-

tesmann aber sprach: Lass sie, denn sie ist verbittert, und der HERR hat es vor mir verborgen und es mir nicht kundgetan. [28]Und sie sagte: Habe ich denn von meinem HERRN einen Sohn erbeten? Habe ich nicht gesagt, dass du mir keine Hoffnung machen sollst? [29]Da sprach er zu Gechasi: Gürte deine Hüften und nimm meinen Stab mit dir und geh! Wenn du jemanden triffst, so grüße ihn nicht, und wenn jemand dich grüßt, so antworte ihm nicht. Und meinen Stab sollst du auf das Gesicht des Knaben legen. [30]Die Mutter des Knaben aber sprach: So wahr der HERR lebt, und so wahr du lebst, ich werde nicht von dir lassen! Da machte er sich auf und folgte ihr. [31]Gechasi aber war ihnen vorausgegangen und hatte dem Knaben den Stab auf das Gesicht gelegt; aber nichts war zu hören, es gab kein Lebenszeichen. Da kehrte er zurück, ihm entgegen, und berichtete ihm: Der Knabe ist nicht aufgewacht. [32]Und als Elischa in das Haus kam, sieh, da lag der Knabe tot auf seinem Bett. [33]Und er ging hinein, schloss die Tür hinter sich und dem Knaben und betete zum HERRN. [34]Dann stieg er auf das Lager, legte sich über das Kind und presste seinen Mund auf dessen Mund, seine Augen auf dessen Augen und seine Handflächen auf dessen Handflächen. Und als er sich so über ihn beugte, wurde der Leib des Knaben wieder warm. [35]Dann kam er zurück, ging im Haus einmal hierhin und einmal dorthin, stieg wieder hinauf und beugte sich über ihn. Da nieste der Knabe sieben Mal, und dann schlug der Knabe die Augen auf. [36]Er aber rief Gechasi und sagte zu ihm: Ruf diese Schunammitin! Und er rief sie, und sie kam zu ihm, und er sagte: Nimm deinen Sohn! [37]Da kam sie, fiel zu seinen Füßen nieder und verneigte sich zur Erde, dann nahm sie ihren Sohn und ging hinaus.

Zürcher Bibel, © 2007 Theologischer Verlag Zürich

Aufgaben:

1. Diese Geschichte ist ›filmreif‹. Erstellt ein einfaches ›Storyboard‹: Teilt die Geschichte in sinnvolle Abschnitte, beschreibt für jede Szene ein ›Set‹ mit den Personen und den Requisiten. Schreibt die wichtigsten Rollen für ein kleines Drehbuch.
2. Überlegt: Für wie wahrscheinlich haltet ihr diese Wiederbelebung des Jungen oder für wie wunderbar? Achtet darauf, dass es verschiedene Antworten auf diese Frage geben kann!
3. Vergleicht diese Wundergeschichte mit der Wundergeschichte Mk 5,21–43 aus dem Neuen Testament.

Markus 5,21–43:

²¹Und als Jesus im Boot wieder ans andere Ufer hinübergefahren war, strömte viel Volk bei ihm zusammen; und er war am See. ²²Da kommt einer von den Synagogenvorstehern mit Namen Jaïrus, und als er ihn sieht, fällt er ihm zu Füßen ²³und fleht ihn an: Mein Töchterchen ist todkrank. Komm und leg ihr die Hand auf, damit sie gerettet wird und am Leben bleibt. ²⁴Und er ging mit ihm. Und viel Volk folgte ihm und drängte sich um ihn.

²⁵Und da war eine Frau, die hatte seit zwölf Jahren Blutungen ²⁶und hatte viel gelitten unter vielen Ärzten und ihr ganzes Vermögen ausgegeben. Aber es hatte ihr nichts genützt, es war nur noch schlimmer geworden mit ihr. ²⁷Als sie nun von Jesus hörte, kam sie im Gedränge von hinten an ihn heran und berührte seinen Mantel. ²⁸Denn sie sagte sich: Wenn ich auch nur seine Kleider berühre, werde ich gerettet. ²⁹Und sogleich versiegte die Quelle ihrer Blutungen, und sie spürte an ihrem Körper, dass sie von der Plage geheilt war. ³⁰Und sogleich spürte Jesus, dass eine Kraft von ihm ausgegangen war, und er wandte sich im Gedränge um und sprach: Wer hat meine Kleider berührt? ³¹Da sagten seine Jünger zu ihm: Du siehst doch, wie das Volk sich um dich drängt, und da sagst du: Wer hat mich berührt? ³²Und er schaute umher, um die zu sehen, die das getan hatte. ³³Die Frau aber kam, verängstigt und zitternd, weil sie wusste, was ihr geschehen war, und warf sich vor ihm nieder und sagte ihm die ganze Wahrheit. ³⁴Er aber sagte zu ihr: Tochter, dein Glaube hat dich gerettet. Geh in Frieden und sei geheilt von deiner Plage. ³⁵Noch während er redet, kommen Leute des Synagogenvorstehers und sagen: Deine Tochter ist gestorben! Was bemühst du den Meister noch? ³⁶Doch Jesus, der hörte, was geredet wurde, sagt zu dem Synagogenvorsteher: Fürchte dich nicht, glaube nur! ³⁷Und er ließ niemanden mit sich gehen außer Petrus, Jakobus und Johannes, den Bruder des Jakobus. ³⁸Und sie kommen in das Haus des Synagogenvorstehers. Und er sieht die Aufregung, wie sie weinen und laut klagen. ³⁹Und er geht hinein und sagt zu ihnen: Was lärmt und weint ihr? Das Kind ist nicht gestorben, es schläft. ⁴⁰Da lachten sie ihn aus. Er aber schickt alle hinaus, nimmt den Vater des Kindes und die Mutter und seine Begleiter mit und geht hinein, wo das Kind ist. ⁴¹Und er nimmt die Hand des Kindes und spricht zu ihm: Talita kum! Das heißt: Mädchen, ich sage dir, steh auf! ⁴²Und sogleich stand das Mädchen auf und ging umher. Es war zwölf Jahre alt. Da waren sie fassungslos vor Entsetzen. ⁴³Und er schärfte ihnen ein, dies niemanden wissen zu lassen. Und er sagte, man solle ihr zu essen geben.

Zürcher Bibel, © 2007 Theologischer Verlag Zürich

Aufgabe:

Stellt Ähnlichkeiten und Unterschiede zusammen zwischen der Heilungsgeschichte aus dem Königsbuch und den beiden Heilungen im Neuen Testament. Achtet besonders darauf: Wie handeln die Menschen? Was wird gesprochen? Welche Bedeutung hat der Glaube?

Psalmen: Klagen, Bitten, Zuversicht, Gotteslob

Etwa in der Mitte der Bibel findet sich die große Sammlung der 150 Gebete und Lieder, die die Psalmen genannt werden. Aber auch außerhalb dieser Psalmen-Sammlung gibt es biblische Lieder und Gebete. In vielen dieser Psalmen, Lieder und Gebete sprechen einzelne Menschen oder das Volk ihre Sorgen, Klagen und Bitten vor Gott aus. In anderen Palmen und Liedern danken Menschen Gott und loben Gott. Im folgenden Abschnitt finden sich immer jeweils zwei Texte parallel.

aus 2. Mose 15,2–18

Meine Kraft und meine Stärke ist der HERR,
und er wurde mir zur Rettung.
Er ist mein Gott, ich will ihn preisen,
der Gott meines Vaters, ich will ihn erheben.
Der HERR ist ein Krieger, HERR ist sein Name.
Die Wagen des Pharao und seine Streitmacht
schleuderte er ins Meer,
seine besten Kämpfer
wurden im Schilfmeer versenkt.
Fluten bedecken sie, in die Tiefe sanken sie
wie ein Stein. [...]
In deiner erhabenen Größe reißt du nieder,
die gegen dich sich erheben,
du lässt deinen Grimm los, er verzehrt sie wie Stroh.
Beim Schnauben deines Zorns staute das Wasser
sich, stellten die Wogen sich auf wie ein Damm,
erstarrten die Fluten im Herzen des Meers. [...]
Du hast mit deinem Atem geblasen, das Meer hat
sie bedeckt, sie versanken in mächtigem Wasser
wie Blei.
Wer ist wie du unter den Göttern, HERR,
wer ist wie du, herrlich in Heiligkeit? [...]
In deiner Güte hast du das Volk geleitet, das du
losgekauft hast,
in deiner Macht hast du es geführt zu deiner
heiligen Stätte.
Die Völker haben es gehört, sie erzittern, [...]
verzagt sind alle Bewohner Kanaans.
Furcht und Schrecken fällt über sie,
vor der Macht deines Arms werden sie starr
wie Stein, während dein Volk vorüberzieht, HERR,
während das Volk vorüberzieht,
das du erworben hast. [...]
Der HERR ist König für immer und ewig.

Psalm 121:

Ich hebe meine Augen auf zu den Bergen:

Woher wird mir Hilfe kommen?

Meine Hilfe kommt vom HERRN,

der Himmel und Erde gemacht hat.

Er lässt deinen Fuß nicht wanken;

der dich behütet, schlummert nicht.

Sieh, nicht schlummert noch schläft

der Hüter Israels.

Der HERR ist dein Hüter,

der HERR ist dein Schatten zu deiner Rechten.

Bei Tage wird dich die Sonne nicht stechen

noch der Mond des Nachts.

Der HERR behütet dich vor allem Bösen,

er behütet dein Leben.

Der HERR behütet deinen Ausgang und Eingang

von nun an bis in Ewigkeit.

aus Hiob 3:

Danach tat Hiob seinen Mund auf und verfluchte
seinen Tag. Und Hiob begann und sprach:
Getilgt sei der Tag, da ich geboren wurde,
und die Nacht, die sprach: Ein Knabe ist empfangen
worden.
Jener Tag werde Finsternis, Gott in der Höhe soll
nicht nach ihm fragen,
und kein Lichtstrahl soll auf ihn fallen.
Finsternis und Dunkelheit sollen ihn einfordern,
dichte Wolken sollen über ihm lagern […]
Unfruchtbar sei jene Nacht,
kein Jubel kehre bei ihr ein. […]
Warum durfte ich nicht umkommen
im Mutterschoß,
aus dem Mutterleib kommen und sterben?
Warum nahmen mich Knie entgegen,
und wozu Brüste, dass ich trank?
Ich läge jetzt schon und ruhte aus,
ich schliefe und hätte Ruhe […]
Oder ich wäre dahin wie eine verscharrte
Fehlgeburt,
wie Kinder, die nie das Licht erblickten. […]
Warum gibt der Herr dem Leidenden Licht
und Leben denen, die verbittert sind –,
die sich sehnen nach dem Tod,
doch er kommt nicht, […]
dem Mann, dessen Weg verborgen ist,
den Gott ringsum eingeschlossen hat?
Noch vor meinem Essen kommt mein Seufzen,
und wie Wasser ergießt sich mein Stöhnen.
Wovor mir angst war, das hat mich getroffen,
und wovor mir graute, das kam über mich.
Ich habe weder Frieden gefunden noch Rast noch
Ruhe, nur Unruhe hat sich eingestellt.

aus Psalm 22:

Mein Gott, mein Gott,
warum hast du mich verlassen,
bist fern meiner Rettung, den Worten meiner Klage?
Mein Gott, ich rufe bei Tag,
doch du antwortest nicht,
bei Nacht, doch ich finde keine Ruhe.
Du aber, Heiliger,
thronst auf den Lobgesängen Israels.
Auf dich vertrauten unsere Vorfahren,
sie vertrauten, und du hast sie befreit.
Zu dir schrien sie, und sie wurden gerettet,
Ich aber bin ein Wurm und kein Mensch,
der Leute Spott und verachtet vom Volk.
Alle, die mich sehen, verspotten mich,
verziehen den Mund und schütteln den Kopf:
Wälze es auf den HERRN. Der rette ihn,
er befreie ihn, er hat ja Gefallen an ihm.
Du bist es, der mich aus dem Mutterschoß zog,
der mich sicher barg an der Brust meiner Mutter.
Auf dich bin ich geworfen vom Mutterleib an,
von meiner Mutter Schoß an bist du mein Gott.
Sei nicht fern von mir,
denn die Not ist nahe; keiner ist da, der hilft. […]
Du aber, HERR, sei nicht fern,
meine Stärke, eile mir zu Hilfe.
Errette vor dem Schwert mein Leben,
aus der Gewalt der Hunde meine verlassene Seele.
[…]
Du hast mich erhört.
Ich will deinen Namen meinen Brüdern verkünden,
in der Versammlung will ich dich loben.
Die ihr den HERRN fürchtet, lobt ihn. […]
Die Elenden essen und werden satt,
es loben den HERRN, die ihn suchen.
Aufleben soll euer Herz für immer.

Zürcher Bibel, © 2007 Theologischer Verlag Zürich

Lukas 1,46–51:

Und Maria sprach:

Meine Seele erhebt den Herrn,

und mein Geist jubelt über Gott, meinen Retter,

denn hingesehen hat er auf die Niedrigkeit seiner

Magd.

Siehe, von nun an werden mich seligpreisen alle

Geschlechter,

denn Großes hat der Mächtige an mir getan.

Und heilig ist sein Name,

und seine Barmherzigkeit gilt von Geschlecht zu

Geschlecht

denen, die ihn fürchten.

Gewaltiges hat er vollbracht mit seinem Arm,

zerstreut hat er, die hochmütig sind in ihrem Herzen,

Mächtige hat er vom Thron gestürzt

und Niedrige erhöht,

Hungrige hat er gesättigt mit Gutem

und Reiche leer ausgehen lassen.

Er hat sich Israels, seines Knechtes, angenommen,

und seiner Barmherzigkeit gedacht,

wie er es unseren Vätern versprochen hat,

Abraham und seinen Nachkommen in Ewigkeit.

aus Psalm 103:

Lobe den HERRN, meine Seele,
und alles, was in mir ist, seinen heiligen Namen.
Lobe den HERRN, meine Seele,
und vergiss nicht, was er dir Gutes getan hat.
Der all deine Schuld vergibt und alle deine
Krankheiten heilt,
der dein Leben aus der Grube erlöst,
der dich krönt mit Gnade und Erbarmen,
der dich mit Gutem sättigt dein Leben lang. […]
Seine Wege hat er Mose kundgetan,
den Israeliten seine Taten.
Barmherzig und gnädig ist der HERR,
langmütig und reich an Güte. […]
Nicht nach unseren Sünden handelt er an uns,
und er vergilt uns nicht nach unserer Schuld.
So hoch der Himmel über der Erde,
so mächtig ist seine Gnade über denen,
die ihn fürchten. […]
Wie ein Vater sich der Kinder erbarmt,
so erbarmt der HERR sich derer, die ihn fürchten.
[…]
Des Menschen Tage sind wie Gras,
er blüht wie eine Blume des Feldes. […]
Aber die Gnade des HERRN währt von Ewigkeit
zu Ewigkeit über denen, die ihn fürchten,
und seine Gerechtigkeit über Kindeskindern,
über denen, die seinen Bund halten
und seiner Gebote gedenken in der Tat.
Der HERR hat im Himmel seinen Thron errichtet,
und sein Königtum herrscht über das All. […]
Lobt den HERRN, all seine Heerscharen,
ihr seine Diener, die ihr seinen Willen tut.
Lobt den HERRN, all seine Werke,
an allen Orten seiner Herrschaft.
Lobe den HERRN, meine Seele.

Zürcher Bibel, © 2007 Theologischer Verlag Zürich

Aufgaben:

1. Vielleicht ist es euch aufgefallen: Zu jedem Psalm in der linken Spalte gehört eine biblische Geschichte: Die Befreiung des Volkes Israel aus der Sklaverei in Ägypten, die Geschichte des Hiob und die Geschichte Marias, der Mutter Jesu. Was wisst ihr von diesen Hintergrundgeschichten? Tragt möglichst viel zusammen, was ihr im jeweiligen Psalm an Andeutungen entdeckt.
2. Auch hinter den Psalmen und Gebeten in der rechten Spalte verbergen sich Erfahrungen und Erlebnisse. Denkt euch zu den einzelnen Psalmtexten eigene Geschichten und Erfahrungen aus.
3. Zu Psalm 103 gibt es einen Song von Xavier Naidoo (»Wenn du es willst«). Darin ist eine eigene Übersetzung von Psalm 103 enthalten. Vergleicht die Übertragung von Xavier Naidoo Vers für Vers mit dem Psalm in eurer Bibel!

Net(t)worken können: besser als Cybermobbing!

Medial hilfreich, selbstbewusst und lebensdienlich Informationen, Kommunikation / Beziehungen und Identität wahrnehmen und gestalten können

Bildungsstandards für Hauptschule, Realschule und Gymnasium

Die Schülerinnen und Schüler können ■ erklären, was zu tun ist, wenn es im Internet für sie, ihre Freunde und die Gesellschaft problematisch wird. ■ erläutern, was es heißt, sich an die Nächstenliebe von Jesus zu halten und Gottes Gebote zu beachten, wenn sie Medien zur Kommunikation nutzen. ■ ihr Profil im Netz selbstsicher, vorausschauend, freundlich und gelassen gestalten.	**Schwerpunktkompetenzen**

Kirche: Jugendliche erleben Kirche ›bei Gelegenheit‹, z.B. im Konfirmandenunterricht, traditionell lokal und face-to-face-orientiert. Allerdings werden in Ansätzen die Chancen virtueller Vernetzung bereits jetzt genutzt (z.B. von kirchlichen Jugendwerken). Eine Verhältnisbestimmung von physischer und virtueller kirchlicher Jugendarbeit ist noch nicht vorgenommen worden; damit ist ein von der Kirche favorisiertes Modell menschlicher Gemeinschaft für Jugendliche noch nicht allgemein ersichtlich.

Gesellschaft: Wenn empirischen Untersuchungen zufolge 70 Prozent der Jugendlichen mehrmals in der Woche virtuell in Social Networks unterwegs sind, kann sich dem kaum jemand entziehen, will er/sie nicht als Außenseiter/in gelten. Das Knüpfen und Pflegen von Beziehungen ist ein soziales Bedürfnis, das heute nicht mehr nur in der face-to-face-Kommunikation stattfindet. Soziologisch als Zwangsgemeinschaft definiert, bietet Schule wie andere Zwangsgemeinschaften (Arbeitsplatz, Gefängnis) strukturell den Nährboden für Mobbing, was sich konsequent in virtuellen Gestaltungen fortsetzt (Cybermobbing). Die Jugendlichen wachsen in eine Welt hinein, in der jetzt schon Arbeits- und Lebenswelten digital und im Netz organisiert werden (workspace in globalen Unternehmen, berufliche Netzwerke wie Xing, facebook etc.)

Schülerinnen und Schüler: Die Beliebtheit von Social Networks ab etwa 12 Jahren erklärt sich mit der wichtigen entwicklungspsychologischen Funktion von sozialen Netzwerken wie facebook, SchuelerVZ & Co für die in der (Prä-)Pubertät anstehenden Entwicklungsaufgaben der Heranwachsenden: die Ablösung vom Elternhaus, die Bewährung in der »Peergroup« und das Ausprobieren und Finden von Identität(en) – dies alles lässt sich dort vergleichsweise einfach und effektiv bearbeiten. Man hat solche Plattformen auch schon als »virtuelle Jugendzentren« bezeichnet. Die Jugendlichen versuchen dort, ihr persönliches Identitäts-, Beziehungs- bzw. Kommunikations- und Informationsmanagement zu bewerkstelligen. Es liegt auch in der Logik der genannten Entwicklungsaufgabe, dass Jugendliche ihre Plattformen als »elternfreie Zone« schätzen und sich dementsprechend ungern von Lehrkräften / Erwachsenen darauf ansprechen lassen.

Zur Lebensbedeutsamkeit (vgl. Hintergrundinformationen für Lehrkräfte, S. 184ff)

Elementare Fragen	*Information*
	■ Was »geht« gerade, was ist »angesagt«, was kann ich mit anderen Interessantes teilen?
	■ Wie schaffe ich es, dass mir möglichst viele Menschen, die mir wichtig sind, möglichst viele Sachen sagen, die ihnen wichtig und neu sind?
	Kommunikation / Beziehung
	■ Wie kann ich meine Hemmungen überwinden, wenn ich mit anderen in Kontakt kommen will?
	■ Wie kann ich möglichst viele Freunde bekommen?
	■ Wie möchte ich meine Beziehungen gestalten?
	■ Wie gehe ich mit Klatsch und üblem Tratsch, mit Beleidigungen (»Dissen«), Angriffen und Demütigungen um?
	Identität
	■ Wie kann ich über mich berichten, wie kann ich mich darstellen?
	■ Wie möchte ich sein?
	■ Wie zeige ich mich möglichst »cool« oder »sexy«?
	■ Wie sehen mich die anderen?

Bezüge zu Bildungsstandards Ethik	Bildungsstandards Baden-Württemberg, GY, Kl. 8, S. 66 (Themenfelder, Kompetenzen und Inhalte): 3. Problemfelder der Moral-Medien: »Die Schülerinnen und Schüler können verschiedene Arten von Medien und deren Bedeutung im Alltag beschreiben; Chancen und Gefahren der Mediennutzung analysieren und erörtern.«

Drei Themenbereiche	Die Unterrichtsideen sind in drei Bereiche gegliedert (s.u.):
	A Jugendmedienschutz: Daten, AGBs, Persönlichkeitsrecht (z.B. Bild)
	B Virtuelle Kommunikation – Cybermobbing
	C Identität in einem virtuellen sozialen Netzwerk: Mein Profil

Leitmedien	**M 1** Symbolbild Handschellen
	M 2 Foto Handydisplay »Du Opfer!«
	M 3 Schemafoto eines Profils in SchuelerVZ/facebook

Die Schülerinnen und Schüler können zeigen, was sie schon kennen und können	■ Im PC-Raum gemeinsam den schwierigen »Klick IT safe Test« (multiple choice) in 35 min machen, UG über Resultate (http://www.klickitsafe.de/testbestellung.html für 12,50 € – Stand: 12.09.2011) Unterrichtsvorbereitung: L testet sich selbst.
	■ Im PC-Raum gemeinsam den leichten Wissenstest zum Datenschutz von »medienblau« (http://www.medienblau.de/wissenstest_login) machen (Zugangscode befindet sich auf der DVD, s.u. Literatur)
	■ Zu gebräuchlichen Fachbegriffen des digitalen Medienhandelns ein Kreuzworträtsel (**M 5**) selbst lösen oder eines für Eltern und Lehrkräfte mit eigenen oder aus den Begriffen aus **M 4** selbst auf Papier oder mithilfe von Kreuzworträtselfreeware, z.B. JCross von Hot Potatoes (http://hotpot.uvic.ca/), erstellen. HA: Schülerinnen und Schüler testen Eltern / Lehrpersonen / jüngere Geschwister mit dem selbst erstellten Kreuzworträtsel und berichten ihre Erfahrungen damit in der Klasse.

- Leitmedien **M 1– M 3** werden an die Wand projiziert; die Schülerinnen und Schüler benennen, was sie schon wissen und können, worüber sie nachdenken wollen und was sie am liebsten bearbeiten würden. Die Lehrperson vergleicht (ggf. für sich) mit »JIM plus« (siehe Literatur), S. 39.
- Die Lehrperson stellt den Entwurf eines Arbeitsplans oder Lernangebote (siehe unter A – C) zu folgenden Teilkompetenzen vor:
  Lehrperson (TA): »Was ist im Netz sicher und erlaubt? Was ist mein Recht?« – Schülerinnen und Schüler erkennen, dass sie ihr Wissen über rechtliche Aspekte (Datensicherheit, Allgemeine Geschäftsbedingungen von Plattformanbietern, Recht am eigenen Bild, Urheberrecht) für ihre Netzaktivität sinnvoll erweitern müssen; siehe unten A.
  Lehrperson (TA): »Wie unterscheiden sich persönliche Kontakte von denen im Netz? Wie kann man dort am besten kommunizieren?« – Schülerinnen und Schüler möchten die Eigenarten virtueller im Unterschied zu personaler Kommunikation besser einschätzen und handhaben können – sie wollen vorbereitet sein, auch anderen bei *Cybermobbing* wirksam zu helfen; siehe unten B.
  Lehrperson (TA): »Wie wirkt mein Profil in SchuelerVZ oder Facebook? Was kann man daran besser machen?« – Schülerinnen und Schüler wollen die Wirkungsweise virtueller Identitätsrepräsentation (Profil) besser einschätzen können (Selbstwahrnehmung, mediale Wirkung, Fremdwahrnehmung), wollen je nach Bedarf an der Optimierung ihrer virtuellen Identität arbeiten und auch in gegenseitige Beratung zum »personal branding« eintreten; siehe unten C.)
  Schülerinnen und Schüler entscheiden dann gemeinsam mit der Lehrperson über die Lernwege ihrer Klasse in dieser UE.

Die Schülerinnen und Schüler wissen, welche Kompetenzen es zu erwerben gilt, und können ihren Lernweg mitgestalten.

A Jugendmedienschutz: Daten, AGBs, Persönlichkeitsrecht (z.B. Recht am eigenen Bild)

- **M 6** in EA bearbeiten und anschließend vor der Klasse präsentieren lassen. Die Lehrperson vergleicht ggf. mit den richtigen Lösungen. Im UG diskutieren: Was sind für mich persönliche Daten – und warum? **M 7** in EA bearbeiten und anschließend i.A. vor der Klasse. Visualisierung der Ergebnisse im TA (dreispaltige Tabelle ›persönliche Daten‹: Spalte 1: ganz privat / Spalte 2: wir sind uns nicht einig / Spalte 3: kann öffentlich sein).
- *Erklärfilm:* »Was sind schützenswerte Daten?« (→ medienblau, siehe Literatur, 3´37´´): Überblick bekommen, was Datenhändler von meinen Angaben legal verwenden dürfen. Die Schülerinnen und Schüler notieren die Ergebnisse in Stichworten.
- *Erklärfilm:* »Wie werden Daten geschützt?« (→ medienblau, siehe Literatur, 3´54´´): Schülerinnen und Schüler notieren Hinweise, wie sie selbst für den Schutz ihrer Daten (auch in *Social Communities*) sorgen können.
- *Erklärfilm:* »Was ist Datenmissbrauch?« (→ medienblau, siehe Literatur, 3´43´´): Die Schülerinnen und Schüler erfahren Missbrauchsmöglichkeiten persönlicher Daten (Cybermobbing).
- Die Lehrperson führt als TA den Rat von Datenschutzexperten ein: »*Gib in SchuelerVZ und facebook nur das von dir preis, was du auch einem beliebigen Menschen auf der Straße von dir erzählen würdest.*« UG: Stimmt das? Stimme ich dem zu? – Erfahrungen, die diesen Rat belegen/widerlegen, austauschen.
- **M 8:** Tabelle nach Lesen der AGBs von www.partyfans.com/agbs/nutzung.php (Beispiel eines relativ ungeschützten sozialen Netzwerks) in EA ausfüllen und

Die Schülerinnen und Schüler können sagen, wie wichtig persönliche Daten sind und was es bedeutet, sie in elektronischer Form verfügbar zu machen.

Die Schülerinnen und Schüler können erklären, welche Rechte und Pflichten mit den AGBs (Allgemeinen Geschäftsbedingungen) verbunden sind, denen sie beim Eintritt in ihre Social Community zugestimmt haben.	mit der Banknachbarin/dem Banknachbarn vergleichen. Evtl. Wettbewerb, wer die meisten Antworten richtig hat. ■ **M 9:** zwei Fassungen der AGBs von SchuelerVZ (2007 und 2009) in GA miteinander vergleichen (anstreichen, notieren). UG: Was hat sich sprachlich verändert? Was inhaltlich? Was ist mir wichtig? Womit habe ich schon einmal Erfahrungen gemacht? Was hat sich bei SchuelerVZ verändert (ggf.: Warum hat sich etwas verändert?)
Die Schülerinnen und Schüler können Probleme benennen, die in den Bestimmungen des Urheberrechts und des Rechts am eigenen Bild für ihr Medienhandeln liegen können.	■ **M 10:** Wesentliche Bestimmungen des Urheber- und Persönlichkeitsrechtes mit der Methode des Partnerinterviews erarbeiten. ■ **M 11:** erarbeitetes Wissen an Fallbeispielen erproben (erlaubt/verboten-Entscheidung fällen, EA/PA/GA). ■ **M 12:** Bei »Olivers« Profil Verletzungen des Persönlichkeitsrechtes und problematische Veröffentlichung privater Daten suchen und benennen (EA/UG). Lösungsblatt für die Lehrperson (aus: SchuelerVZ-Lehrermaterialen, Info siehe: http://static.pe.schuelervz.net/media/de/parents/pVZ_Flyer_Lehrmaterialien_Download.pdf
Die Schülerinnen und Schüler können die emotionalen Bedingungen virtueller Kommunikation erläutern und Kriterien eines Wertbewusstseins im Umgang mit persönlichen Daten ihrer Mitmenschen erläutern.	**B Virtuelle Kommunikation – Cybermobbing** ■ *Erklärfilm:* »Was ist Datenmissbrauch ?« (→ medienblau, siehe Literatur, Länge: 3´43´´): Die Schülerinnen und Schüler nennen im UG evtl. schon selbst erlebte Beispiele und überlegen sich Konsequenzen für ihren Umgang mit persönlichen Daten (von sich und anderen). Zusammentragen im TA / Pinnwand. ■ **M 13:** In GA über persönliche / virtuelle »Freunde« nachdenken; Merkmale in Tabelle festhalten. Im UG zusammen TA-Ergebnis erstellen, mit Lösung vergleichen. ■ Lehrperson informiert über das Wesen von Kommunikation und die Unterschiede zwischen face-to-face- und virtueller Kommunikation als TA oder mediengestützte Präsentation. Siehe http://www.rpi-virtuell.net/index.php?p=home_cms4&id=4362 und Literatur: M. Boos., S. 201f (Friedemann Schulz von Thun), 208 (Task Media Fit Model), S. 211 (Überblickstabelle), S. 212 (Eindrucksbildung in hyperpersonaler Perspektive), S. 215 (Zusammenfassung).
Die Schülerinnen und Schüler können Regeln und Grundsätze hilfreicher und lebensdienlicher virtueller Kommunikation für ihr Medienhandeln formulieren.	■ *L-Instruktion:* Die »vier Seiten einer Nachricht« (Friedemann Schulz von Thun) (http://arbeitsblaetter.stangl-taller.at/KOMMUNIKATION/Komm4Seiten.shtml aufgerufen am 12.09.2011; Alltagsbeispiele dazu vorstellen und mit »Kanalreduktion« als spezieller Herausforderung virtueller Kommunikation durchspielen (http://www.rpi-virtuell.net/index.php?p=home_cms4&id=4362, s.a. Literatur M. Boos). ■ Die Schülerinnen und Schüler recherchieren und erarbeiten als HA (HE) im Internet Chatregeln (z.B. http://www.chatiquette.de/) tauschen sich im UG über die Ergebnisse aus, listen gemeinsam die »Top Five«. Die Lehrkraft erstellt AB mit den Zehn Geboten, der Goldenen Regel und dem Gebot der Nächstenliebe. Die Schülerinnen und Schüler vergleichen die jeweiligen Intentionen (nicht Einzelheiten). Daraufhin erstellen Schülerinnen und Schüler einen Verhaltens-»Knigge« für Postings und Profileinträge bei Social Communities und für Handy-SMS. Gegebenenfalls Veröffentlichung auf Schulwebsite. ■ In GA für jüngere, unerfahrene User (Geschwister etc.) einen Ratgeber zur Kommunikation im Netz erstellen und dafür folgende Materialien prüfen und in

Auswahl nutzen: http://www.jugendschutz.net/pdf/Surfen_ohne_Risiko_Plakat. pdf http://www.jugendschutz.net/pdf/chatten_ohne_Risiko.pdf (dort zum »Poster Sicher chatten«, auch ein Blick auf »Chatsprache« ist interessant).

- DVD-Doku: »Spuren im Netz« (→ medienblau, siehe Literatur, Länge: 8´37´´): UG über die Fragen: Wie würde es mir an Chantals Stelle gehen? Womit machen es User Cyber-Angreifern leicht? Was kann man tun, um sich und andere zu schützen?
- DVD-Kurzfilm: »Happy slapping« /«Gemeinsam allein« (frijus, siehe Literatur) bis zum Schlüsselsatz »... *Mensch, Melina, es war nur Spaß*« (6´26´´) gemeinsam ansehen. Auflisten und Einordnen: Was ist für welche Protagonistin im Film bei welcher (medialen) Handlung Spaß und was ist Ernst? In PA anhand dieser Unterschiede über persönliche Grenzen bei »Spaß« und »Ernst« diskutieren.
- Videoclip: »Let´s fight it together« (7´ engl. Original mit Untertiteln; zugänglich unter: https://www.klicksafe.de/ueber-klicksafe/downloads/weitere-spots/uk-childnet-lets-fight-it-together-deutsch.html) als Beispiel für die eskalierende Entwicklung von Cybermobbing und seine Auswirkungen auf das Opfer kennen lernen. Den Anlass/Auslöser und die Mobber-Aktionen im UG / TA einander gegenüberstellen. Ab »Anlass/Auslöser« mögliche Alternativen ethisch akzeptabler Handlungsverläufe (*Storyboard*) in GA erstellen. Im UG zusammenführen.
- Videoclip: »Let´s fight it togehter« (7´ engl. Original mit Untertiteln; zugänglich siehe oben) mit **M 14** bearbeiten: »Blitzlicht«, TA-UG, EA: Tabelle, PA: Tabelle, UG.
- **M 15:** Die Schülerinnen und Schüler fühlen sich anhand einer authentischen Selbstschilderung eines Opfers von Cybermobbing (in einem virtuellen sozialen Netzwerk) ein. UG-TA Mindmap: Auswirkungen. EA: Papermail (eine E-Mail auf Paier schreiben) mit Ratschlägen an Opfer verfassen. Vorlesen, UG.

Die Schülerinnen und Schüler können sich in die Auswirkungen von virtuellen Attacken auf den Lebensalltag von (Cyber-)Mobbingopfern einfühlen und angeben, wo die Grenze zur Verletzung von Persönlichkeitsrechten überschritten und Gottes Liebe zu den Menschen verletzt ist. Sie verurteilen Cybermobbing-Attacken.

C Identität in einem virtuellen sozialen Netzwerk: Mein Profil

Sequenz:

1. **M 16:** Die Schülerinnen und Schüler erproben in EA mithilfe von Ampelfarben (rot/grün/gelb) an Beispielprofileinträgen, welche Angaben persönlicher Informationen in Ordnung sind, welche besser privat gestellt und welche gar nicht veröffentlicht werden sollten. PA / UG: Vergleich der Ergebnisse. Lehrperson kann gegebenenfalls eine Lösung präsentieren. UG.
2. **M 17:** Die Schülerinnen und Schüler formulieren im dreistufig aufgebauten Arbeitsblatt zunächst ihre eigene Intention (»so möchte ich wirken«), erstellen demgemäß einen Profileintrag und setzen ihn zum Schluss in vice-versa-PA der Fremdbeurteilung aus. Diese vergleichen sie in PA mit ihrer Intention und berichten davon im UG.
3. **M 18:** Die Schülerinnen und Schüler finden auf »Fabians« Profil in Pinnwandeinträgen und Gruppenmitgliedschaften für ihn nachteilige persönliche Informationen und formulieren Verbesserungsvorschläge.
4. **M 19:** Die Schülerinnen und Schüler bilden sich in PA bei »Lillys« Profil einen Eindruck von der Person, suchen nach Spuren evtl. unerwünschter Kontaktaufnahmen und formulieren Ratschläge zur Veränderung, die Lilly helfen, ihre Ziele (welche sind das?) zu erreichen. TA: Sammlung im UG.

Die Schülerinnen und Schüler können bei Profileinträgen (Text / Foto / Links) in virtuellen sozialen Netzwerken persönliche Daten identifizieren und zwischen Selbsteinschätzung und Außenwirkung unterscheiden.

Die Schülerinnen und Schüler kennen mehr Möglichkeiten der Gestaltung eines Profils und wissen um deren Wirkungshintergrund (auch: Anlässe für sexuell motivierte Übergriffe / für Mobbing)	*Sequenz:* 1. **M 20:** Die Schülerinnen und Schüler erarbeiten sich bei »Marys« Profil ein Bild ihrer Persönlichkeit anhand ihrer Gruppennamen in EA. UG: Möglichkeiten und Grenzen von Nutzernamen. GA: »Marys« Profil mit meinem oder mit dem Profil von Mitschülern vergleichen: Was sollen meine Gruppen über mich aussagen? 2. **M 21:** Die Schülerinnen und Schüler vergleichen »Fabians« (**M 18**) und »Alexanders« Profil in EA (oder geschlechterdifferenzierter GA) darauf hin, wie man wirklich »cool« wirkt. UG: Wann wirkt ein Profil eher peinlich als »cool«. TA: Klasse einigt sich auf die Liste der »Top five«, was in einem Profil »cool« ist. 3. **M 22:** »Lauras« und »Marys« (**M 20**) Profil auf soziales/schulisches Engagement hin vergleichen. UG: Sollte ein Profil solche Angaben beinhalten? 4. »Lauras« (**M 22**) und »Lillys« (**M 19**) Profile in geschlechterdifferenzierter GA vergleichen. Diskussion: Wie kann/sollte ein Mädchen ihr Profil am besten gestalten? UG: Ergebnisse zusammenführen, diskutieren. Die Lehrperson bringt gegebenenfalls die Perspektive *Anlässe für sexuell motivierte Übergriffe* ein. 5. Schülerinnen und Schüler vergleichen »Olivers« Profil (**M 12**) mit »Alexanders« Profil (**M 21**) und finden *Anlässe für Mobbing-Motive* heraus. UG: Zu welchem Verhalten motiviert Alexander Mitschüler / Freunde / jüngere Geschwister, die sein Profil lesen? Wozu motiviert Oliver?
Schülerinnen und Schüler können darstellen, was sie neu gelernt haben	*Alternativen:* ■ Die Schülerinnen und Schüler können die eigene Profilseite in ihrer *Social Community* mit Bildern und Texten ästhetisch gelungen, urheber- und persönlichkeitsrechtlich unbedenklich und ethisch tadellos gestalten und sind bereit und fähig, das der Lehrkraft zu zeigen und der ganzen Klasse zu präsentieren. ■ Die Schülerinnen und Schüler veröffentlichen in der Schülerzeitung oder auf der Homepage der Schule gemeinsam einen Ratgeber für Kommunikation im Netz und was man bei der Profilerstellung und -pflege in einer *Social Community* beachten muss, für jüngere Schülerinnen und Schüler sowie für Eltern. ■ Schülerinnen und Schüler sind bereit, mit Lehrkräften und Eltern einen Klassenvertrag über die Nutzung von *Social Communities* zu schließen (Muster vgl. **M 23**).
Literatur und Medien zur Unterrichtsgestaltung	Virtual Life: Freunde, Feinde, Family. Dokumentation von Rainer Fromm, D 2011, FSK: Lehr DVDedukativ bei matthias-Film, Berlin http://www.matthias-film.de/product/de/Identitaet-Liebe-Sucht/Virtual-Life-Freunde-Feinde-Family.html medienblau (Hg.): Datenschutz, DVD-Doku, ca. 20 min., f., D 2009. M. Boos / K.J. Jonas: Medienvermittelte Kommunikation, in: B. Batinic / M. Appel (Hg.): Medienpsychologie, Heidelberg 2008, S. 195–217. »Happy slapping« / »Gemeinsam allein«. DVD-Kurzspielfilm, ca. 20 min., f. , D 2009 http://www.frijus.de/index.php?id=9. Ansichtsexemplar für baden-württembergische Lehrkräfte ohne Vorführrecht gegen € 1,45 Rückporto bei http://www.mkfs.de/materialien.html. Oder Entleihen in allen staatlichen Medienzentren. Medienpädagogischer Forschungsverbund Südwest (Hg.): JIM 2010. Jugend, Information, (Multi-)Media. Basisstudie zum Medienumgang 12- bis 19-Jähriger in Deutschland, Stuttgart 2010, S. 25–30.34f. Ders. (Hg.): JIM plus. Nahaufnahmen 2009. Einstellungen und Hintergründe zum Medienumgang der 12- bis 19-Jährigen. Qualitative Zusatzbefragung zur JIM-

Net(t)worken können – besser als cybermobbing!

Studie 2009, Stuttgart 2010, S. 39 (http://www.mpfs.de/fileadmin/JIMplus/ Nahaufnahmen/JIMplusNahaufnahmen2009Print.pdf

M. Fawzi: Cyber-Mobbing. Ursachen und Auswirkungen von Mobbing im Internet, Baden-Baden 2009.

M. Schäfer / G. Herpell: Du Opfer! Wenn Kinder Kinder fertigmachen. Der Mobbingreport, Hamburg 2010.

Projekt »Medien – aber sicher!«, Landesmedienzentrum Baden-Württemberg (Leitung: I. Bounin, www.medien-aber-sicher.de): Viele Unterrichtsmodule für alle Schularten zu allen Themen des Jugendmedienschutzes zum Herunterladen (vgl. http://unterrichtsmodule-bw.de/index.php?id=532)

Arbeitsblätter (s.unten Übersicht M) in Auswahl zu medialer Identität, Kommunikation und Information mit freundlicher Abdruckgenehmigung aus:
https://www.klicksafe.de/ (Bestelladresse Paperversionen: https://www.klicksafe. de/materialien/index.html) http://www.schuelervz.net/l/parents/3

Infos für Lehrkräfte:

F. Schindler (Hg.): Chatten ohne Risiko? Sicher kommunizieren in Chat, Messenger und Community von jugendschutz.net (Zentralstelle der Länder für den Jugendmedienschutz), Speyer http://www.jugendschutz.net/pdf/chatten_ohne _Risiko.pdf

I. Bounin / K. Zinkgräf: Mit Köpfchen in sozialen Netzwerken. Die Vermittlung eines reflektierten Umgangs mit sozialen Netzwerken, in: Praxis Schule 5–10. Zeitschrift für die Sekundarstufe I des Schulwesens, 21. Jg., Braunschweig 2/2010, S. 21–25.

Hinweis: Bei den empfohlenen Materialien handelt es sich um zum Teil recht umfangreiche Angebote, die online frei verfügbar sind. Deshalb wurde auf den Abdruck im Rahmen dieses Bandes verzichtet. Wer die Links nicht manuell eingeben, sondern online per Mausklick aktivieren möchte, findet diese Liste auch auf der Homepage des Calwer Verlags: www.calwer.com → Reihen → Unterrichtsideen Religion Neu → Unterrichtsideen Religion Neu 7/8. Schuljahr, 2. Halbband → Materialien/Downloads.

M	Inhalt	Quelle
M 1	Hintergrund-information für Lehrkräfte	Michael Beisel. Zitierte Quellen in den Anmerkungen dort. Links zuletzt aufgerufen am 12.09.2011.
M 2	Symbolbild Handschellen	Clipart MS Office Online
M 3	Foto Handy: »Du Opfer«	Foto des Autors
M 4a–b	Glossar, Begriffe	Glossar der Internet-Sprache und Begriffe sicheren Medienhandelns, S. 34f + 18 http://www.jugendschutz.net/pdf/chatten_ohne_Risiko.pdf
M 5a–b	Kreuzworträtsel	Nach einer Idee von Doris Jöhle-Gutmacher, Kreismedienzentrum Emmendingen
M 6	Datenschutz	Klicksafe-Zusatzmodul »Ich bin öffentlich ganz privat. Datenschutz und Persönlichkeitsrechte im www« S. 36 (Lösungen /Methode placemat) und S. 43 (= Seitenzahlen der Paperversion), https://www.klicksafe.de/cms/upload/user-data/pdf/klicksafe_Materialien/Zusatzmodul_LH__Datenschutz_klicksafe.pdf
M 7	Datenschutz / -schutz- öff./privat	Klicksafe-Zusatzmodul »Ich bin öffentlich ganz privat. Datenschutz und Persönlichkeitsrechte im www« S. 37 (Didaktik) + S. 44 (= Seitenzahlen der Paperversion) https://www.klicksafe.de/cms/upload/user-data/pdf/klicksafe_Materialien/Zusatzmodul_LH__Datenschutz_klicksafe.pdf
M 8	AGB-Spiel: Aussagen überprüfen	I. Bounin/K. Zinkgräf: Mit Köpfchen in sozialen Netzwerken, in: Praxis Schule 5–10, ²2010, S. 25
M 9	AGB SchuelerVZ 2007 und 2009	Zwei Fassungen der Allgemeinen Geschäftsbedingungen von SchuelerVZ: http://www.schuelervz.net/l/terms_new (04.06.2009) http://wiki.vorratsdatenspeicherung.de/AGB_SchuelerVZ (16.02.2007)
M 10	Bitte lächeln! Du bist im Netz (a)	Klicksafe-Zusatzmodul »Social Communities. Ein Leben im Verzeichnis« S. 30f (Lösungen). 39–40 (= Seitenzahlen der Paperversion), https://www.klicksafe.de/cms/upload/user-data/pdf/klicksafe_Materialien/LH_Zusatzmodul_Social_Communities.pdf

M 11	Bitte lächeln! Du bist im Netz (b)	Klicksafe-Zusatzmodul »Social Communities. Ein Leben im Verzeichnis« S. 30 f (Lösungen) 39–40 (= Seitenzahlen der Paperversion), https://www.klicksafe.de/cms/upload/user-data/pdf/klicksafe_Materialien/ LH_Zusatzmodul_Social_Communities.pdf
M 12	Olivers Profil	schuelerVZ Lehrmaterialien Arbeitsmappe IV: »Außenwirkung von Selbstdarstellungen in sozialen Netzwerken – sechs Profilbeispiele mit Erläuterungen«, S. 8–11 (inkl. Didaktik und Erläuterungen) http://static.pe.schuelervz.net/media/de/parents/pVZ_Arbeitsmappe_4_100816.pdf
M 13	Freunde – was bedeutet das?	Klicksafe-Zusatzmodul »Social Communities. Ein Leben im Verzeichnis« S. 27 (Lösung) und 34 (= Seitenzahlen der Paperversion), https://www.klicksafe.de/cms/upload/user-data/pdf/klicksafe_Materialien/LH_Zusatzmodul_Social_Communities.pdf
M 14	Analyse Clip »Let's fight it together«	Klicksafe-Zusatzmodul »Was tun bei Cybermobbing?« S. 24 (= Seitenzahl der Paperversion) https://www.klicksafe.de/cms/upload/user-data/pdf/klicksafe_Materialien/ LH_Zusatzmodul_Cyber-Mobbing.pdf
M 15	Was erleben Opfer?	Klicksafe-Zusatzmodul »Was tun bei Cybermobbing?« S. 26, (= Seitenzahlen der Paperversion) https://www.klicksafe.de/cms/upload/user-data/pdf/klicksafe_Materialien/ LH_Zusatzmodul_Cyber-Mobbing.pdf
M 16	Mein Profil in SchuelerVZ – ist das ok?	Klicksafe-Zusatzmodul »Social Communities – Ein Leben im Verzeichnis«, S. 36-38, 28–29 (Lösung) (= Seitenzahlen der Paperversion), https://www.klicksafe.de/cms/upload/user-data/pdf/klicksafe_Materialien/ LH_Zusatzmodul_Social_Communities.pdf
M 17	Wie wirkt dein Profil auf andere?	schuelerVZ Lehrmaterialien Arbeitsmappe I: »Soziale Netzwerke«, S. 21–23 http://static.pe.schuelervz.net/media/de/pdf/pVZ_Arbeitsmappe_1_110905.pdf (Didaktik: ebd. S. 20)
M 18	Fabians Profil	schuelerVZ Lehrmaterialien Arbeitsmappe IV: »Außenwirkung von Selbstdarstellungen in sozialen Netzwerken – sechs Profilbeispiele mit Erläuterungen«, S. 4–7 (inkl. Didaktik und Erläuterungen). http://static.pe.schuelervz.net/media/de/parents/pVZ_Arbeitsmappe_4_100816.pdf
M 19	Lillys Profil	schuelerVZ Lehrmaterialien Arbeitsmappe IV: »Außenwirkung von Selbstdarstellungen in sozialen Netzwerken – sechs Profilbeispiele mit Erläuterungen«, S. 12–15 (inkl. Didaktik und Erläuterungen). http://static.pe.schuelervz.net/media/de/parents/pVZ_Arbeitsmappe_4_100816.pdf
M 20	Marys Profil	schuelerVZ Lehrmaterialien Arbeitsmappe IV: »Außenwirkung von Selbstdarstellungen in sozialen Netzwerken – sechs Profilbeispiele mit Erläuterungen«, S. 16–19 (inkl. Didaktik und Erläuterungen). http://static.pe.schuelervz.net/media/de/parents/pVZ_Arbeitsmappe_4_100816.pdf
M 21	Alexanders Profil	schuelerVZ Lehrmaterialien Arbeitsmappe IV: »Außenwirkung von Selbstdarstellungen in sozialen Netzwerken – sechs Profilbeispiele mit Erläuterungen«, S. 21.23f (inkl. Didaktik und Erläuterungen). http://static.pe.schuelervz.net/media/de/parents/pVZ_Arbeitsmappe_4_100816.pdf

M 22	Lauras Profil	schuelerVZ Lehrmaterialien Arbeitsmappe IV: »Außenwirkung von Selbstdarstellungen in sozialen Netzwerken – sechs Profilbeispiele mit Erläuterungen«, S. 21f (inkl. Didaktik und Erläuterungen). http://static.pe.schuelervz.net/media/de/parents/pVZ_Arbeitsmappe_4_100816.pdf
M 23	Klassenvertrag	Klicksafe-Zusatzmodul »Social Communities. Ein Leben im Verzeichnis« S. 44 (= Seitenzahlen der Paperversion), https://www.klicksafe.de/cms/upload/user-data/pdf/klicksafe_Materialien/LH_Zusatzmodul_Social_Communities.pdf

Hintergrundinformation für Lehrkräfte

Lehrkräfte, denen als »digital immigrants« (digitale Einwanderer) die Medienwelt der Jugendlichen nicht so vertraut ist, bekommen in den folgenden Hintergrundinformationen eine fundierte Einschätzung des Phänomens »SchuelerVZ, facebook & Co.« Dabei werden auch die Eigenarten der Online-Kommunikation deutlich, die auf psychische Entwicklungsaufgaben der Heranwachsenden treffen. Der Begriff »Cybermobbing« wird im Zusammenhang von Mobbing geklärt. Wichtig für Lehrkräfte sind die Hinweise zur Selbsteinschätzung, was ihre Medienkompetenz betrifft, und zu ihrer unverzichtbar bleibenden Erziehungsaufgabe. Als Religionslehrkräfte haben sie dabei mit Blick auf Gottes frohmachende Botschaft auch eine überzeugende Begründung dafür.

1. Plattformen und Netzwerke: Jugendliche auf dem Weg ins »web 2.0«

Surfen war gestern: Durch die rasante technische Entwicklung hat sich das »world wide web« von einem Angebots- zu einem Beteiligungs- und Vernetzungsmedium (»web 2.0«) entwickelt. Werbefinanzierte professionelle Anbieter spielen im Vergleich zu früher eine veränderte Rolle: sie sind weniger darin gefragt, Inhalte zu verbreiten, als vielmehr eine vorgestaltete individuell anpassbare Plattform bereitzustellen. Die Personalisierung der dort von den Nutzern bereitgestellten persönlichen Daten liegt im Interesse der kommerziellen Kunden, die immer besser passgenaue Angebote lancieren und die Nachfrage beobachten können.

2. Was Erwachsene lernen (müssen): Social communities sind ein Bestandteil der Jugendkultur geworden

Computer und Internet sind heute in fast 100 % der Haushalte, in denen Jugendliche zwischen 12 und 19 Jahren leben, vorhanden. Mehr als 90 % der Jugendlichen nutzen das Internet täglich / mehrmals die Woche. 70 Prozent sind mehrmals wöchentlich / täglich in Online-Communities präsent, wobei die Mädchen den Jungen um fast 10 Prozent voraus sind.[1] Möglichkeiten, kreativ zu sein, schöpft allerdings bisher nur eine Minderheit aus, die meisten nutzen vorformatierte Angebote wie SchuelerVZ (Kommunikationsplattform), Youtube (Videoportal mit Kommentarfunktion) oder facebook. Zusammen mit dem Handy sind sie Bestandteil des jugendlichen Medienensembles.

3. Jugendliche gestalten medial Beziehungen, Identität und Information

Lehrkräfte erleben Klassensituationen bis zur Mitte der Sekundarstufe I häufig als durchaus explosiv: Unterschiede des individuellen psycho-physischen Entwicklungsstandes treten deutlich zu Tage, das Interessenspektrum der pubertierenden Heranwachsenden verändert sich rasant. Das Fenster für die die Aufnahme schulisch vermittelter Inhalte scheint sich zu schließen, hirnorganisch wird vieles neu vernetzt. Communities wie SchülerVZ nehmen dabei den Platz als jugendaffine Sozialisationsagenturen ein. Sie befriedigen als scheinbar »erwachsenenfreie Zone« entwicklungspsychologisch relevante Bedürfnisse nach Beziehung / Kommunikation, Identitätsbildung und Information[2]:

4. Social communities dienen entwicklungspsychologisch wichtigen Bedürfnissen

a) »Beziehungs-/ Kommunikationsmanagment«
Von der ganzen Bandbreite sozialer Kontaktpflege und dem Anknüpfen neuer Beziehungen bietet die Social Community Jugendlichen vor allem die Möglichkeit, aktuelle lockere Beziehungen zu pflegen und neue anzuknüpfen. Und zwar weniger in der großen weiten Welt des »www«, sondern im ganz nahen realen Lebensumfeld (Parallelklasse, Partybekanntschaft, Nach-

Net(t)worken können – besser als cybermobbing!

barschule). Das Schreiben von Nachrichten, das Verschicken von Fotos und Videos und anderer virtueller »Geschenke« wird zur Beziehungspflege. Das Internet hat dabei seinen festen Platz im Medien-Ensemble von Jugendlichen neben Handy und MP3-Player.

b) *»Identitätsmanagement«*
Gerade am Beginn der Pubertät ist für Jugendliche die Gestaltung der eigenen Identität als persönliches Profil in sozialen Netzwerken interessant. Dazu gehört die Darstellung der eigenen Person und die Angewiesenheit auf den Spiegel der anderen, also: wie Freunde einen selbst sehen. Dabei lässt sich die Öffentlichkeit graduell wählen, und man gewinnt selbst auch einen Eindruck von der Darstellung anderer Personen zum Vergleichen. Netzwerke wie SchuelerVZ vereinfachen dies durch vorab vorgeschlagene Kategorien wie »Be-

ziehungsstatus«, »was ich mag«, »gefällt mir« etc. zum Ausfüllen/Anklicken.

c) *»Informationsmanagement«*
Es überrascht wenig, dass dazu nicht immer direkt schulrelevante Inhalte gehören: Tipps für »coole« Seiten oder witzige Youtube-Clips werden ausgetauscht oder Fansites von Stars verfolgt. Allerdings gehört Wikipedia bei den 11– bis 13-jährigen »schon zur Routine«. Das Internet allgemein als Medium zum Wissenserwerb wird von den Heranwachsenden »auffällig positiv bewertet«. Besonders gut kommt es bei ihnen an, wenn »Inhalte leicht zugänglich und anschaulich visualisiert sind«. Betreibern von Websites bringt übertriebenes »in«- erscheinen wollen wenig, auch »aufgesetzter Jugendslang wird als unglaubwürdig erlebt«.[3]

Exkurs:
Cybermobbing IST Mobbing – und das Internet ist kein rechtsfreier Raum!

Als Zwangsgemeinschaft (so wie der Arbeitsplatz oder das Gefängnis) ist das System Schule ein potentieller Nährboden für Mobbingattacken. Mit dem inzwischen inflationär gebrauchten Begriff **Mobbing** (nicht jede Auseinandersetzung ist gleich mobbing!) versteht man genauer das gezielte, über eine längere Zeit hin dauernde und systematische Ärgern, Demütigen, Beleidigen, Quälen, Angreifen und Isolieren des Opfers durch den sog. Bully (Täter) und seine Unterstützer, das vom Mobbingopfer als diskriminierend oder ausgrenzend erlebt wird. Begünstigt wird es durch eine stark hierarchische Klassensituation, eine Atmosphäre mangelnder Kommunikation und auch durch bestimmte Verhaltensvorbilder von Lehrkräften. Höhepunkt der Mobbinghäufigkeit ist (nach Beratungserfahrungen) neben der zweiten (Grundschul-) Klasse gegen Ende der sechsten und am Anfang der siebenten Klasse. Für Mobbing ist nie das Opfer verantwortlich, es kann jeden treffen und es gibt auch keine sog. »Opferpersönlichkeit«. Täter (Bullies) allerdings können bestimmte Persönlichkeitsmerkmale aufweisen, es sind Kinder, die oft (wenn auch nicht sichtbar) unter mangelndem Selbstbewusstsein leiden und sich von leistungsstarken Mitschülern bedroht fühlen. Bullies erlangen (zusammen mit ihren Helfern) durch Mobbingattacken für sie vorteilhafte soziale Effekte.[4]

Cybermobbing ist eine Fortsetzung von physischem, auf face-to-face-Kontakten beruhendem Mobbing mit virtuellen Mitteln. Die Ursachen sind immer in persönlichen Begegnungen im schulischen Raum zu su-

chen. Mobbing ausschließlich im virtuellen Raum hat keine Wirkung – deshalb gibt es kein reines Cybermobbing. Es hat allerdings mindestens genauso nachhaltige negative Auswirkungen wie Mobbing (also keinesfalls »nur zum Spaß«). Neu gegenüber herkömmlichem Mobbing: Die Attacken verbreiten sich rasch, vor einem unabsehbar großen Publikum (können auch kaum rückgängig gemacht werden), verfolgen das Opfer rund um die Uhr bis in sein Privatleben, nicht einmal das Zuhause ist noch ein Schutz davor. Die Täter erleben es als attraktiv, weil es scheinbar (!) anonym bleibt. Benutzt werden crossmedial alle Formen und Endgeräte im jugendlichen Medienensemble (Fotohandy, Mailbox, SMS, IMs, Chats, Foren, Foto- und Videoplattformen, social communities).[5]

Die Täter müssen wissen: (Cyber)Mobbing wird nicht hingenommen und kann strafrechtliche Auswirkungen haben

Jugendliche unterschätzen oft nicht nur die virtuellen Folgen ihrer Handlungen, sondern glauben sich in der Anonymität sicher – dem ist aber nicht so, es gibt u.U. durchaus die Möglichkeit, Spuren zu sichern und zurückverfolgen zu lassen (Screenshot, IP-Adresse, Rufnummernspeicherung, Handyortung etc.)!
Auch wenn es noch keinen Straftatbestand »Cybermobbing« gibt: Zahlreiche andere Strafgesetze können tangiert sein – Beleidigung, üble Nachrede, Verleumdung, Nachstellung (Stalking). Oder das Recht am eigenen Bild wird verletzt. Ab 14 Jahren sind Jugendliche strafmündig, und selbst wenn es nicht zum förmlichen Verfahren kommt – schon Einträge in Ermittlungsakten können im späteren Leben durchaus nachteilige Folgen für die Täter haben.

---

5. Mögliche problematische Auswirkungen

a) Kommunikation / Beziehungen

Jugendliche legen alterstypisch/hormonbedingt nicht nur physisch, sondern auch virtuell stärker als in späteren Lebensphasen sozial riskantes Verhalten an den Tag, das sich in den Phänomenen von Mobbing, Bullying und Stalking via Netz zeigt (s.u. Exkurs). Im Wettbewerb um Beliebtheit setzen sie sich selbst unter Druck, denn die Anzahl der »Freunde« wird hier ja erstmals öffentlich dokumentiert. Emotionen wie Eifersucht oder Kontrollwünsche verstärken sich. Auch Beziehungskonflikte werden hemmungsloser ausgetragen, Beziehungsabbrüche drohen sehr viel ungebremster und soziale Ausgrenzung kann sich effektiver auswirken. In ihrem Explorationsdrang erleben Heranwachsende große Herausforderungen an ihre soziale Kompetenz in der unbarmherzigen Sichtbarkeit und Reproduzierbarkeit der digitalen Interaktion für alle: Wenn ein »Freundschafts«-Link für alle anderen sichtbar gelöscht wird, ist das schwer zu verkraften.

b) Identität

Verschiedene Identitäten auszuprobieren ist spannend, und »sexy« oder »cool« sein sind erstrebenswerte virtuelle Ergebnisse. Bei diesem »Ausprobieren« behalten Jugendliche allerdings nicht durchgängig den Überblick, und eine die Folgen antizipierende Perspektive fehlt ihnen noch. Das Netz vergisst jedoch nichts, bereits jetzt durchforstet ein Viertel deutscher Personalchefs nach Spuren der Bewerber das Internet, ein weiteres Viertel hat schon mal Bewerber wegen der Funde dort nicht zum Vorstellungsgespräch eingeladen. »Jugendsünden« bekommen dadurch eine ganz neue Qualität.

c) Information

Insgesamt bringen Jugendliche Inhalten aus dem »www« einen zu großen Vertrauensvorschuss entgegen, nehmen virtuelle Kommunikation (auch wenn vorgeblich »nur zum Spaß«) ernst, halten Identitäten zunächst einmal für real und sehen Informationen als wahr an. Sie selber gehen sehr offenherzig mit Informationen über sich um.

6. Die Rolle der Erwachsenen

Jenseits realer Gefährdungen und ohne sie verharmlosen zu wollen, kann man auch das Generationenverhältnis als Hintergrund für die besorgte öffentliche Debatte über jugendliches Mediennutzungsverhalten ausmachen:

- Das Misstrauen der Eltern-/Lehrkräftegeneration ist in der Angst vor Kontrollverlust begründet: Sie fürchtet, von den Schaltstellen der Macht in der Gesellschaft verdrängt zu werden. Das Unverständnis gegenüber dem Lebensempfinden der Jüngeren resultiert vielleicht auch aus dem Vergessen, wie es damals war, sich gegenüber den eigenen Eltern behaupten zu müssen. Normalerweise können die Älteren den Jüngeren etwas beibringen, und das ist natürlich gerade für das Selbstverständnis von Lehrkräften wichtig – bei der Medienkompetenz scheint es umgekehrt zu sein. Dass Ältere im Vergleich zu den Jungen ihren Mangel an Medienkompetenz als schmerzhaft erleben, kann man mit dem psychoanalytischen Begriff einer narzisstischen Kränkung beschreiben.

- Und umgekehrt erweist sich mediales Nutzungsverhalten Jugendlicher als Ausdruck entwicklungspsychologisch notwendiger Selbstbehauptung. Um Distanz zu den Eltern aufzubauen, haben Jugendliche schon immer Ausdrucksformen gewählt, bei denen sie spürten, dass Ältere aus verschiedenen Gründen nicht mithalten können. (Tabubrüche zählen dazu, im Rückblick werden Jugendliche wahrscheinlich einiges selbst als Übertreibung erkennen.)[6] Umso mehr als die Peergroup in der Phase der Ablösung vom Elternhaus immer wichtiger wird.

Doch die Erwachsenen bleiben wichtig: Zunächst täuscht der Eindruck, dass Jugendliche generell mehr Medienkompetenz aufweisen. Sie ist ausschnitthaft entwickelt, das betrifft vor allem prozessurales Wissen. Für die Entwicklung der Fähigkeit zur Einordnung, zur wertenden Rahmung von Tätigkeiten und kulturellen Darstellungen brauchen sie weiterhin die Erwachsenen. Und dann: »Erwachsene haben einen Vorsprung: ihre generelle soziale Kompetenz. Sie können Jugendliche fragen: Wie möchtest du eigentlich deine Beziehungen gestalten und pflegen? Wie geht man mit Klatsch und üblem Tratsch am besten um? Erwachsene wissen mehr über menschliche Themen wie Liebe, Konkurrenz und Anerkennungsbedürfnis«, so die renommierte Medienpsychologin Nicola Döring.[7]

7. Auch Religionslehrkräfte können Jugendlichen bei lebensdienlicher Nutzung der digitalen Medien unterstützen

Jugendmedienschutz und die Bearbeitung neuer medialer Ausdrucksformen im Unterricht sind bundesweit als schulische Aufgabe erkannt worden.[8] Gerade weil Kommunikationsbeeinträchtigungen und soziale Krisen, wie sie durch (Cyber-)Mobbing in einer Klassen-/Schulgemeinschaft ausgelöst/begleitet werden, oft in Fächern wie Deutsch oder von der Klassenlehrerin aufgegriffen werden, lohnt sich eine enge kollegiale Absprache. Es gibt bereits gute Unterrichtsmaterialien allgemein medienpädagogischer Art, die auf Jugendmedienschutz abzielen (siehe Literatur-/Medienliste). Religionslehrkräfte

Net(t)worken können – besser als cybermobbing!

können hier unterstützend wirken, dies betrifft auch die Mitwirkung an Elternabenden oder bei der Thematisierung an einem pädagogischen Tag.

8. Der religionspädagogische Auftrag: Medienkompetenz aus dem Geist der frohen Botschaft Gottes – Erziehung zu Freiheit und Liebe

Der besondere Beitrag des Religionsunterrichtes liegt darin begründet, dass die Botschaft des Evangeliums von Beginn an kommunikativ angelegt ist und damit neue Gemeinschaft stiftet. Gottes Wege zu den Menschen waren immer schon medial vermittelt (sei es durch Boten, sei es durch Briefe – davon zeugt die Bibel) und stiften neue Kommunikation und Gemeinschaft. Deshalb helfen wir Jugendlichen …

- sich zu einem befreiten und verantwortlichen Umgang mit Medien zu verstehen. Das bedeutet, die in den Medien artikulierten Positionen und Selbstdarstellungen als zu Gottes Ziel relativ in Beziehung zu setzen. Das bedeutet aber auch, das eigene Selbst- und Weltbild nicht allein durch die von Menschen gemachte Medienwelt bestimmt zu erleben, sondern in Gottes Liebe als Grund und Ziel allen Daseins aufgehoben zu wissen.

- am gemeinschaftsfördernden Charakter von Medien mitzuwirken. Das bedeutet, sich eigenständig medial so ausdrücken zu können, dass Regeln des von Gott gewollten gedeihlichen Miteinanders eingehalten werden. Das bedeutet aber auch, sich kreativ durch eigene mediale Produktion an Gottes schöpferischem Weg zu uns zu beteiligen.

- religiöse und andere sinndeutende Symbole, Botschaften und Informationen aus allen Medien zu erkennen und dabei zu beurteilen, ob sie befreiend und lebensfreundlich wirken. Dabei wird es möglich, z.B. in massenmedialer populärer Alltagskultur religiöse Symbole zu entschlüsseln und einzuordnen, oder die religiöse Grundierung des »www« zu untersuchen und ihm zugrunde liegende Ideen mit unserer religiösen Orientierung (s.o.) zu vergleichen.[9]

Anmerkungen:

1 Medienpädagogischer Forschungsverbund Südwest (hg.): JIM 2010. Jugend, Information, (Multi-)Media. Basisstudie zum Medienumgang 12- bis 19-Jähriger in Deutschland, Stuttgart Nov. 2010, S.25–30.34f (http://www.mpfs.de/fileadmin/JIM-pdf10/JIM2010.pdf).

2 Nicola Döring: SchuelerVZ & Co. – Chancen und Risiken von Online-Netzwerken. Präsentation bei der rpi-virtuell-Fachtagung, Bad Berka 2009. (www.rpi-virtuell.net/workspace/users/785/Fachtagung%202009/ Material/rpi-doering-2009-finalpdf.pdf)

3 Schmeißer, D. (u.a.): Vom virtuellen Spielplatz zum Alltagsbegleiter – User Experience von Kindern im Internet, S. 4 in: planung & analyse. Zeitschrift für Marktforschung und Marketing 4/2009, Frankfurt (Sonderdruck) , auch in: S. Schneider / D. Schmeißer / S. Warth: User-Experience von Kindern im Internet, in: Media-Perspektiven 1/2010. http://www.phaydon.de/fileadmin/Bilder/Fachartikel_PDF-Versionen/phaydon_Internetkids.pdf s.a. C. Breinker (u.a.): Ganz privat im Web 2.0 – Wie Kinder und Jugendliche das Web 2.0 in ihre Lebenswelten integrieren (Online-Studie, Medienforschung SUPER RTL), Köln 2008. (www.superrtl.de/Portals/0/Mediadaten/Web-2.0-Studie.pdf)

4 Siehe Informationen zu Mobbing in der Schule: http://www.uni-due.de/~hl0028/files/1252318540_Mobbing%20unter%20Kinder%20und%20Jugendlichen%20in%20der%20Schule.pdf http://de.wikipedia.org/w/index.php?title=Mobbing_in_der_Schule&oldid=85310387 Mobbing unter Kindern und Jugendlichen, hg. von AJS NRW e.V., Poststraße 15–23, 50676 Köln, Fax 0221/92 13 92–20. T. Specht: Vernetzt, verletzt? Cyberbullying unter Jugendlichen in Deutschland, Augsburg 2010. (http://www.imb-uni-augsburg.de/files/Masterarbeit_Tamara Specht.pdf). R. Jäger (u.a.): Mobbing bei Schülerinnen und Schülern in der Bundesrepublik Deutschland. Eine empirische Untersuchung auf der Grundlage einer Online-Befragung, Landau 2009 (www.zepf.uni-landau.de/das-zepf/mitarbeiter/ jaeger-reinhold-s/veroeffentlichungen). http://wiki.rpi-virtuell.net/index.php/Mobbing_%28Lebensraum_Schule%29

5 Wiki und Materialsammlung »Cybermobbing« (Medien) auf rpi-virtuell, zuletzt bearbeitet am 11.05.2009 (http://wiki.rpi-virtuell.net/index.php Cybermobbing_%28 Medien%29)

6 Vgl. M. Fuchs: Vernetzte Jugend: Die Entwicklung einer virtuellen Kommunikationskultur. Vortrag bei der Fachtagung »In Netzen gefangen« am 16.09.2009 in Berlin (Friedrich-Ebert-Stiftung), http://www.fes.de/forumpug/inhalt/documents/VortragProf.MaxFuchs.pdf

7 Im Gespräch mit Michael Beisel anlässlich der rpi-virtuell-Fachtagung »Total digital« – Internet als Alltagsmedium von Jugendlichen, Bad Berka, November 2009 (http://blog.rpi-virtuell.net/index.php?op=ViewArticle&articleId=2101&blogId=2)

8 Siehe Länderkonferenz MedienBildung (Hg.): Kompetenzorientiertes Konzept für die schulische Medienbildung, KM-Positionspapier Stand 01.12.2008 http://www.laenderkonferenz-medienbildung.de/LKM-Positionspapier.pdf

9 Vgl. Wiki »Medienkompetenz /religionspädagogisch« auf rpi-virtuell, zuletzt bearbeitet am 12.09.2011 (http://wiki.rpi-virtuell.net/index.php/Medienkompetenz_%28Medien%29#Medienkompetenz_religionsp.C3.A4dagogisch).

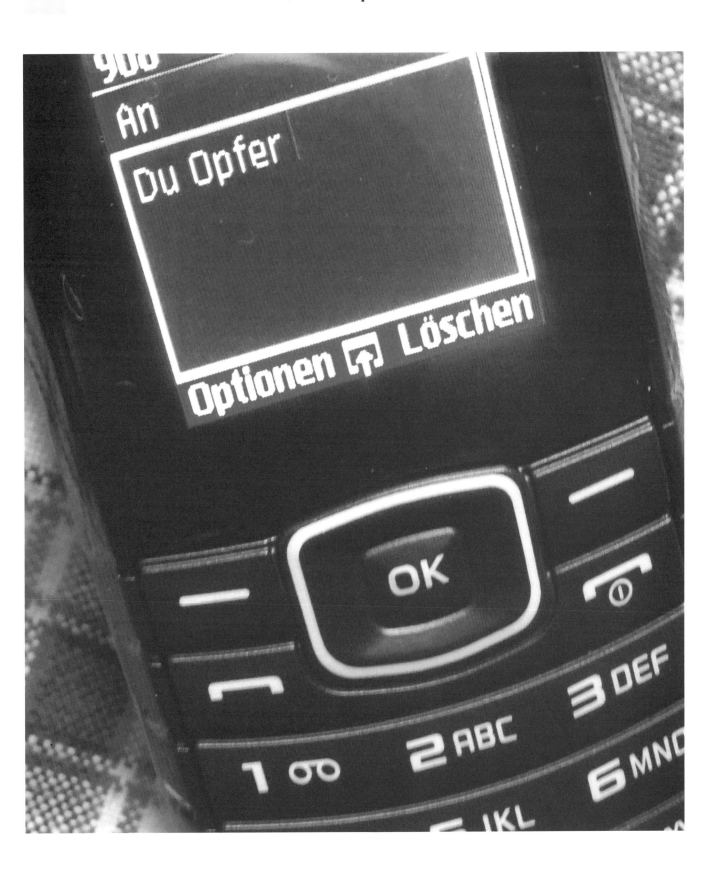

Profil in SchuelerVZ

Fotos: picture alliance

Net(t)worken können – besser als cybermobbing!

Glossar

Allgemeine Geschäftsbedingungen (kurz AGB): In ihnen wird das rechtliche Verhältnis zwischen zwei Parteien (hier zwischen Betreiber und Nutzer einer Website), die miteinander einen Vertrag abschließen, geregelt.

Alarm-Button: Virtueller Knopf, der durch Anklicken direkten Kontakt zu einem Moderator herstellt oder ein Beschwerdeformular öffnet. Dieser Knopf ist für Notfälle wie z. B. Übergriffe oder Überforderungen reserviert.

Avatar: Kann ein Symbol oder eine kleine (animierte) Figur unterschiedlicher Größe sein und wird z. B. anstelle eines persönlichen Fotos als Profilbild verwendet.

Bad-Word-Filter: Programm, mit dem unerwünschte Wörter oder Beiträge aus dem Chat-Geschehen oder aus privaten Nachrichten entfernt werden. Dies geschieht z. B. durch Ersetzen der Worte oder durch Unterdrückung des Beitrags. Kann auch bei der Registrierung für Nicknames eingesetzt werden.

Channel: Virtueller Raum innerhalb eines Chats, in dem mehrere User miteinander kommunizieren können.

Chat: Website oder Programm, das die Möglichkeit bietet, sich mit anderen über Tastatur und Bildschirm online zu unterhalten. Der Begriff „Chat" bezeichnet auch das Gespräch selbst.

Community: Website, auf der man sich anmelden, ein Profil anlegen und danach mit anderen austauschen und vernetzen kann. In Chats bezeichnet der Begriff meist eine Gemeinschaft von Chattern, die häufig den gleichen Channel besuchen.

Cyberbullying: Mobbing übers Internet und per Handy, z. B. wiederholtes Versenden von beleidigenden Nachrichten, Anlegen von diffamierenden Fake-Profilen, Hochladen von peinlichen Fotos oder Einrichten von Gruppen, die nur der Hetze gegen einzelne oder mehrere Personen dienen.

Fake: User, der sich unter falschen Angaben bei einem Angebot anmeldet, z. B. um anonym zu bleiben, um Unfrieden zu stiften oder Werbung zu machen.

FAQ (kurz für „frequently asked questions"): Liste von häufig gestellten Fragen und Antworten, die vom Betreiber zusammengestellt wird.

Ignore-Funktion: Erlaubt es, per Klick oder Eingabe eines Textbefehls, andere zu ignorieren. Weitere Versuche der Kontaktaufnahme, z. B. per Chat oder privater Nachricht, werden dann komplett geblockt.

Indizierung: Erfolgt bei Medien, die als jugendgefährdend eingestuft werden. Diese dürfen Minderjährigen nicht zugänglich gemacht oder beworben werden – indizierte Websites z. B. dürfen nicht verlinkt oder als Suchergebnis einer deutschen Suchmaschine angezeigt werden.

Instant Messenger: Software zur Kommunikation in Echtzeit via Internet. Chat-Partner werden in eine Kontaktliste eingetragen. Austausch von Dateien und Webcam-Übertragungen sind ebenfalls möglich.

IP-Adresse: Die Internet-Protokoll-Adresse ist die Adresse eines Rechners im Internet, vergleichbar mit einer Postanschrift. Internetanbieter vergeben dynamische IP-Adressen – bei jeder Einwahl bekommt man eine neue.

Kicken/Bannen/Sperren: Befehl, den nur Moderatorinnen oder Moderatoren ausführen können. Er bewirkt den Rausschmiss eines Störers aus einem Angebot oder einem speziellen Bereich desselben. Der Sanktionierte kann sich für eine gewisse Zeit oder generell nicht mehr mit den gleichen Daten einloggen.

Moderator/Operator/Superuser: Diese Begriffe bezeichnen (je nach Angebot) Personen, die mehr Rechte als „normale" User und besondere Aufgaben haben. Sie sorgen für einen ungestörten Ablauf und kümmern sich um individuelle Probleme.

Nickname (kurz: Nick): Spitzname, den man sich bei der Anmeldung zu einem Chat und einigen Communities gibt. Jeder Nickname kann nur einmal pro Angebot vergeben werden.

Screenshot: Kopie des Bildschirmfensters. Erstellen durch gleichzeitiges Drücken der Tasten „Alt" und „Druck", Einfügen in Word oder ein Grafikprogramm durch „Strg" und „v".

Scrollen: Zusammengesetzt aus engl. „screen" (Bildschirm) und „to roll" (rollen). Gemeint ist das Durchblättern von Dokumenten auf dem Bildschirm. Bezogen auf Chats meint Scrollen den automatischen Textfluss, den man je nach Chat auch ausstellen kann.

Spam: Unerwünschte Werbepost per E-Mail, im Chat oder in Gästebüchern, z. T. auch für kostenpflichtige oder für Kinder und Jugendliche ungeeignete Angebote.

Support: Hilfsangebot des Betreibers einer Seite, an das man sich – meist per E-Mail oder Telefon – bei technischen Fragen und Problemen mit dem Angebot wenden kann.

Aus: jugendschutz.net, Chatten ohne Risiko? Sicher kommunizieren in Chat, Messenger und Community, Mainz 2009

Sicher

Hol dir Infos!

**Mach den Check,
bevor du dich anmeldest:**

Schau in den *AGB*, ob die Seite etwas kostet, wie alt du sein musst und was mit deinen Daten gemacht wird.

Wie gut kennst du dich aus?

Welche *Regeln* gibt es und wer achtet darauf, dass sie eingehalten werden? Wo und bei wem kann man sich *beschweren*? Wie *ignoriert* man?

Schütz deine Daten!

Schon beim Anmelden: Aufgepasst!

Gib nur *notwendige Daten* an. Benutze eine E-Mail-Adresse, die du nicht für deine Freunde verwendest und die – wie auch dein *Nickname* – nicht dein Alter, deinen Wohnort oder Namen verrät.
Wähle ein sicheres *Passwort*: mindestens 8 Zeichen, große und kleine Buchstaben, Zahlen und Zeichen – z. B. die Anfangsbuchstaben einer Zeile deines Lieblingsliedes. Und: Verrat es niemandem und logg dich immer aus!

Dein Profil sagt alles über dich?

Nimm *Einstellungen* vor, die dir lästige Chatter vom Hals halten: z. B. Nachnamen abkürzen, Nachrichten von Fremden ablehnen und das Profil nur Freunden zugänglich machen.
Dein *Profilbild* können alle sehen, du solltest darauf nicht zu erkennen sein – setz dir z. B. eine Sonnenbrille auf. Lass die *Webcam* aus und lade keine Bilder hoch, die später peinlich sein könnten – jeder kann sie speichern und wieder hochladen, nachdem du sie gelöscht hast.

Tricks dich nicht aus!

Geh nicht in Gruppen mit deinem Nachnamen im Titel, schreibe nicht über Persönliches in Gästebüchern und nimm keine Fremden als Freunde an. Sie sehen sonst alle Angaben, die du nicht jedem zeigen wolltest – so umgehst du deine eigenen Sicherheitseinstellungen!

Misstrauisch bleiben!

**Wer sitzt da
am anderen Ende?**

Du kannst nie wissen, wer tatsächlich hinter deiner Internet-Bekanntschaft steckt – auch wenn ihr euch lange unterhaltet. Fotos sind kein Anhaltspunkt: sie könnten von jemand anderem „geklaut" sein.

Kein unbedachtes Klicken!

Manche Menschen verschicken Dinge oder Links zu Websites, die man nicht sehen will. Außerdem können Anhänge oder auch Websites Viren enthalten.

Lass dir nichts gefallen!

No Cyberbullying!

Mach nicht mit, wenn andere mobben, und setz dich dafür ein, dass solche Inhalte gelöscht werden.

Du hast es selbst in der Hand!

Wird's komisch oder unangenehm, brich die Unterhaltung ab und ignorier den Chatter. Sag einem *Moderator* Bescheid und nutz die *Beschwerdestelle*.
Rede mit deinen Eltern – mit ihnen kannst du auch zur *Polizei* gehen, wenn dich jemand belästigt.

chatten!

Spielregeln beachten!

Nimm Rücksicht!

Zeige anderen keine Seiten, auf denen eklige oder pornografische Inhalte zu sehen sind – damit kannst du dich strafbar machen und anderen schaden.

Respektiere das Eigentum anderer!

Lade keine *Bilder* von anderen hoch, ohne vorher zu fragen – wenn sie noch keine 18 sind, müssen rein rechtlich sogar die Eltern zustimmen.
Musik, Filme oder Bilder von Stars sind meistens *urheberrechtlich geschützt* – sie hochzuladen kann ganz schön teuer werden.

Geht's jeden was an?

Bei allem, was du im Profil, per Nachricht oder im Chat erzählst, solltest du dich fragen: Würde ich das auch *Fremden* auf der Straße erzählen?

Achtung: Nicht alleine treffen!

Triff dich am besten nicht mit Leuten, die du nur aus dem Internet kennst. Wenn doch: Sag's auf jeden Fall deinen *Eltern*, nimm einen Erwachsenen mit und such einen *öffentlichen Platz* aus. Ein echter Chat-Freund hat nichts dagegen, wenn du dich schützt!

jugendschutz**net**

Aus: jugendschutz.net, Chatten ohne Risiko? Sicher kommunizieren in Chat, Messenger und Community, Mainz 2009

Akronyme, Abkürzungen und Smileys

Bei der Online-Kommunikation werden häufig Akronyme, Abkürzungen, Lautmalereien und Smileys verwendet. Gefühlsausdrücke und Handlungen stehen dabei meist in Sternchen oder werden kursiv geschrieben. Beispiele: *knuddel* oder *fusch überreicht mötte eine sonnenblume*.

Hier eine kurze Liste der geläufigsten Abkürzungen, die man kennen sollte, um sich zurechtzufinden.

In Sternchen:

ggg	engl. „giggeling" – kichern (beliebig viele g's möglich)
grmpf	grummeln
g	grinsen
lol	engl. „laughing out loud" – laut lachen (auch als Adjektiv verwendet: lollig)
rofl	engl. „rolling on floor, laughing" – sich vor Lachen am Boden wälzen

Ohne Sternchen:

addy	E-Mail-Adresse
afk	engl. „away from keyboard" – bin nicht an der Tastatur
cs	Cybersex (es kann auch das PC-Spiel „Counter Strike" gemeint sein)
cu	engl. „see you" (lautmalerisch) – Tschüss, wir sehen uns
hdl, ild	hab dich lieb, ich liebe dich (wird auch erweitert: z. B. hdgdl – hab dich ganz doll lieb)
hp	Homepage
ka	keine Ahnung
kp	kein Plan (auch: kein Problem)
m/w	männlich oder weiblich? (auch: mow)
mom	einen Moment bitte (auch bekannt: momtel – einen Moment, das Telefon klingelt)
n8	Nacht (lautmalerisch; auch bekannt: gn8 – Gute Nacht)
omg	engl. „oh my god" – Oh mein Gott! (überrascht, auch begeistert)
re	engl. „return" – wieder da
rl	Reales Leben, das „echte Leben"
thx	engl. „thanks" – Danke
ts	Telefonsex (es kann auch die Kommunikations-Software TeamSpeak gemeint sein)
we	Wochenende

Smileys:

:)	fröhlich, glücklich
;)	zwinkern
:[	traurig, unzufrieden
:'[	weinen
:p	Zunge herausstrecken
:D	sehr freudig
xD	lachen mit zugekniffenen Augen
oO( )	an etwas denken, z. B. .oO(endlich Ferien)
=^.^=	Katze
o.O	überrascht
^^	zugekniffene Augen, glücklich, fröhlich,
:*	küssen
<3	Herz

Nützliche Links und Materialien

Broschüre „Datenschutz auf einen Blick": Handreichung rund um Datenschutz im Internet. Download: www.mekonet.de, unter „mekonet kompakt" Rubrik „Datenschutz" auswählen.

Flyer „Big Brother is watching you!": Infos für Kinder und Jugendliche zum Thema Communities und Datenschutz. Download: www.jugendinfo.de, Stichwort „SchuelerVZ/StudiVZ" (in den „Topthemen") auswählen.

Flyer „Cyberbullying!": Infos für Kinder und Jugendliche zum Thema Communities und Mobbing. Download: www.jugendinfo.de, Stichwort „Cyberbullying" (in den „Topthemen") auswählen.

www.chatgewalt.de: Website des Instituts für Cyberpsychologie, Medienethik und Jugendforschung in Köln. Untersuchungen zu Gewalt, Cyberbullying und sexuellen Übergriffen in Kommunikationsdiensten.

www.datenparty.de: Website für Jugendliche vom Landesbeauftragten für Datenschutz und Informationsfreiheit Saarland und dem Jugendserver-Saar, u. a. zu Datenschutz in Sozialen Netzwerken. Mit Infoteil für Eltern, Lehrerinnen und Lehrer.

www.fit4chat.ch: Website der Kantonspolizei Luzern mit Informationen für Eltern, Lehrerinnen und Lehrer rund um Chat-Risiken, u. a. mit Unterrichtseinheiten, Tipps und Material für Info-Veranstaltungen. Probe-Chat mit wichtigen Sicherheitsregeln im Kinderbereich.

www.internauten.de: Website für Kinder von FSM, Kinderhilfswerk und Microsoft zum Thema Internet-Risiken, u. a. mit Probe-Chat und interaktivem Video „Mission Chat" zum Thema Chat-Risiken.

www.klicksafe.de: Website des EU-Projekts klicksafe mit medienpädagogischen Materialien für Eltern, Jugendliche und pädagogische Fachkräfte, Hintergrundinfos sowie Materialien- und Linksammlung. Unter „Materialien zum Bestellen" zum Thema Chats & Communities (Rubrik „Service"): Lehrerhandbuch „Cyberbullying", Flyer „Sicherer in Social Communities: Tipps für Eltern", Flyer „Internet-Tipps für Jugendliche".

www.thinkuknow.co.uk: Englischsprachige Seite des Child Exploitation and Online Protection Centre mit Materialien und Infos für Kinder, Jugendliche, Eltern, Lehrerinnen und Lehrer, u. a. zu Cyberbullying, Chats und Communities. Materialien (Videos, Online-Lernspiele etc.) für Englisch-Unterricht geeignet. Weitere gute Seiten auf Englisch: www.kidsmart.org.uk, www.chatdanger.com.

www.zartbitter.de: Kontakt- und Informationsstelle gegen sexuellen Missbrauch an Mädchen und Jungen mit Informationen u. a. zu sexuellem Missbrauch in den neuen Medien.

Aus: jugendschutz.net, Chatten ohne Risiko? Sicher kommunizieren in Chat, Messenger und Community, Mainz 2009

Kennst du dich aus?

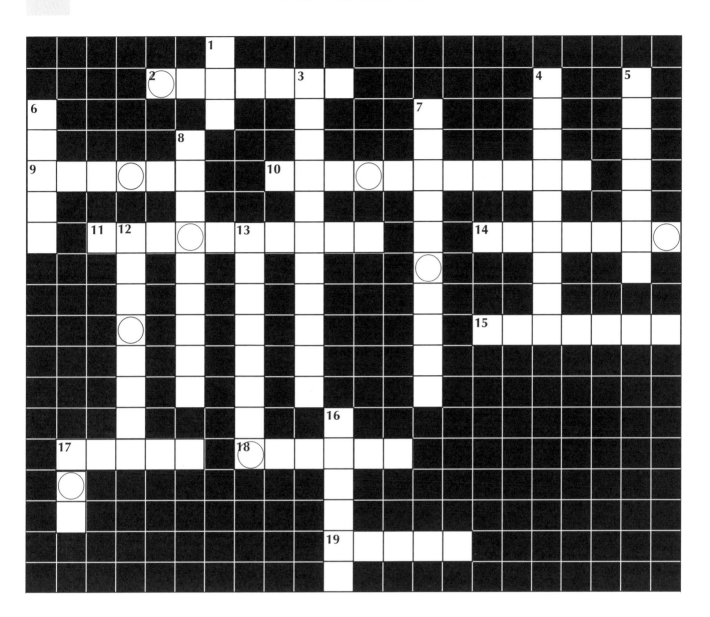

Waagerecht

2 Das Verzerren eines Fotos nennt man …
9 Damit stellst du dich im Internet vor
10 Stelle die H… niemals in dein Profil
11 Das ist eine Kopie des Bildschirms
14 sich elektronisch unterhalten
15 Stell nie deine … in SchuelerVZ
17 Gib nie deinen richtigen … an
18 Sprich mit deinen … über Unangenehmes, auch aus dem Internet
19 Gib nie dein … an

Die Kreise ergeben die Lösung:

Ich bin

Senkrecht

1 Triff dich mit Internetbekanntschaften nur an einem öffentlichen …
3 Nimm zum Treffen einen … mit
4 Beim … kannst du online Hilfe holen
5 Melde Gefährliches der …
6 Mit einer Bildschirm… kannst du Angriffe nachweisen
7 Setze Angreifer auf …
8 Damit schickt man Daten auf ein Handy
12 Ein Ort für elektronische Gespräche
13 Das ist ein Phantasiename
16 so heißt eine Kamera im PC
17 Triff dich … mit jemandem, den du nur aus dem Chat kennst

Lösung: Kennst du dich aus?

The crossword grid contains:

- 1 down: O
- 2 across: M O R P H E N
- 3 down: E R T W I C
- 4 down: M O D R E R
- 5 down: P O L I Z E I
- 6 down: K O P I E
- 7 down: I G N O R I E R E N
- 8 down: B L U T U O O O
- 9 across: P R O F I L
- 10 across: H A N D Y N U M M E R
- 11/12: S C R E E N S H O T (11 across, screenshot)
- 12 down: C H A T T O T H O O
- 13 down: N I C K N A M E
- 14 across: C H A T T E N
- 15 across: A D R E S S E
- 16 down: W
- 17 across: N A M E N
- 17 down: N I E
- 18 across: E L T E R N
- 18 down: E B C
- 19 across: A L T E R

Waagerecht

2 Das Verzerren eines Fotos nennt man …
9 Damit stellst du dich im Internet vor
10 Stelle die H… niemals in dein Profil
11 Das ist eine Kopie des Bildschirms
14 sich elektronisch unterhalten
15 Stell nie deine … in SchuelerVZ
17 Gib nie deinen richtigen … an
18 Sprich mit deinen … über Unangenehmes, auch aus dem Internet
19 Gib nie dein … an

Senkrecht

1 Triff dich mit Internetbekanntschaften nur an einem öffentlichen …
3 Nimm zum Treffen einen … mit
4 Beim … kannst du online Hilfe holen
5 Melde Gefährliches der …
6 Mit einer Bildschirm… kannst du Angriffe nachweisen
7 Setze Angreifer auf …
8 Damit schickt man Daten auf ein Handy
12 Ein Ort für elektronische Gespräche
13 Das ist ein Phantasiename
16 so heißt eine Kamera im PC
17 Triff dich … mit jemandem, den du nur aus dem Chat kennst

Ich bin

M	E	D	I	E	N	F	I	T

Net(t)worken können – besser als cybermobbing!

Lernkarten

Hören – Reden – Handeln: Prophetie / Amos

Entdecken, wie Muslime ihren Glauben leben

Vom Reich Gottes in Wundern und Gleichnissen erzählen

Beruf, Arbeit und Freizeit im eigenen Leben gestalten können

Mit der Bibel arbeiten

Net(t)worken können: Besser als Cybermobbing!

Nenne wichtige Punkte der Sozialkritik des Amos.

- Arme bekommen vor dem Gericht (im Tor) kein Recht.
- Regeln und Grenzen des Handels werden missachtet. (Maße fälschen, Feiertagsruhe brechen).
- Pachtzins und Kornsteuer werden erpresst.
- Gepfändete Mäntel werden über Nacht behalten.
- Wegen Nichtigkeiten Verkauf in Schuldknechtschaft.
- Sohn und Vater gehen zu dem selben Mädchen
- Die Reichen wohnen in luxuriösen Häusern, ohne sich um die Armen zu kümmern. Sie saufen, salben sich mit dem besten Öl und lassen sich Musik vorspielen.

Erläutere, warum Amos den religiösen Kult seiner Zeit kritisiert.

Gott möchte: »Es ströme das Recht wie Wasser und die Gerechtigkeit wie ein nie versiegender Bach« (Amos 5, 24). Er muss aber feststellen, dass Recht in Wermut verkehrt und Gerechtigkeit zu Boden gestoßen wird.

Deswegen ist es unehrlich und heuchlerisch, wenn die reichen Israeliten in den Tempel kommen. Gott lässt durch Amos verkünden:

»Wenn ihr mir Brandopfer und Speisopfer opfert, so habe ich kein Gefallen daran und mag auch eure fetten Dankopfer nicht ansehen. Tu weg von mir das Geplärr deiner Lieder; denn ich mag dein Harfenspiel nicht hören!« (Amos 5, 22f)

Stelle dar, was über das Leben des Amos bekannt ist.

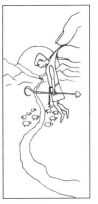 

Amos war kein ausgebildeter, an einem Hof oder Heiligtum angestellter Amts- oder Kultprophet oder Zeichendeuter. Gott »packte ihn« von seiner Herde weg, damit er im Nordreich Israel seine Botschaft verkünde.

Amos erfuhr von seinem Auftrag durch fünf Visionen: Heuschrecken und Feuerregen; Zinn und Erntekorb; Schlagen eines Säulenkapitells am Tempel.

Amazja, Priester in Bethel, schickte Amos schließlich aus dem Nordreich Israel fort:

„Amos du machst einen Aufruhr gegen den König Israels; das Land kann deine Worte nicht ertragen. Geh weg und flieh ins Land Juda und iss dort dein Brot. Aber weissage nicht mehr in Bethel; denn es ist des Königs Heiligtum und der Tempel des Königreichs« (nach Amos 7, 10–13).

Stelle dar, was das Alte Testament über Mirjam berichtet.

Mirjam war eine Schwester des Mose, der in einem Binsenkorb auf dem Nil ausgesetzt wurde. Als die Tochter des Pharao ihn fand, empfahl sie dessen eigene Mutter als Amme, so dass er weiter gestillt werden konnte. (2. Mose 2)

Nach dem Durchzug durch das Schilfmeer nahm Mirjam »eine Pauke in ihre Hand und sang: ›Lasst uns dem HERRN singen, denn er hat eine herrliche Tat getan; Ross und Mann hat er ins Meer gestürzt.‹« (2. Mose 15, 20f)

Beim Zug durch die Wüste kritisierte sie Mose, weil er eine ausländische Frau genommen hatte. Und sie fragte, ob denn Gott allein durch Mose rede und nicht auch durch Aaron und sie. Dafür wurde sie von Gott mit sieben Tagen Aussatz gestraft. (4. Mose 12)

Erzähle die Geschichte, wie Nathan seinem König eine unangenehme Wahrheit sagte.

Vorgeschichte: David hatte Batsebas Ehe gebrocher Batseba wurde schwanger. David hatte dafür gesorgt, da der Eheman von Batseba im Krieg umkam.

Danach geht Nathan, Prophet am Hof Davids, zu seiner König. Er erzählt ihm eine Geschichte von einem reiche Mann, der viele Schafe und Rinder besitzt. Aber als jeno Besuch bekommt, will er kein Tier der eigenen Herd schlachten. Stattdessen nimmt er einem armen Mann de sen einziges Lamm weg und schlachtet es.

David ist über diese Geschichte empört und fordert de Tod dieses Mannes. Nathan antwortet ihm: »Du bist de Mann!«

Daraufhin erkennt David seine Sünden und bereut sie.

---

1. Erzähle den »Wettstreit Elias mit den Baalspriestern am Karmel.

2. Überlege, wie die Geschichte anders enden könnte. Bewerte von daher den Schluss der biblischen Geschichte.

3. Erzähle die Geschichte von Nabots Weinberg.

4. Zähle möglichst viele Verbrechen innerhalb der Geschichte auf und gewichte sie.

Zu Frage 2:
• Die Baalspriester dürfen weiterhin ihren Kult ausüben (Religionsfre heit!). Langfristig vermischen sich der Glaube an JHWH und Baal.
• Es werden Religionsgespräche mit den Baalspriestern geführt, um d Besonderheiten und Stärken dieser Religion besser zu verstehen. D bei werden den Israeliten die gewalttätigen Seiten ihrer Religion b wusst.
• Auswanderung der Baalspriester. Sie können in einer feindlich eing stellten Umwelt nicht überleben. Folge: Wirtschaftlicher Niedergar der Nodreichs.
• Auch Elias Opfer verbrennt nicht.

Zu Frage 4:
• Ahab überlässt Isebel den Siegelring. Und Isebel benutzt den Siege ring ihres Mannes und schreibt Briefe unter seinem Namen.
• Die Oberen und Ältesten tun unwidersprochen das Unrecht, zu de sie Isebel anstiftet.
• Ahab widerspricht nicht dem unrechtmäßigen Vorgehen, das Iseb eingefädelt hatte, und nimmt den Weinberg in Besitz.

Woran erkennt man, dass eine prophetische Botschaft wahr ist?

Hinweis: Nicht jede Antwort passt zu jeder Prophetengestalt.

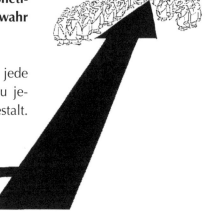

• Beauftragung der Propheten oft gegen den eigenen W len

• Worte und Visionen kommen von Gott (»Wortereigni formel«, »Botenformel«)

• Sie haben den Mut, Unangenehmes zu benennen ur aufzudecken. Oft kündigen sie Unheil an.

• Sie reden niemandem nach dem Munde, sie kündige manchmal auch Heil an, das kaum jemand glaubt.

• Wunder spielen fast nur bei Mose, Elia und Elisa eir Rolle. Wunder können auch trügen.

• Skepsis gegenüber (Lügen-)Träumen

Nenne wichtige Gesichtspunkte, die beim Erstellen eines **Hörspiels** zu beachten sind.

1. Aussageabsicht festlegen.

2. Aufbau der Handlung planen und Personen festlege (verschiedene Charaktere / Stimmen).

3. In einzelne Szenen unterteilen, diese evtl. durch unte schiedliche Geräusche charakterisieren.

4. Text und Geräusche / Musik (passend zu unterschied chen Szenen) in zweispaltigem Regiebuch aufzeichne

5. Aufnehmen, bei guten technischen Möglichkeiten. G räusche und Text getrennt und anschließer zusammenmischen.

Nenne wichtige Gesichtspunkte, die beim Erstellen einer **Reportage** zu beachten sind.	1. Unterhaltsam und informierend sein (richtig recherchieren!). 2. Leser/innen oder Hörer/innen an den Ort des Geschehens bringen. 3. Alle Sinne ansprechen. 4. Wie mit einer Kamera ein Geschehen mit verschiedenen Einstellungen erfassen. 5. Am Anfang und Schluss eine Szene beschreiben, evtl. die Anfangsszene weiterführen. 6. Normalerweise in der 3. Person schreiben. 7. Nicht verwechseln mit einem Kommentar, also keine persönliche Meinung in den Vordergrund stellen.
Nenne wichtige Gesichtspunkte, die bei Planung, Durchführung und Redigieren eines **Interviews** zu beachten sind.	I. zur Person: Interessante Details aus dem Leben und Denken. II. zur Sache: Komplizierte oder spannende Sachverhalte veranschaulichen. Vorbereitung: sorgfältigst recherchieren; keine ausformulierten Fragen, sondern Themenfelder überlegen. Das Interview selbst: Mit »Eisbrecherfragen« beginnen; gut verständliche, offene Fragen stellen; Gespräch aufnehmen (Einverständnis erfragen!) oder mitschreiben. Redigieren: Kürzen, sinnvolle Reihenfolge, gutes Verhältnis von Fragen und Antworten, Freigabe durch Interviewpartner, ein gedrucktes Exemplar dem Interviewpartner zuschicken.
Nenne wichtige Punkte, die beim Aufstellen eines **Standbilds** (»Klickbild«) zu beachten sind.	Ein »Baumeister« gestaltet mit den Körpern eines oder mehrerer anderer, die er sich aussucht (nach Größe, Aussehen, Geschlecht ...), z.B. ein Thema, ein Problem, Erfahrungen oder Eigenschaften. Ohne Worte zeigt er, welche Haltung die anderen einnehmen und welchen Gesichtsaudruck sie zeigen sollen. Ist er fertig, erstarren die Mitspieler. Die Zuschauer studieren das Standbild von allen Seiten und lassen es auf sich wirken. Zuerst beschreiben die Zuschauer, was sie wahrnehmen und wie dies auf sie wirkt, dann die Darsteller. Es kann eine Überschrift formuliert werden. Zum Schluss erläutert der Baumeister seine Absicht(en). Evtl. werden Einsichten oder Fragen zum dargestellten Thema festgehalten. Varianten: Ein Standbild wird von einem anderen Schritt variiert oder eine Gruppe einigt sich gemeinsam auf ein Standbild.
»Lesen wie ein Schauspieler« (zum besseren Verstehen eines Bibelabschnittes oder nur weniger Sätze daraus) Nenne mindestens sechs verschiedene Gestaltungsmöglichkeiten.	• einer – alle – im Wechsel – durcheinander – gegeneinander (verteilt auf die 4 Ecken des Raumes) • laut – leise: vom Flüstern bis zum Schreien anschwellend – abschwellend • langsam – schnell – Pausen (gerade vor Höhepunkten) • ganz tief – ganz hoch, variierend oder immer in einer Stimmlage • verwaschen – deutlich – scharf – zischend • fließend – abgehackt – rhythmisch – wie ein Rap • Wiederholungen (eines Wortes, Satzteiles, Satzes) – gemeinsam, nacheinander, im Kanon • erzählend – als Rede • unterschiedliche Gefühle ausdrücken • evtl. unterschiedliche Gestaltungen in Gruppen erarbeiten

Benenne drei der fünf Säulen des Islam
und erläutere sie.

Kannst du auch christliche Parallelen benennen?

1. **Shahada:** Glaubensbekenntnis in einem Satz (Bekenntnis zum dreieinigen Gott)
2. **Salat:** Fünfmaliges tägliches Gebet mit festgelegten Körperhaltungen (Vater Unser; Morgen- und Abendandacht)
3. **Zakat:** Pflichtabgabe für die Armen (Opfer im Gottesdienst, Spenden)
4. **Ramadan:** Fasten im Monat Ramadan vom Morgen bis zum Abend (Keine festen Vorgaben »Sieben Wochen ohne«
5. **Hadsch:** mind. einmal im Leben Pilgerfahrt nach Mekka (Fahrt zum Kirchentag, nach Jerusalem, Rom, Pilgern nach Santiago de Compostela)

Im Leben Mohammeds spielen einige Jahreszahlen
eine große Rolle. Erläutere vier der folgenden:
570, 595, 610, 622, 630, 632

570: Geburt in Mekka

595: Heirat der Kaufmanswitwe Khadidja

610: Offenbarung des Koran am Berg Hira

622: Auswanderung nach Medina

630: Eroberung Mekkas

632: Tod in den Armen seiner Lieblingsfrau Aischa

Erläutere die folgenden wichtigen Begriffe des Islam:
Islam, Koran, Dshihad, Kaaba, Moschee

Islam: Hingabe zu Gott

Koran: das, was gelesen werden muss

Dshihad: Heiliger Krieg, genauer: Anstrengung auf dem Weg mit Gott

Kaaba: wörtlich: Würfel, Heiligtum in Mekka

Moschee: Ort des Niederfallens, Ort des Gebets

Welche der folgenden Begriffe und Namen haben das
Christentum und der Islam gemeinsam?
Jesus, Paulus, Abraham, Martin Luther, Jerusalem, Moschee, Gabriel, Fastenmonat, Eingottglaube, Prophet, Koran, Allah

Gemeinsam sind:
Jesus, Abraham, Jerusalem, Gabriel, Eingottglaube, Prophet, Allah (arabisch sprechende Christen sagen zu Gott »Allah«)

Worauf wollen uns Jesu Wundergeschichten und Gleichniserzählungen hinweisen?

Wundergeschichten und Gleichnisse zeigen, dass sich Jesus Christus den Menschen zugewandt hat. Dies eröffnet den Menschen neue Lebensmöglichkeiten und verweist auf das bereits angebrochene Reich Gottes.

Erzählt euch gegenseitig ein Gleichnis und eine Wundergeschichte Jesu.

Lest nach, ob eure Geschichte so auch in der Bibel steht.

(Auswahl entsprechend der im Unterricht behandelten Wundergeschichten und Gleichniserzählungen)

Die Gleichniserzählungen Jesu knüpfen an das alltägliche Leben der damaligen Menschen an. – Was haben uns diese Geschichten auch heute noch zu sagen?

Die Gleichniserzählungen verpacken auch heute noch gültige Wahrheiten in Geschichten. So ist der barmherzige Samariter bis heute ein Beispiel: Wenn jemand Hilfe braucht – frage nicht lange, sondern helfe.

Wundergeschichten können als Geschichten gelesen werden, die Menschen ermutigen und trösten, ihnen aber auch Hoffnung geben und die Erfahrung vermitteln, nicht alleine zu sein.
Nenne Beispiele!

• Die gekrümmte Frau (Lk 13)
• Teich Bethesda (Joh 5)
• Sturmstillung (Mk 4)
• Speisung der Fünftausend (Mt 14)
• Hochzeit zu Kana (Joh 2)

ARBEIT 1

Das Fundament meines Lebenshauses

Wähle 3 der unten genannten Bausteine für dein Lebenshaus aus, die dir am wichtigsten sind, und begründe für jeden der drei Bausteine deine Wahl: Eltern, Geschwister, Familie, Freunde, Sicherheit, Schutz, (Grund-) Vertrauen (zu Menschen und Gott), Selbstvertrauen/Selbstwertgefühl, Ausbildung und Beruf, Heimat, Religion und Glaube, Persönlichkeit, Zufriedenheit, Beziehungsfähigkeit, Gesundheit, Begabungen und Fähigkeiten, Aussehen, Empathiefähigkeit, Teamfähigkeit.

1. Freunde

2. Familie

3. Gesundheit

ARBEIT 2

Meine persönlichen Stärken

Nenne drei deiner persönlichen Stärken, die auch für deine zukünftige Arbeit in einem Beruf wichtig sein könnten.

Beispiele:

1. Team- und Kooperationsfähigkeit

2. Ausdauer

3. Auf Menschen zugehen können

ARBEIT 3

Werte

Wähle drei der unten genannten Werte aus, die dir am wichtigsten sind und begründe deine Wahl für jeden der drei Werte.

Gesund sein/Gesundheit; Freunde und Familie haben; erfolgreich sein; die Umwelt schützen/die Schöpfung bewahren; In Frieden leben/Frieden; glücklich sein/Glück; In Freiheit leben/Freiheit; Vertrauen; Lieben und geliebt werden/Liebe; Gerechtigkeit.

Beispiele:

1. Freiheit

2. Glück

3. Liebe

ARBEIT 4

Gründe, warum Menschen arbeiten

Nenne drei mögliche Gründe dafür, warum Menschen arbeiten.

Beispiele:

1. um Geld zu verdienen.
2. um etwas zu tun zu haben.
3. um Spaß zu haben.

Proaktive Lebenseinstellung

Nenne drei Verben, die das Handeln eines Menschen mit einer proaktiven Lebenseinstellung beschreiben.

Beispiele:

1. Entscheidungen selbständig treffen und auch umsetzen.

2. Probleme und Konflikte aktiv und optimal für alle Beteiligte lösen.

3. Ziele haben und sie auch erreichen.

Gott ist aktiv, Gott arbeitet.

Nenne 3 Verben, die zum Ausdruck bringen, dass Gott aktiv ist und arbeitet.

Beispiele:

1. schafft Leben

2. begleitet und beschützt

3. befreit aus Not und Abhängigkeit

Freizeitaktivitäten

Nenne drei deiner dir wichtigsten Freizeitaktivitäten.

Beispiele:

1. Fußball spielen

2. Musik hören

3. ausgehen

Extremsportarten

Nenne drei bei Jugendlichen sehr beliebte Extremsportarten

Beispiele:

1. Bungee Jumping

2. River Rafting

3. Fallschirm springen

Warum Jugendliche Extremsportarten bevorzugen

Erkläre in diesem Zusammenhang die Begriffe
»**Fun**«, »**Kick**« und »**Thrill**«.

1. **Fun:** Spaß bzw. Freude haben

2. **Kick:** Nervenkitzel, Adrenalin-Stoß

3. **Thrill:** absolut packendes, aufregendes und sensationelles Erlebnis

---

Zum selber Ausfüllen:

Mein Lieblings-Psalm (Vers),
- an den ich mich (fast) wörtlich erinnern kann;
- dessen Auswahl ich mit mindestens einem Satz begründen kann;
- den ich mit anderen Texten vergleichen kann;
- zu dem ich mit mindestens einem Satz sagen kann, wie ich ihn für mich persönlich deute

Mein Lieblings-Psalm (Vers):

Zum selber Ausfüllen:

Meine Lieblings-Wundergeschichte,
- an die ich mich (fast) wörtlich erinnern kann;
- deren Auswahl ich mit mindestens einem Satz begründen kann;
- die ich mit anderen Wundergeschichten vergleichen kann;
- zu der ich mit mindestens einem Satz sagen kann, wie ich sie für mich persönlich deute.

Meine Lieblings-Wundergeschichte:

Zum selber Ausfüllen:

Mein Lieblings-Gleichnisgeschichte,
- an die ich mich (fast) wörtlich erinnern kann;
- deren Auswahl ich mit mindestens einem Satz begründen kann;
- die ich mit anderen Wundergeschichten vergleichen kann;
- zu der ich mit mindestens einem Satz sagen kann, wie ich sie für mich persönlich deute.

Mein Lieblings-Gleichnisgeschichte:

Beispiele für biblische Gleichnisse und Beispielgeschichten	**Gleichnisse Jesu:** • Das vierfache Ackerfeld • Der barmherzige Samaritaner • Der verlorene Sohn • … **Beispielgeschichten aus dem Alten (ersten) Testament:** • Nathans Gleichnis • Jotams Fabel • …
Kennzeichen biblischer Beispiel- und Gleichnisgeschichten	**Die Geschichten** • spielen in der Lebenswelt der Zuhörerinnen und Zuhörer; • sind auf einen besonderen Inhalt oder ein schwieriges Problem hin zu deuten; • dieses besondere Thema ist bei Jesus das Reich Gottes, die Gerechtigkeit, die Nächstenliebe.
Kennzeichen biblischer Wundergeschichten	**Die Geschichten** • beschreiben eine besondere Notsituation, in der sich Menschen befinden (Krankheit, Angst, Bedrohung durch den Tod); • beschreiben, wie ein Mensch im Auftrag Gottes die Not der Menschen heilt; • führen die Rettung auf Gott und den Glauben zurück; • erzählen, wie die Menschen staunen, sich wundern oder dankbar sind.
So nähere ich mich einem biblischen Text selbständig an	• Ich lese mir oder anderen den Text laut vor. • Ich fasse den Text für mich mit einem oder zwei Sätzen zusammen. • Ich suche nach ähnlichen Texten (anderen Gleichnissen; andere Wundergeschichten; andere Psalmen) und finde Gemeinsamkeiten und Unterschiede. • Ich finde Besonderheiten meines Textes. • Ich formuliere, was mir der Text bedeutet. • Ich gestalte den Text für mich kreativ.

NET(T)WORKING 1

Zähle auf, was man bei Cybermobbing-Angriffen tun kann.

- Beweise sichern, z.B. mit screenshot / Bildschirm ausdruck.
- Auch wenn's schwerfällt: nicht direkt darauf antwor ten – denn die/der Angreifer (in) kann sich damit be stätigt fühlen, dass der Angriff dich getroffen hat.
- Nicht alleine damit bleiben, sondern mit jeman dem, dem ich vertraue, darüber reden (Eltern, Ver trauenslehrer).
- Den/die Angreifer(in) dem Betreiber des sozialen Netzwerkes melden und verlangen, dass der Eintra gelöscht wird.

NET(T)WORKING 2

Wenn ich Bilder in sozialen Netzwerken wie facebook hochlade, weiß ich, worauf ich vorher achten muss:

- Im Internet gefundene Bilder, und wenn sie auc noch so oft dort zu sehen sind, darf ich nicht ohn Erlaubnis von dem hochladen, der sie gemacht ha (= veröffentlichen). Das verletzt das »Urheberrecht
- Wenn meine Bekannten darauf abgebildet sind muss ich sie wegen ihres „Rechts am eigenen Bild vorher fragen, bei Personen unter 18 Jahren müsse sogar die Eltern einverstanden sein.
- Wenn Freunde die Fotos gemacht haben, brauch ich auch ihre Erlaubnis (»Urheberrecht«) zum Hoch laden. Dabei ist es egal, ob das Bild schon vorhe vielfach im Internet zu finden war.

NET(T)WORKING 3

Das zeige ich in keinem Fall in mein Profil bei mei-nem sozialen Netzwerk (facebook etc.):

- Private Telefonnummer, Messenger- und SkypeAdresse, Wohnadresse, genaues Alter.

NET(T)WORKING 4

So gehe ich mit Freundschaftsanfragen um, die mich in meinem sozialen Netzwerk erreichen:

- Ich nehme Freundschaftsanfragen nur von Men schen an, die ich persönlich kenne. Zuvor habe ic mein Profil so eingestellt, dass nur diese Freunde und nicht auch »Freunde von Freunden« Eintragun gen auf meiner Profilseite sehen können.

Farbvorlagen

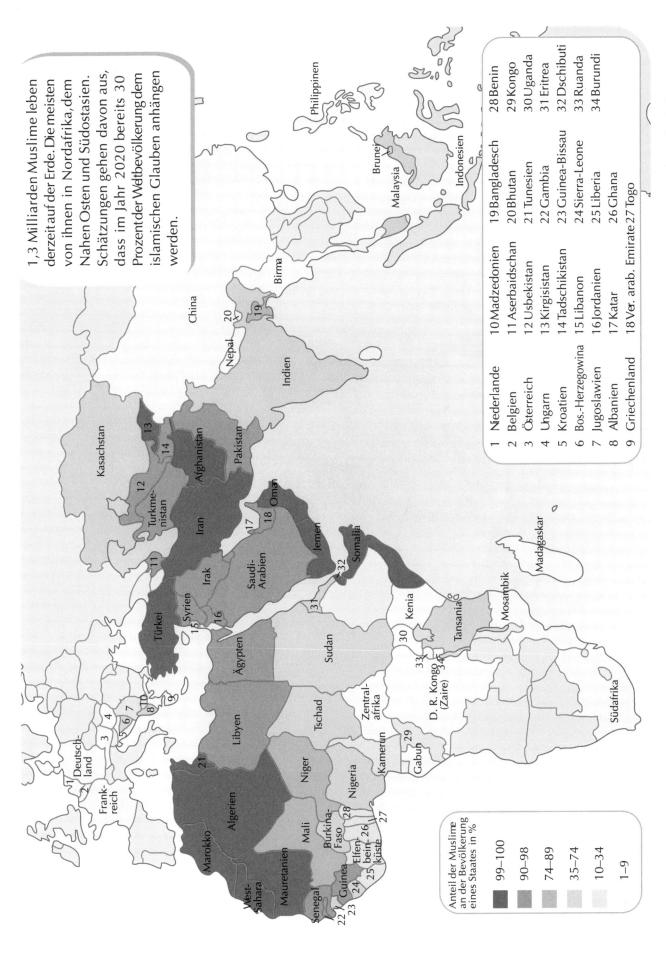

1,3 Milliarden Muslime leben derzeit auf der Erde. Die meisten von ihnen in Nordafrika, dem Nahen Osten und Südostasien. Schätzungen gehen davon aus, dass im Jahr 2020 bereits 30 Prozent der Weltbevölkerung dem islamischen Glauben anhängen werden.

1	Niederlande	10	Madzedonien
2	Belgien	11	Aserbaidschan
3	Österreich	12	Usbekistan
4	Ungarn	13	Kirgisistan
5	Kroatien	14	Tadschikistan
6	Bos.-Herzegowina	15	Libanon
7	Jugoslawien	16	Jordanien
8	Albanien	17	Katar
9	Griechenland	18	Ver. arab. Emirate

19	Bangladesch	28	Benin
20	Bhutan	29	Kongo
21	Tunesien	30	Uganda
22	Gambia	31	Eritrea
23	Guinea-Bissau	32	Dschibuti
24	Sierra-Leone	33	Ruanda
25	Liberia	34	Burundi
26	Ghana		
27	Togo		

Anteil der Muslime an der Bevölkerung eines Staates in %

99–100
90–98
74–89
35–74
10–34
1–9

© Ernst Klett Verlag GmbH, Stuttgart 2011

Farbbild zu Seite 78

© Sieger Köder

Farbbild zu Seite 101

Farbbild zu Seite 103

Farbbilder zu Seite 105

© picture alliance/Corey Hochachka

© picture alliance/abaca

Farbbilder zu Seite 106

© Archiv

© Archiv

© Tim Reinhart/pixelio.de

© Berthold Brohm

Farbbilder zu Seite 109

© Christine Braune/pixelio.de

Codex Aureus von Echternach (10.Jh.), Die Heilung des Gelähmten, Germanisches Nationalmuseum, Nürnberg

Farbbilder zu Seite 110/111

Farbbilder zu Seite 138

Farbbild zu Seite 168